Verhaltenstherapie

campus concret
Band 31

Jochen Paulus ist Diplom-Psychologe und Wissenschaftsjournalist. Überwiegend arbeitet er zu psychologischen Themen sowohl im Rundfunk als auch bei verschiedenen Printmedien. Er schreibt unter anderem für die *Zeit* und für *Psychologie Heute*.

Jochen Paulus

Verhaltenstherapie

Der kurze Weg zum Wohlbefinden

Campus Verlag
Frankfurt/New York

Die Deutsche Bibliothek – CIP-Einheitsaufnahme

Paulus, Jochen
Verhaltenstherapie : der kurze Weg zum Wohlbefinden / Jochen
Paulus. – Frankfurt/Main ; New York : Campus Verlag, 1998
(Campus concret ; Bd. 31)
ISBN 3-593-36014-4

Umschlaggestaltung: Guido Klütsch, Köln
Umschlagmotiv: © Bavaria Bildagentur
Satz: Fotosatz L. Huhn, Maintal-Bischofsheim
Druck und Bindung: Media-Print, Paderborn
Gedruckt auf säurefreiem und chlorfrei gebleichtem Papier
Printed in Germany

Inhalt

4. Auswege aus der bizarren Welt der Zwänge

5. Die Sucht besiegen

6. Wie Verhaltenstherapie Kindern helfen kann

7. Verhaltenstherapie als Schule der Kommunikation

8. Verhaltenstherapie als Antwort auf körperliche Symptome

9. Wege zur Therapie

Einleitung

Jeder elfte deutsche Mann ist vom Alkohol abhängig, jede vierte Frau leidet mindestens einmal im Leben unter Depressionen. Psychische Probleme treten weit häufiger auf, als die meisten glauben. Möglicherweise sind Sie selbst betroffen, ansonsten sind es vielleicht Freunde oder Bekannte von Ihnen.

Für psychische Schwierigkeiten werden heute Hunderte verschiedener Therapien angeboten – doch welche kann wirklich helfen? Dieses Buch stellt die wissenschaftlich am weitaus besten abgesicherte psychologische Behandlungsmethode vor: die Verhaltenstherapie. Forscher haben in Tausenden von Untersuchungen bewiesen, daß Menschen mit ihrer Hilfe lernen können, selbst schwere psychische Probleme zu überwinden. Oft reichen dazu ein bis mehrere Dutzend Therapiestunden.

Die einzelnen Kapitel fassen zunächst knapp zusammen, was die Wissenschaft heute über die wichtigsten Störungen sagen kann, etwa über Depressionen, Ängste, Eßstörungen oder psychosomatische Probleme. Vor allem aber schildern sie, welche Lösungen die Verhaltenstherapie anzubieten hat.

Ich habe mich bemüht, möglichst lebendig darzustellen, wie Verhaltenstherapeuten arbeiten. Deshalb finden sich in diesem Buch zahlreiche Fallbeispiele. Einige sind der Fachliteratur entnommen. Für andere war ich von Oberbayern bis Schleswig-Holstein in Deutschland unterwegs, um mich bei führenden Therapeuten zu informieren und mir von Patienten ihre Erfahrungen berichten zu lassen. Bei einigen therapeutischen Sitzungen durfte ich sogar anwesend sein – wohl nicht zuletzt deshalb, weil ich selbst Psychologie studiert habe.

Ein früher stark depressiver Patient erzählte mir, wie er seine schwere Krise überwand und wieder Freude am Leben gefunden hat. Ich wurde Zeuge, wie eine Frau in ihrer Wohnung den Kampf mit ihrer zwanghaften Angst vor Schmutz aufnahm und all das tat, wovor sie sich lange Jahre gefürchtet hatte. Stotterer zeigten mir, wie sie durch ständiges Üben mit Computerhilfe gelernt haben, zumindest zeitweise wieder fließend zu sprechen – obwohl mancher vorher kaum einen vollständigen Satz herausgebracht hatte, wie ältere Videoaufzeichnungen belegen.

Bei ihnen allen bedanke ich mich für ihre Offenheit – ohne sie wäre dieses Buch so nicht möglich gewesen (die Namen sind natürlich geändert). Dank gilt auch den Therapeutinnen und Therapeuten (der besseren Lesbarkeit wegen wird im Rest des Buches nur noch von Therapeuten die Rede sein, obwohl natürlich beide gemeint sind). Sie haben sich viel Zeit genommen, mir ihr therapeutisches Vorgehen zu erklären. Geholfen haben mir auch zahlreiche Wissenschaftler, die mich über interessante Forschungsergebnisse informiert haben.

Was ich aus all diesen Beobachtungen, Gesprächen und Bergen von Fachliteratur gemacht habe, landete als erstes auf dem Schreibtisch meiner Kollegin Martina Keller. Wie in unserem kleinen Journalistenbüro üblich, hat sie die Texte mit hilfreichen kritischen Anmerkungen versehen, und ich habe wie gewohnt unwillig zur Kenntnis genommen, was noch alles zu verbessern ist. Eventuell trotzdem übersehene Fehler gehen natürlich zu meinen Lasten.

Die Hauptkapitel dieses Buchs widmen sich jeweils einem Problembereich. Dazwischen diskutieren kürzere Fokus-Kapitel allgemeinere Fragen, zumeist Einwände gegen die Verhaltenstherapie: Sind ihre Vertreter Technokraten, die nur an Symptomen herumkurieren? Läßt sich wirklich messen, ob es Menschen psychisch besser geht?

Jedes Kapitel ist für sich allein verständlich. Allerdings werden einige verhaltenstherapeutische Methoden bei unterschiedlichen Problemen eingesetzt. Um Langeweile zu vermeiden, sind sie nicht jedesmal von neuem ausführlich beschrieben. Es empfiehlt sich daher, zumindest die ersten Teile über Depressionen und Ängste in jedem Fall zu lesen, da hier Grundprinzipien erläutert werden, die auch bei vielen weiteren Störungen wichtig sind. Außerdem sind Depressionen und Ängste außerordentlich verbreitet und häufig Begleiterscheinungen von anderen Problemen.

1.

Therapie ohne Couch

Wenn die Seele Hilfe braucht

Vor ein paar Jahren wollte der Psychologe Robert Rosenthal von der Universität Harvard endlich wissen, wieviel die oft nicht ganz ernstgenommenen Anstrengungen seiner Zunft wirklich taugen. Er besorgte sich Forschungsergebnisse, um den Nutzen von Psychotherapie mit dem der Medizin zu vergleichen. Als Meßlatte wählte er ein Medikament, das sich als höchst wirksam erwiesen hatte: Seit die Operateure das Ciclosporin einsetzen, können sie Abstoßungsreaktionen nach Organtransplantationen unterdrücken und so die Überlebenschancen der Patienten verbessern. Für die Psychotherapie hielt Rosenthal sich an den Befund einer großen Analyse, in der die Ergebnisse von fast 400 Studien zur Wirkung verschiedener Behandlungen zusammengefaßt worden waren.

Natürlich lassen sich die Erfolge eines Medikaments nicht ohne weiteres mit denen psychologischer Therapien vergleichen. Schließlich verbessert das eine den körperlichen Zustand, die anderen helfen gegen Ängste oder Depressionen. Doch mit Hilfe mathematischer Tricks läßt sich berechnen, wie stark ihr Einfluß jeweils ist – sei es auf die Chance zu überleben oder auf das seelische Wohlbefinden.

Der Vergleich lieferte ein erstaunliches Ergebnis: Psychotherapie bewirkt auf ihrem Feld ungefähr doppelt soviel wie das segensreiche Medikament in seinem. Andere Gegenüberstellungen brachten ähnliche Ergebnisse. So bringt Psychotherapie mehr, als das, was das Standardmittel AZT gegen das Aidsvirus ausrichten kann.[1]

Was Psychotherapie vermag, läßt sich auch anders ausdrücken: Drei von vier Patienten geht es nach einer Behandlung besser als einem nicht Therapierten mit demselben Leiden.[2] Das ist längst kein perfektes Ergebnis, aber weit besser, als die meisten Zeitgenossen glauben. Die halten es eher mit dem von Komiker Mel Brooks dargestellten Psychiater aus dem Film *Höhenkoller*. Der zückt auf die Frage nach der Heilungsquote seiner Klinik einen Taschenrechner und antwortet: »Alle Jubeljahre einer.«

Man kann Nichtfachleuten nicht verdenken, daß sie die wissenschaftlichen Befunde zu Psychotherapie nicht kennen. Denn auch die meisten Psychotherapeuten kümmern sich kaum darum. Sie nehmen die Erfolgsmeldungen allenfalls als Beweis dafür, daß alles zum Besten steht und sie in Ruhe weitermachen können. Doch das ist der falsche Schluß.

Denn die Ergebnisse der Therapieforschung belegen, daß die vielen psychotherapeutischen Behandlungen, die es heute gibt, keineswegs bei allen Problemen gleich gut helfen. Altehrwürdige Verfahren wie die Psychoanalyse schneiden bei wissenschaftlichen Vergleichen mittelprächtig ab, für den Nutzen vieler Modetherapien wie des sogenannten Neurolinguistischen Programmierens gibt es keinerlei Belege.

»Das Ausmaß der Begeisterung ist umgekehrt proportional zur Menge der Forschungsergebnisse«, spottete Donald Meichenbaum vor ein paar Jahren auf einem großen Therapiekongreß in Hamburg. »Fast alles kann Psychotherapie genannt werden«, kritisierte der renommierte Psychologieprofessor, es komme nur auf die Kreativität der Gründer an. Von »Atemtherapie« über »bioenergetische Analyse« bis zu »therapeutischem Puppenspiel« reicht das Angebot in einer deutschen Großstadt. Einige hundert Therapieschulen hat der Markt hervorgebracht, doch die wenigsten können beweisen, daß sie etwas taugen.

Was wirklich hilft

Wie kann man sich also auf diesem nahezu unüberschaubaren Markt der Therapieangebote orientieren? Wissenschaftliche Studien haben eindeutig bewiesen, welches Verfahren Menschen am verläßlichsten und schnellsten hilft, selbst schwere Ängste loszuwerden: Eine dramatische Therapie, zu der neben Gesprächen auch die Konfrontation mit dem Horror gehört. Ein Patient muß möglicherweise stundenlang in einem winzigen Raum bleiben, sein Essen in der Kantine bei drangvoller Enge einnehmen und sich schließlich in einem kleinen Flugzeug durch die Luft schaukeln lassen.

Die Chance, so in einem guten Dutzend Sitzungen Ängste loszuwerden, die oft das ganze Leben beherrschen, liegt bei 80 Prozent und ist damit weit besser als bei anderen Therapien (siehe Kapitel »Warum die Angst verschwindet«). Doch kaum jemand erhält diese Behandlung tatsächlich. Im Jahr 1994 befragten Meinungsforscher im Auftrag der Universität Dresden 3 000 Bundesbürger. Im Westen litten sieben Prozent an Ängsten, im Osten war die Zahl doppelt so hoch. Nur etwa die Hälfte aller Leidenden war behandelt worden – die weitaus meisten mit Medikamenten. Ganze 16 Prozent hatten eine psychotherapeutische Behandlung erhalten – aber wiederum nur jeder sechzehnte die Therapie, die ihm aller wissenschaftlichen Erkenntnis zufolge am besten helfen könnte.

Diese wirksame Behandlung gehört zu einer Therapieform, die nur wenige Menschen überhaupt kennen: zur Verhaltenstherapie. Unter Wissenschaftlern gilt sie als das führende psychotherapeutische Verfahren. Keine andere Therapieform wird an den psychologischen Instituten der deutschen Universitäten so häufig gelehrt. Und keine andere Behandlung kann ihre Erfolge besser nachweisen – weltweit existieren zur Verhaltenstherapie zehnmal mehr Untersuchungen als für alle anderen Therapieformen zusammen.

Die Verhaltenstherapie wurde von Wissenschaftlern entwickelt, die die Ergebnisse psychologischer Forschung nutzen wollten, um Menschen zu behandeln. Es gibt keinen charismatischen Gründer wie Sigmund Freud, dessen Schriften manche orthodoxen Anhänger noch immer als Bibel lesen. Was statt dessen zählt, sind nachweisbare Heilerfolge.

Die Verhaltenstherapie wurde gewissermaßen dreimal erfunden. Unabhängig voneinander verfielen in den fünfziger Jahren mehrere Forschergruppen in drei Kontinenten auf den Namen Verhaltenstherapie: Joseph Wolpe und seine Schüler in Südafrika, Hans Jürgen Eysenck und seine Kollegen in London sowie die Anhänger von Burrhus Frederic Skinner in den USA. Sie versuchten, Gesetze des Lernens, die in Tierversuchen gefunden worden waren, für die Therapie von Menschen nutzbar zu machen. Dabei gingen sie oft naiv vor und übersahen, daß Menschen meist nicht nach denselben Regeln funktionieren. Ihre Theorien gelten heute als viel zu simpel. Doch ihrem obersten Prinzip sind die modernen Vertreter der Verhaltenstherapie treu geblieben: Auch noch so schöne Ideen müssen wissenschaftlich überprüft werden.

So wurde die Verhaltenstherapie stetig weiterentwickelt. Noch immer steht jedoch das Lernen im Mittelpunkt. Menschen lernen, wie sie denken, wie sie handeln und wie sie fühlen. Wenn jemand Probleme hat, kommt es für ihn darauf an, neue Erfahrungen zu machen, um falsch Gelerntes zu ändern.

Bei Flugangst ins Flugzeug zu steigen hilft, weil der Patient lernt, daß nichts Schlimmes passiert.

Oft agieren Verhaltenstherapeuten wie Trainer. Sie üben beispielsweise in Rollenspielen mit Schüchternen, einen Fremden anzusprechen. Die Patienten lernen dabei, welche Worte und Gesten für diese Situation passen könnten, und probieren, mit welcher Vorgehensweise sie sich am wohlsten fühlen. Dabei stellen sie fest, daß sie mehr können, als sie geglaubt hätten. »Therapie ist kein passiver Heilungs-, sondern ein aktiver Lernprozeß«, formuliert der deutsche Verhaltenstherapeut Ralf Schneider.[3]

Nachdenken im Sprechzimmer ist schön und gut, doch ändern kann man sich letztlich nur im wirklichen Leben. Deshalb verteilen Verhaltenstherapeuten Übungsaufgaben für zu Hause.

Ein zerstrittenes Ehepaar muß beispielsweise systematisch trainieren, sich einfühlsam zu unterhalten. Nur in der Therapie darüber zu philosophieren, woher die Probleme kommen, bringt noch nicht viel – selbst wenn sich eine plausible Antwort findet.

Verhaltenstherapeuten reden Klartext. Geheimnisvolle seelische Instanzen wie Es, Archetypen oder Kinder-Ich haben in ihrer Welt sowenig Platz wie Ströme psychischer Energie, von denen kein Physiker je gehört hat. Therapie, spottet der von Verhaltenstherapeuten gern zitierte amerikanische Psychologieprofessor Frederick Kanfer, ist »nicht irgend etwas Mysteriöses, Spirituelles, wo man in den Kopf des Patienten guckt.«

Das heißt nicht, daß Verhaltenstherapeuten die Gedanken ihrer Kunden egal wären. Sie gehen mit ihnen genau durch, wo möglicherweise falsche Vorstellungen die Lösung der Probleme behindern. Dann diskutieren sie darüber gezielt mit dem Patienten.

Und auch mit der Kindheit halten Verhaltenstherapeuten sich nicht lange auf – im Unterschied zu manchen ihrer Kollegen – etwa den Psychoanalytikern. Dort kann es einer erwachsenen Patientin passieren, daß ihre starken Kopfschmerzen auf frühere Erfahrungen mit ihrem Vater zurückgeführt werden, weshalb sie erst einmal den Kontakt zu ihm abbrechen solle. Ein Verhaltenstherapeut würde kaum auf einen solchen Gedanken kommen. Vielleicht sind die Probleme tatsächlich in der Vergangenheit entstanden, doch das läßt sich nicht mehr klären. Gelöst werden müssen sie jedenfalls in der Gegenwart. Deshalb würde der Verhaltenstherapeut prüfen, ob die Beziehung zum Vater heute eine Rolle für die Schmerzen spielt und bei Bedarf mit der Patientin überlegen, wie sie souveräner mit ihm umgehen kann.

Die Suche nach den Ursachen bringt nicht viel, argumentiert Arnold Lazarus, der die Verhaltenstherapie mitgeprägt hat: »Viele Menschen vergeuden Unmengen an Zeit mit dem Bemühen, sich zu ändern, indem sie die tieferen Bereiche ihrer Seele erforschen, sich in ihre Kindheit vertiefen, ihre Träume analysieren, dicke Wälzer lesen und philosophische Reflexionen über die Bedeutung des Lebens anstellen. Das Leben ist zu kurz, und solche Mühen sind zu lang.«[4]

Verhaltenstherapie ist konsequenterweise keine großangelegte Expedition zum eigenen Ich. Die Forschung beweist, daß einige Dutzend Therapiestunden häufig ausreichen, um selbst massive Probleme in den Griff zu bekommen. Ausnahmen bestätigen allerdings die Regel: Schwere Störungen der Persönlichkeit können eine jahrelange Behandlung erfordern.

Schnelle Besserungen gelten unter Verhaltenstherapeuten nicht als Zeichen für oberflächliche Pfuscherei – im Gegenteil. »Deine Aufgabe ist es, dafür zu sorgen, daß es dem Patienten im nächsten Monat besser geht als heute«, schärfte Altmeister Kanfer Kollegen bei einem Workshop in Deutschland ein. Er warnte davor, einen Patienten länger als notwendig in der Therapie behalten: »Don't try to make him perfect. Er ist nicht Ihr Kind.«

Verhaltenstherapeuten versuchen nicht, einen neuen Menschen aus jemandem zu machen. Therapie ist für sie kein Läuterungsprozeß, der tiefe neue Einsichten in die eigene Psyche ermöglicht. Es geht darum, konkrete Probleme zu lösen. Das kann sehr viel sein. Patienten trauen sich wieder unter Menschen, fühlen sich nur noch selten depressiv, essen wieder normal, anstatt sich fast zu Tode zu hungern. Ob diese Ziele erreicht werden, läßt sich überprüfen, und Verhaltenstherapeuten tun das auch. Dazu sprechen sie nicht nur mit ihren Patienten, sondern bitten sie, Fragebogen auszufüllen oder auf die Waage zu steigen, um Fortschritte möglichst unvoreingenommen feststellen zu können.

Die Erfolgsbilanz der Verhaltenstherapie

Weil Verhaltenstherapeuten immer überprüft haben, ob ihre Methoden auch wirklich helfen, schneiden sie heute bei Vergleichen mit anderen Therapien hervorragend ab. Der in Bern lehrende Psychologieprofessor Klaus Grawe veröffentlichte

1994 eine 885 Buchseiten schwere Zusammenfassung der bisherigen Therapieforschung, an der sein Team 13 Jahre lang gearbeitet hatte. Als er mit der Arbeit anfing, glaubte Grawe noch, die wichtigsten Therapieformen seien ungefähr gleich hilfreich. Doch er stieß auf einen anderen Trend, den er skeptisch immer wieder überprüfte, bevor er schließlich einen Vergleich der Verhaltenstherapie mit ihren Hauptkonkurrenten veröffentlichte. Er befand Verhaltenstherapie »im Durchschnitt hochsignifikant wirksamer als psychoanalytische Therapie und Gesprächspsychotherapie«.[5]

Kritiker Grawes behaupten, in neuen, von ihm noch nicht berücksichtigten Arbeiten schneide die Psychoanalyse besser ab. Der Ulmer Forscher Volker Tschuschke präsentierte sogar eine eigene Studie als Beleg.[6] Er mußte sich von Grawe jedoch vorhalten lassen, daß er darin selbst zehn von 16 Behandlungen als Fehlschlag eingestuft hatte: »Wie man diese Bilanz als Erfolgsnachweis psychoanalytischer Therapie verkaufen kann, bleibt mir unerfindlich.«[7]

Manche Psychoanalytiker versuchten gar nicht erst, Gegenbeweise beizubringen, sondern attackierten Grawe lieber persönlich. Sie stellten die Ferndiagnose »unbearbeiteter Narzißmus« und schimpften ihn einen »omnipotenten Oberlehrer«. Der Psychoanalytiker James Hillman erklärte schon die Frage nach der Wirksamkeit von Therapie für faschistisch: »Da sind wir schnell wieder bei 1933. Auch die KZs waren effizient.«

Solche Vorbehalte sind mit dafür verantwortlich, daß die klassische, mehrere hundert Stunden dauernde Langzeit-Psychoanalyse bis heute wissenschaftlich so gut wie nicht untersucht ist. Deshalb weiß letztlich niemand, ob und wann sich der hohe Aufwand überhaupt lohnt. Das kritisiert auch Tschuschke: »Es darf nicht sein, daß eine solch klinisch etablierte Methode so wenig über ihre wahren Wirkmechanismen und Effekte bei speziellen Krankheitsbildern dokumentieren kann.«

Der Streit um Therapieerfolge tobt auch deshalb so heftig, weil neben persönlichen Überzeugungen viel Geld auf dem

Spiel steht. Die Psychoanalyse hat bereits erhebliche »Markt-anteile« an die Verhaltenstherapie verloren, seit diese 1976 erst von den Ersatzkassen und 1987 schließlich auch von den Allge-meinen Ortskrankenkassen anerkannt wurde – als einzige ne-ben der Analyse und von ihr abgeleiteten Verfahren.

Wenn 1999 das neugeschaffene Psychotherapeutengesetz in Kraft tritt, werden die Patienten erstmals allein entscheiden dürfen, zu welchem Psychotherapeuten sie gehen wollen. Bis-her konnten die Ärzte zumindest theoretisch Einfluß nehmen, sofern die Kasse bezahlen sollte. Spätestens jetzt wird also auch für Hilfesuchende die Frage interessant, welche Erfolge die ver-schiedenen Therapien nachweisen können. »Mir ist es letztlich egal, was Therapeuten anbieten. Nur finde ich es nicht richtig, wenn sie ihre Erfolgsquoten nicht auf den Tisch legen und be-gründen können«, argumentiert Professor Kanfer: »Jeder Kli-ent hat das Recht zu erfahren, was die Hilfe bringt, für die er zahlt«.[8]

Die Karten der Verhaltenstherapie liegen auf dem Tisch. Selbst Wissenschaftler, die insgesamt keine großen Unterschie-de zwischen den Wirkungen der einigermaßen gut erforschten Therapien sehen, bescheinigen ihr bei wichtigen Problemen ei-nen deutlichen Vorsprung, etwa bei Ängsten, Panikattacken, Zwängen, Spannungskopfschmerzen, Schlaflosigkeit und an-deren psychosomatischen Problemen.

Fokus

Mangelnde psychotherapeutische Versorgung

Zehn Jahre schon geht Jutta Pfaff zu ihrer Therapeutin, jede Woche für eine Stunde. Sie begann die Behandlung mit dreißig, weil sie bei regelmäßigen Eßanfällen Berge von Schokolade, Nudeln sowie belegten Broten in sich hineinstopfte und sie anschließend wieder erbrach. Manchmal überkamen die Heißhungerattacken sie dreimal am Tag. Erst nach Jahren der Therapie, als sie schon nicht mehr daran glaubte, verschwanden die Anfälle fast. Doch die Behandlung geht weiter. Es gibt ja noch immer Beziehungsprobleme zu klären und die Kindheit aufzuarbeiten. Seit drei Jahren denkt Jutta Pfaff schon darüber nach, die Therapie zu beenden, aber es fällt ihr schwer, ihrer Psychologin Lebewohl zu sagen. Dabei sind die Kosten erheblich. »Für das Geld, das ich da hingetragen habe, hätte ich mir schon ein Auto kaufen können«, überlegt Jutta Pfaff.

In ihrem Freundeskreis ist sie keineswegs die einzige gute Kundin der Psychobranche. Norbert konsultiert wegen Schlafstörungen und Ablösungsproblemen vom Elternhaus eine Fachkraft, Petra sprach mit Migräne und irrationaler Aids-Angst vor, und Freundin Sybille besucht zweimal in der Woche einen Psychoanalytiker, mit dem sie sich gelegentlich streitet. Jutta Pfaff schätzt, daß die Hälfte ihrer näheren Bekannten schon einmal professionelle Hilfe bei seelischen Problemen gesucht hat.

Kritiker fürchten bereits die durchtherapierte Gesellschaft. Der englische Psychiater Raj Persaud nennt Psychotherapie spöttisch die Wachstumsindustrie der neunziger Jahre: »Schick zu sein bedeutet nun, in Behandlung zu sein.« Der *Spiegel* sieht in den westlichen Industriegesellschaften »Gleichschaltungsregime« an der Macht, in denen jeder als behandlungsbedürftig gelte, der bloß schüchtern, ehrgeizig oder grüblerisch sei. Die Romanautorin Fay Weldon erklärt Therapie sogar zu einem

21

Kraken: »Kein Bereich ist sicher vor seinen gierigen Tentakeln: Polizei, Schule, Gefängnis, Soziale Dienste.«

Auf den ersten Blick bestätigen die Zahlen diese Warnungen. Von 1980 bis 1995 versechsfachte sich in Deutschland die Zahl der von den Krankenkassen anerkannten Psychotherapeuten auf 15 600. Die niedergelassenen Spezialisten rechneten nun statt knapp 20 000 gut 270 000 Behandlungen ab – mehr als das Dreizehnfache. Die Skeptiker verweisen auch gerne darauf, daß die Bundesrepublik mehr Plätze für stationäre psychotherapeutische Behandlungen bereithält als die gesamte restliche Welt zusammen.

Verglichen mit den insgesamt 618 000 bundesdeutschen Klinikbetten nehmen sich diese 8 500 Plätze allerdings eher bescheiden aus. Und mit den niedergelassenen Psychotherapeuten kommen die Kassen trotz ihrer wachsenden Zahl mit Honoraren von gut einer Milliarde Mark im Jahr vergleichsweise billig. In der gleichen Zeit verschreiben die Ärzte für deutlich mehr Geld Psychopharmaka.

Ungeachtet des Psychobooms und der Therapeutenschwemme gehen die wenigsten Deutschen mit einschlägigen Schwierigkeiten wirklich zum Psychologen. Eine gebildete Minderheit gönnt sich »Tiefenpsychologische Tanztherapie«, »Lebensfreude durch Hypnotherapie« oder »Ozeanic-Aqua-Balancing« (»auch gut als Geschenk geeignet«) – alles Angebote aus dem Anzeigenteil einer einzigen Ausgabe eines Frankfurter Stadtmagazins.

Jeder vierte Patient, der zum Allgemeinmediziner geht, leidet an einer behandlungsbedürftigen psychischen Störung, stellte die Weltgesundheitsorganisation als Ergebnis einer großen Studie fest. Allein an Depressionen erkrankt anderen Quellen zufolge jeder siebte Mann und jede vierte Frau mindestens einmal im Leben. Alles in allem benötigten eigentlich fünf Prozent der Bevölkerung eine Therapie, rechneten Gutachter für den Bonner Gesundheitsminister schon vor sechs Jahren aus. Eine eilends bestellte Gegenexpertise kam immer noch auf 2,1 Prozent Therapiebedürftige. Da die Kassentherapeuten aber nur 0,3 Prozent tatsächlich behandeln, beweist auch diese Statistik nur eines: Allenfalls jeder siebte, der eine Therapie braucht, erhält tatsächlich eine bei einem von den Kassen anerkannten Helfer – und dies trotz der traumhaften Zuwachsraten in der Psychobranche.

Viele nachgewiesenermaßen sinnvolle Behandlungen werden kaum angeboten. Das gilt vor allem für den großen Grenzbereich zur Medizin. Dort dominiert traditionell die psychoanalytisch ausgerichtete Psychosomatik – obwohl ihr Nutzen nur schlecht belegt ist.

Neue verhaltensmedizinische Konzepte bleiben dagegen oft auf der Strecke. So können Diabetiker in Schulungen nach verhaltenstherapeutischen Prinzipien lernen, wie sie die dringend nötige Gewichtsabnahme schaffen können (siehe Kapitel »Diabetes: Messer, Gabel, Spritze«). Doch solche Programme werden »oft nur unzureichend in die stationäre Behandlung eingefügt«, wie der Spezialist Klaus-Martin Rölver kritisiert.[9]

Außerhalb der psychosomatischen Stationen sind in den meisten Kliniken nicht viele Psychologen im Einsatz. Eine Umfrage unter 117 Allgemeinkrankenhäuser in Baden-Württemberg ergab: Nur in 15 Prozent boten Klinikpsychologen therapeutische Gespräche an, in weiteren neun Prozent war dies Aufgabe von Ärzten. Im Schnitt hatten diese Therapeuten 944 Betten zu betreuen, was im Jahr etwa 40 000 Patienten bedeutet – eine absurde Überforderung.[10]

Natürlich braucht nicht jeder, der im Krankenhaus liegt, psychologische Betreuung. Doch vielen Patienten könnte sie nützen – zum Beispiel denen, die sich einer harten Krebstherapie mit ungewissen Aussichten unterziehen müssen (siehe Kapitel »Psychologen kontra Krankheit«).

Auch Schmerzpatienten bekommen selten die interdisziplinär organisierte Hilfe von Ärzten und Psychologen, die sie eigentlich brachten. Bis vor einigen Jahren galt die Lage in Deutschland schlicht als »desolat«, so die Psychologieprofessorin Birgit Kröner Herwig von der Universität Göttingen. Jetzt hat sich die Lage gebessert: Immerhin gibt es schon etwa 200 schmerztherapeutische Praxen, Ambulanzen und Kliniken, die sich um die Kranken kümmern – benötigt würden allerdings 2 000, so die Professorin. Während manche westdeutsche Großstadt gut versorgt ist, gibt es in Ostdeutschland kaum Hilfe.

Der Mangel kommt daher, daß die deutschen Ärzte ihr Monopol auf die Behandlung von Krankheiten verteidigen. »Die unangreifbare Machtposition der medizinischen Fachkollegen steht einer gleichberechtigten Kooperation mit anderen Professionen im Wege«, klagt Birgit Kröner-Herwig. Auf eine gute Behandlung kommt es ihr zufolge dabei weniger an; anders als in den USA werde ihre Qualität hierzulande kaum geprüft: »Somit können ineffiziente Behandlungsstrategien länger beibehalten werden und müssen nicht durch bessere Konzepte ersetzt werden.«[11]

Für Patienten kann es jedoch böse Folgen haben, wenn notwendige Behandlungen einfach nicht angeboten werden. Ein 50jähriger Autoverkäufer litt sein sechs Jahren unter dem Drang, mit den Augen zu zwinkern, zu blinzeln oder sie zu schließen. So konnte er nur noch schlecht verkaufen. Außerdem hatte er Angst, mit seinem Wagen zu verunglücken. Mehrere Augenärzte verschrieben ihm erfolglos diverse Augentropfen, ein Internist suchte vergeblich nach einer Stoffwechselstörung. Schließlich kam er zum Neurologen, der bald aufgab und den Patienten in eine verhaltenstherapeutische Klinik schickte. In den zehn Wochen dort besserten sich seine Symptome deutlich. Doch anschließend fand sich kein Spezialist, der die Behandlung hätte ambulant fortsetzen können. »Sollte etwa der Augenarzt die psychophysiologischen Ansätze weiterverfolgen oder Hilfestellungen bei der Krankheitsbewältigung geben?«, fragt das Behandlungsteam in seiner Schilderung des Falls.[12] Dem Patienten blieb nichts anderes übrig, als zu seinem Augenarzt zurückzukehren und gelegentlich in der Klinik um eine Auffrischung der dortigen Behandlung nachzusuchen.

2.

Wie Verhaltenstherapeuten vorgehen: Das Beispiel Depression

Die Nacht der Seele

Als Dieter Pohl zu der Psychologin Elvira Cloer kam, mochte er kaum sprechen. Der 43jährige Fahrer war so depressiv, daß es ihm kaum möglich war, von seinen Problemen zu berichten. In den ersten Stunden sagte er oft nur drei oder vier Sätze.

Im Alltag tat Pohl sich genauso schwer. Er redete kaum mit seinen Kollegen und traute sich nicht einmal, ins Buchhaltungsbüro seines Betriebs zu gehen, um dort mitzuteilen, wieviel Überstunden er geleistet hatte. Lieber arbeitete er umsonst. Er lebte neben seiner Frau und seinen Kindern her, denn auch mit ihnen konnte er sich nicht unterhalten. Dabei litt er sehr unter seiner Einsamkeit, hielt sich für gescheitert und dachte oft an Selbstmord. Er entwickelte Wahnvorstellungen, bildete sich ein, andere Menschen wären da, wenn er in Wirklichkeit ganz allein war.

So schlimm treffen Depressionen glücklicherweise die wenigsten, doch diese Krankheit der Seele ist keineswegs selten. Jeder siebte Mann und jede vierte Frau erkrankt mindestens einmal im Leben an Depressionen. Sie gehören damit zu den häufigsten psychischen Problemen. Die Liste der depressiven Künstler – diese Berufsgruppe ist aus noch nicht geklärten Gründen besonders häufig betroffen – ist voll illustrer Namen: Victor Hugo, Boris Pasternak, Edgar Allan Poe, Charles Dickens, Graham Greene, Nicolai Gogol, Henrik Ibsen, Hector Berlioz,

Heinrich von Kleist, Anton Bruckner, Gustav Mahler, Robert Schumann, Charles Mingus, Vincent van Gogh, Michelangelo, Jackson Pollock.

Depressionen können viele Bereiche des Lebens erfassen. Sie drücken die Gemütslage, machen extrem traurig und niedergeschlagen. Wer depressiv ist, verliert meist das Interesse selbst an den alltäglichsten Dingen. Er muß sich zwingen, zur Arbeit zu gehen, sich mit Freunden zu unterhalten oder zu essen. »Ich bemerkte«, schrieb der immer wieder mit Depressionen kämpfende amerikanische Schriftsteller Francis Scott Fitzgerald in einem autobiographischen Essay, »daß jeder Akt des Lebens vom morgendlichen Zähneputzen bis zum Dinner mit einem Freund zu einer Anstrengung geworden war«.

Depressive unternehmen deshalb nur noch wenig und verbringen viel Zeit alleine. Manche mögen kaum aufstehen, sondern bleiben lange im Bett. Andere entfalten zwar hektische Aktivitäten, doch sie machen ihnen keinen Spaß.

Kaum einem Menschen sind deprimierte Phasen ganz fremd, doch meist gehen sie schnell vorbei. Eine Depression diagnostizieren die Fachleute, wenn die Symptome mindestens zwei Wochen andauern. Dann kann eine sogenannte »majore depressive Episode« vorliegen. Hinter diesem unbeholfen eingedeutschten englischen Fachbegriff »major depression« verbirgt sich die häufigste Form der Depression.

Andere Erkrankte erleben dagegen eine Achterbahn der Gefühle – sie sind manisch-depressiv. Einige Monate lang fühlen sie sich so elend wie andere Depressive, doch dann geraten sie in eine ebenso lange manische Phase. Sie fühlen sich in Hochstimmung, haben große Pläne, packen vieles an. Sie denken schneller, und es fällt ihnen leicht, auf andere zuzugehen. Allerdings sind sie auch mißtrauisch und leicht zu irritieren. Etwa ein Prozent der Bevölkerung ist manisch-depressiv, wobei anders als bei der reinen Depression Männer genauso häufig wie Frauen betroffen sind. Die Neigung zu solchen Stimmungsschwankungen ist angeboren, wie sich bei der Untersuchung von Zwillingen herausgestellt hat: Ein eineiiger Zwilling eines Erkrankten ist mit siebzigprozentiger Wahrscheinlichkeit ebenfalls manisch-depressiv – er hat dasselbe Erbgut. Bei zweieiigen Zwillingen erkrankt der andere dagegen nur in 25 Prozent der Fälle, denn er hat mit seinem Doppelgänger nicht mehr Gene gemeinsam als andere Geschwister.

Die Forscher streiten sich, auf welche Veränderungen der Hirnchemie Depressionen möglicherweise zurückgehen. Zur Debatte stehen gleich mehrere Botenstoffe der Nerven. Einige Wissenschaftler behaupten, Depressive verfügten über zu wenig Noradrenalin, andere sagen dasselbe mit Blick auf Serotonin. Dritte machen dagegen ein Zuviel an Acetylcholin verantwortlich. Solche Denkansätze legen die Behandlung mit Medikamenten nahe. Entsprechende Pillen sind folgerichtig die gängigste Therapie für Depressionen.

Manisch-Depressiven ist ohne Chemie bislang tatsächlich kaum zu helfen. Anders sieht es bei der viel häufigeren »majoren«, sozusagen »normalen« Depression aus. Für sie haben Psychologen eine wirkungsvolle verhaltenstherapeutische Behandlung entwickelt, die ohne Medikamente auskommt. Sie besteht aus mehreren Komponenten, die von verschiedenen Wissenschaftlern entwickelt wurden. Die verschiedenen Komponenten basieren obendrein auf verhaltenstherapeutischen Denkschulen, die nacheinander entstanden. Die moderne Behandlung der Depression veranschaulicht so nebenbei, wie sich die Behandlungskonzepte im Lauf der Jahrzehnte entwickelt haben. Da Psychologen noch nie einem ordentlichen akademischen Streit aus dem Weg gegangen sind, ging dies keineswegs ohne Gezänk ab. Doch heute finden sich die unterschiedlichen Ansätze in einem aufeinander abgestimmten Konzept vereinigt.

Momente der Lebensfreude wiederfinden

Wenn die Gründer der Verhaltenstherapie etwas nicht leiden konnten, dann war es die Denkweise ihrer Kollegen, der Psychoanalytiker. Die Jünger Freuds führen psychische Probleme gerne auf Vorgänge im Kopf des Patienten zurück, von denen nicht einmal dieser selbst etwas weiß. So können die Psycho-analytiker beliebig spekulieren, was im Unbewußten ihres Gegenübers vorgeht, wie die Kritiker monieren.

Freud beispielsweise erklärte Depressionen so: Nach dem Verlust eines geliebten Menschen falle der Betroffene auf die (sogenannte orale) Entwicklungsstufe eines Kleinkinds zurück und verschmelze dabei seine eigene Identität mit der des verlorenen Menschen. Bei manchen schlage Wut auf den anderen, der sie verlassen hat, in Selbsthaß um – sie werden depressiv. Dazu neigten vor allem Menschen, deren Bedürfnisse nach Pflege und Schutz als Kleinkind von den Eltern nicht genügend befriedigt worden seien. Das gleiche gelte aber auch für diejenigen, deren Wünsche damals im Übermaß erfüllt worden seien. Da Depressionen aber auch ohne den Verlust eines Menschen auftreten, führte Freud den Begriff des symbolischen Verlustes ein. So könne ein Mann der seine Stelle verliert, dies unbewußt als Verlust seiner Frau interpretieren, weil er glaubt, sie liebe ihn nun nicht mehr.

Solche logischen Slalomläufe riefen bereits zu Freuds Lebzeiten vor allem in den USA Kritiker auf den Plan. Sie fanden solche Theorien viel zu willkürlich. Denn sie basierten nicht auf beobachtbaren Tatsachen, sondern auf eigenwilligen Interpretationen von Assoziationen, Versprechern und Träumen. Die Protagonisten der Gegenbewegung wollten sich strikt an das halten, was sie beobachten konnten: Das Verhalten – auf Englisch behavior. Deshalb nannten sie sich »Behavioristen«. Einer ihrer Vordenker war John Broadus Watson, Professor an der John Hopkins-Universität. »Die Psychologie, wie der Behaviorist sie sieht, ist ein wahrhaft objektiver, experimenteller Zweig der Naturwissenschaften«, verkündete Watson 1913 in der Einleitung seines ersten Aufsatzes über den Behaviorismus.[13]

Was er nicht mit eigenen Augen sehen konnte, war für Watson auch nicht da. Deshalb existierten für ihn keine psychischen Krankheiten. Eine Depression etwa ist ja als solche nicht vorhanden. Zu sehen sind nur die Symptome: Der Betroffene spricht beispielsweise wenig, zeigt einen traurigen Gesichtsausdruck und unternimmt kaum noch etwas. Solche einzelnen Beobachtungen mit einem Begriff wie Depression zusammenzufassen, ging Watson schon zu weit. Er vermochte lediglich »Gewohnheitsstörungen« zu erkennen – falsche oder fehlende Verhaltensweisen in bestimmten Situationen. Dieser Standpunkt ist modernen Verhaltenstherapeuten zu radikal, nicht zuletzt, weil inzwischen bekannt ist, daß bei Depressionen auch biologische Faktoren mitspielen und der Begriff der Krankheit deshalb vielleicht doch nicht so ganz falsch ist.

Doch die Sturheit der frühen Behavioristen führte zu interessanten Behandlungsansätzen. Sie setzen strikt beim Verhalten an und kümmern sich zumindest in der Theorie wenig um das, was in den Köpfen der Patienten vorgeht. Andrew Salter, auf den einige verhaltenstherapeutische Verfahren zurückgehen, formulierte es so: »Die Menschen erzählen mir, was sie denken, aber das interessiert mich nicht besonders. Ich will wissen, was sie getan haben, weil es das ist, was sie in Schwierigkeiten bringt, und was sie tun werden, um aus den Schwierigkeiten wieder herauszukommen.«

Falsches Verhalten ist nach behavioristischer Lehre gelernt – wie alles Verhalten. Es gibt verschiedene Möglichkeiten zu lernen. Im Falle Depressiver ist zunächst ein ganz einfaches Prinzip relevant: Ein Verhalten wird dann gelernt und tritt in Zukunft häufiger auf, wenn ihm angenehme Konsequenzen folgen. Dieser Mechanismus ist sehr einfach und funktioniert auch bei Tieren, mit denen die Behavioristen viel experimentierten. Burrhus Frederic Skinner, einer ihrer berühmtesten Vertreter, brachte sogar Tauben Tischtennis bei, indem er sie immer gezielter für sportlich sinnvolle Aktivitäten belohnte. Für Tiere fungiert meist Futter als Belohnung. Für Menschen kommt noch viel mehr in Frage – einfach alles was ihnen Spaß macht, vom Essen bis zum Orgel spielen. Verhaltenstherapeuten sagen zu solch angenehmen Dingen Verstärker – weil diese in der Lage sind, Verhalten zu verstärken. Es tritt dann häufiger auf (siehe Kasten).

Von Menschen und Ratten

Der Soziologe Stanislav Andreski macht sich in seinem Buch *Die Hexenmeister der Sozialwissenschaften* über eine ganze Reihe von Gelehrten lustig, doch kaum einer kommt so schlecht weg wie Burrhus Frederic Skinner. Bei dessen Lektüre fühlte sich Andreski, als ob »er einem Trunkenbold zuhörte, der immer und immer wieder seine zwei Lieblingsworte stammelt, welche in Skinners Fall »reinforcement« und »contingency« sind«.[14] Auch wenn der Psychologieprofessor aus heutiger Sicht die Welt viel zu sehr auf seine Lieblingsideen reduzierte, hatte er mit seiner Theorie doch großen Einfluß auf die Verhaltenstherapie.

Verstärkung wirkt nach Skinners Lehre, wenn sie konsequent nach einem bestimmten Verhalten gegeben wird (kontingent). Musterbeispiel ist die Ratte, die in der nach ihrem Erfinder benannten Skinner-Box sitzt. Sie erhält Futter, sobald sie einen Hebel drückt. Es mag eine triviale Erkenntnis sein, daß die Ratte den Hebel nun öfter drücken wird. Schon weniger banal sah Skinner die Rolle von Bestrafungen. Anders als viele Eltern hielt er sie nämlich nicht für besonders geeignet, das Verhalten einer Ratte oder eines Menschen dauerhaft zu verändern. Unerwünschtes wird nur vorübergehend unterdrückt. Das mußten später auch Therapeuten feststellen, als sie versuchten, Alkoholikern mit Übelkeit erzeugenden Medikamenten das Trinken abzugewöhnen.

Die von Skinner ausgearbeiteten Verstärkungstechniken spielen dagegen immer noch eine wichtige Rolle in der Verhaltenstherapie, etwa das sogenannte *Shaping*. Dabei wird zu Beginn jedes Verhalten belohnt, das nur ein bißchen weiterhilft. Ein Depressiver erhält beispielsweise eine Verstärkung dafür, daß er überhaupt wieder etwas unternimmt. Später gibt es etwa eine als Belohnung ausgesetzte CD nur noch für anspruchsvollere Aktivitäten, etwa für einen Behördengang.

Eines ist freilich anders als bei Skinner. Während dessen Ratten keinerlei Mitspracherecht über die Bedingungen der Futtervergabe besaßen, erarbeiten Verhaltenstherapeuten heute die Verstärkungspläne gemeinsam mit ihren Patienten.

Deshalb verstärken Verhaltenstherapeuten in der Therapie oft ganz gezielt. Als Dieter Pohl in den ersten Stunden seiner Therapie bei Elvira Cloer kaum etwa sagte, begegnete sie ihm wie jede gute Therapeutin mit viel Verständnis. Sie faßte die Angst, die er schweigend signalisierte, in Worte. Da sie Verhaltenstherapeutin ist, arbeitete sie jedoch gleichzeitig sehr gezielt: Sie lobte ihn, wenn er doch einmal etwas sagte. So lernte er allmählich, in der Therapie mehr von sich zu erzählen.

Für Depressive gilt Verstärkung als besonders wichtig. Denn ihr Problem ist, daß sie zuwenig Verstärker von ihrer Umgebung erhalten. Das postuliert zumindest der amerikanische Psychologieprofessor Peter Lewinsohn. Seine Mitarbeiter beobachteten beispielsweise Depressive mit ihren Familien beim Essen. Sie konnten nachweisen, daß die Erkrankten weniger Verstärker in Form von netten Äußerungen der Familienmitglieder erhielten als nicht Depressive. Man weiß allerdings nicht, ob mangelnde Verstärkung tatsächlich die Ursache für Depressionen ist. Dieses Phänomen könnte auch eine Folge der Krankheit sein – vielleicht verlieren die Verwandten erst im Lauf der Zeit die Lust, sich um ihr trauriges Familienmitglied zu kümmern. Klar ist aber, daß Depressive früher oder später nur noch wenig Verstärker bekommen.

Viele sind in einem Teufelskreis gefangen: Weil sie depressiv sind, unternehmen sie kaum noch etwas, was ihnen Spaß macht, und werden dadurch noch depressiver. Therapeuten wie Elvira Cloer versuchen, ihre depressiven Patienten aus dieser Abwärtsspirale herauszuholen. Es kommt darauf an, sie wieder zu aktivieren. Am Anfang steht die Bestandsaufnahme: In einer Art Stundenplan tragen die Patienten ein, was sie die Woche über an Erfreulichem tun. Das ist meist nicht viel.

Dann müssen Unternehmungen gefunden werden, die den Patienten aus seiner schlechten Stimmung reißen können. Oft ist dies schwierig, denn viele Depressive haben die Freude an fast allem verloren. Deshalb geben ihnen die Therapeuten lange Listen, auf denen sie angeben sollen, was sie gern tun würden und was sie tatsächlich machen. In diesen Listen ist alles aufgeführt, woran sie Gefallen finden könnten. Selbst »sich betrinken« und »an einer spiritistischen Sitzung teilnehmen« zählen zu den Möglichkeiten.

Bei Dieter Pohl, der sehr passiv geworden war, halfen schon weniger bedenkliche Aktivitäten. Elvira Cloer verdonnerte ihn erst einmal, seiner überraschten Familie einen Obstsalat zu servieren und gab ihm gleich ihr Rezept. Das Essen war ein Erfolg. Die Therapeutin und der Patient suchten weiter nach Möglichkeiten, ihn wieder mehr zu aktivieren und ihm so zu helfen, neue Freude am Leben zu finden. Dieter Pohl begann Fahrrad zu fahren und Schwimmen zu gehen. Rückblickend wundert er sich: »Das ist ja manchmal so einfach und so simpel. Da gibt es ja Dinge, die kennt man ja auch, aber man kommt da einfach nicht hin.« Er fing an, sich mal etwas Besonderes zum Essen zu gönnen – früher hatte er sich selbst solche Kleinigkeiten versagt.

Mit neuem Selbstbewußtsein durchs Leben

Natürlich genügt es nicht, sich ab und zu etwas Gutes zu tun. Die Patienten müssen sich auch mit unangenehmen Dingen auseinandersetzen. Dieter Pohl zum Beispiel schuftete zusätzlich zu seinem Job als Fahrer auf einem gepachteten Bauernhof. Als er und seine Frau sich mit der Therapeutin über diese große Belastung unterhielten, wurde schnell klar, daß er den Hof lieber aufgeben wollte. Doch er traute sich nicht zu, deswegen bei dem Verpächter vorzusprechen. Seit Jahren hatte er keine Verhandlung mehr geführt. Elvira Cloer mußte ihn systematisch auf diese Situation vorbereiten. In der Therapie probierte er erst einmal in Rollenspielen aus, wie er sein Anliegen vorbringen und dafür argumentieren könnte. Erst dann machte er sich zum Verpächter auf. Das Gespräch verlief erfolgreich. Er gab den Bauernhof zurück und hatte nun mehr Luft. Nachdem er diese Entlastung erreicht hatte, konnte er sich wieder vorstellen, daß sich sein Leben doch noch zum Besseren wenden ließe. Seine Frau und er schmiedeten wieder Zukunftspläne. Die gelungene Aktion stärkte sein Selbstvertrauen.

Wie viele Depressive war Pohl im Umgang mit anderen Menschen auch sonst sehr unsicher. Zu Hause traute er sich nicht einmal, beim Fernsehen Programmwünsche anzumelden, so daß seine Kinder bestimmten, was gesehen wurde. Er hatte Angst, Kollegen könnten etwas von seiner Krankheit merken, und mied deshalb den Kontakt zu ihnen. Wenn er bei seiner Arbeit als Fahrer nur über das Funkgerät gerufen wurde, bekam er schon Schweißausbrüche. Am Feierabend verschwand er schnell, damit ihn nur niemand ansprechen konnte.

Depressiven fehlen oft die Fertigkeiten, mit anderen so umzugehen, daß beide Beteiligten sich wohl fühlen. Sie sehen ihrem Gegenüber nicht in die Augen und sprechen leise. Oder sie gehen nicht auf den Partner ein, sondern schweigen. Wenn sie etwas sagen, ist es oft das Falsche: Sie klagen und bitten um Hilfe, ohne ihrerseits auf den anderen einzugehen. Da Ehepartner und Freunde zunehmend widerwillig reagieren, werden die Bitten dringender, was aber nur kurzfristig hilft. Es kann leicht passieren, daß die anderen sich abwenden. Dadurch werden die Depressionen schlimmer, und die Kommunikation verschlechtert sich weiter.

Deshalb üben Verhaltenstherapeuten mit ihren Patienten, so aufzutreten, daß beide Seiten etwas davon haben. Sie haben eine Reihe von Programmen entwickelt, um sogenannte soziale Kompetenzen zu trainieren. Diese Übungen gehören zu den am häufigsten verwendeten verhaltenstherapeutischen Techniken. Oft kommen sie auch bei Patienten mit Ängsten oder psychosomatischen Problemen zum Einsatz, da diese sich im Kontakt mit anderen ebenfalls schwer tun. Selbst bei Führungskräfte-Trainings für Manager werden ähnliche Übungen eingesetzt.

Weil sich der Umgang mit anderen Menschen am besten gemeinsam lernen läßt, stellen Verhaltenstherapeuten, Gruppen mit fünf bis zehn Teilnehmern zusammen. Sie treffen sich zu mindestens zehn Sitzungen.

Forscher haben herausgefunden, daß es immer wieder dieselben Situationen sind, denen depressive und andere Patienten nicht gewachsen sind. Typisch ist die Furcht, vor anderen zu sprechen. Für diesen Fall halten die Therapeuten zum Beispiel folgende Übung bereit: Ein Patient hält in der Gruppe einen zweiminütigen Vortrag. Weil es auf den Inhalt nicht ankommt, soll er bewußt über ein unsinniges Thema sprechen, etwa über Wäscheklammern oder Toilettenpapier. Entscheidend ist, das Sprechen selbst zu üben: Laut genug reden, passende Gesten einsetzen, an den richtigen Stellen lächeln. Nach dem Auftritt sagt das Publikum dem Referenten, was er gut gemacht hat. Kritik läßt der Therapeut nicht zu. Die Teilnehmer sollen erfahren, was sie können. Denn gerade Depressive sehen sich meist zu negativ.

Hier greift wieder eine Grundregel der Lerntheorie: Wird jemand für ein Verhalten verstärkt, in diesem Fall etwa für klares Sprechen gelobt, wird er es in Zukunft öfter zeigen. Tadel dagegen führt allenfalls dazu, daß die Fehler vorübergehend unterdrückt werden, doch dies nützt auf die Dauer wenig und verunsichert nur.

Eines der häufigsten Probleme für depressive und andere unsichere Menschen ist es, Kontakt zu anderen aufzunehmen. Das Training, das es ihnen in Zukunft erleichtern soll, beginnt mit etwas Einfachem, etwa nach der Uhrzeit zu fragen. Am Ende folgen Aufgaben, die auch Menschen ohne besondere seelische Probleme schwer fallen – etwa in einem Lokal ein Gespräch mit einem Fremden zu beginnen.

Auf dem Programm steht vieles, was nötig ist, um Freunde zu finden, und sie nicht gleich wieder zu verlieren, etwa jemanden in ein Konzert oder zum Kaffee einzuladen. Auch Komplimente zu machen will gelernt sein. Manche verbinden sie gleich mit einer Entschuldigung nach dem Muster »ich bin im Kochen wirklich eine Null, aber Sie sind unheimlich Klasse«. Fast noch schwerer fällt es gerade Depressiven, Lob anzunehmen, da sie von sich selbst keine so hohe Meinung haben. »Aber nicht doch, das ist doch nichts Besonderes«, lautet eine typische Reaktion.

Um sinnvollere Verhaltensweisen zu erproben, bildet die Gruppe einen Kreis, und jeder macht seinem Nachbarn ein Kompliment. Es kann sich auf eine Kleinigkeit beziehen, muß aber ehrlich gemeint sein. Der Nachbar akzeptiert das Kompliment selbstbewußt. Zum Schluß sagt derjenige, der das Kompliment gemacht hat, was ihm an der Art gefällt, wie der andere es aufgenommen hat.

Forderungen zu stellen ist eine weitere wichtige Fähigkeit, über die viele nicht verfügen. Sie haben Angst, daß ihnen das Gewünschte womöglich gar nicht zusteht. Außerdem könnte der andere ja ablehnen. In der Gruppe üben sie, beispielsweise nach einer Gehaltserhöhung zu fragen.

Umgekehrt können die Patienten aber oft nicht nein sagen, wenn ein anderer etwas von ihnen will. Sie haben Angst, sich unbeliebt zu machen oder vielleicht sogar einen Freund zu verlieren. Was tun, wenn ein guter Bekannter das neue Auto leihen will, das man eigentlich nicht weggeben möchte? Manche erfinden Ausreden – leider sei es gerade kaputt. Doch dann kommt die gleiche Bitte in einer Woche womöglich wieder. Im Rollenspiel stellen die Teilnehmer fest, daß diese Taktik leicht weitere Schwierigkeiten nach sich ziehen kann – vor allem wenn die anderen instruiert sind, hartnäckig zu bleiben. Vielleicht wäre es sinnvoll, lieber gleich zu erklären, daß man die geliebte Blechkiste nicht in fremde Hände geben will? Die Teilnehmer diskutieren dies und proben, wie sich die Absage so formulieren läßt, daß niemand beleidigt ist.

Andere zu kritisieren, fällt oft auch nicht leicht. Was sagt man zu dem Nachbarn, der nachts um drei seine Stereoanlage voll aufdreht, oder zu den Jugendlichen, die an der Schlange vorbei direkt zur Kasse des Kinos marschieren? Die Gruppe dient als eine Art psychologisches Labor, um passende Möglichkeiten zu entwickeln.

Lernziel ist nicht, nach allen Seiten Kritik auszuteilen oder Forderungen kompromißlos durchzusetzen. Häufig fällt es Teilnehmern schwer, zwischen aggressivem Auftreten und dem Eintreten für berechtigte Wünsche zu unterscheiden. Um das zu üben, kann der Leiter der Gruppe kurze Dialoge vom Tonband vorführen, etwa den zwischen einem Chef und seinem Angestellten. Nach einem groben öffentlichen Rüffel entgegnet der Untergebene: »Einige Ihrer Kritikpunkte treffen ja zu, aber ich fände es besser, wenn Sie mir meine Fehler nicht auf eine so persönlich verletzende Art und Weise mitteilen würden.« Zunächst notiert jeder Patient, ob er die Antwort angemessen findet, dann diskutiert die Gruppe.[15]

Im Alltag muß später jeder selbst entscheiden, in welcher Situation er sich durchsetzen will und wo er nachgibt. Die Therapie möchte dazu verhelfen, beides zu beherrschen.

Gelegentlich gibt es beim Training Pannen. Bei einer beliebten Übung gehen die Patienten in einen – wirklichen – Laden, lassen sich alles mögliche zeigen und gehen wieder, ohne etwas zu kaufen. So lernt man realitätsnah, sich zu nichts überreden zu lassen, was man eigentlich nicht will. In der Nähe einer verhaltenstherapeutisch arbeitenden Klinik war ein Schuhgeschäft allerdings so lange unfreiwillig Schauplatz dieser Trainingseinheit bis der Inhaber ein Schild anbrachte: »Kein Selbstbehauptungstraining«.

Falsche Gedanken verlernen

Wenn Depressive aus ihrer deprimierten Stimmung einfach nicht herauskommen, sind daran auch ihre Gedanken schuld. Dieter Pohl beispielsweise hatte eine Reihe von Glaubenssätzen im Kopf, die ihn hinderten, ein glücklicheres Leben zu führen. So war er überzeugt, daß er als Bauer, wenn auch nur als nebenberuflicher, seinen Hof nicht einfach aufgeben dürfte. Also rackerte er sich dort ab, obwohl die Arbeit kaum zu schaffen war.

Er traute sich nicht, anderen gegenüber seine Wünsche zu äußern. Denn er fürchtete, sie würden ihn nicht mehr mögen, wenn er sich nicht mehr anpassen wollte. Deshalb begann seine Therapeutin Cloer, diese Überzeugungen mit ihm zusammen zu überprüfen. War es wirklich sinnvoll, sich immer zu fügen?

Frühere Verhaltenstherapeuten hätten sich nicht groß für solche Gedanken interessiert. Lange Zeit predigten die Theoretiker, was die Patienten dächten, sei eigentlich völlig unwichtig, solange sie nur für das richtige Verhalten verstärkt würden. Doch dann revolutionierte die sogenannte kognitive Wende die gesamte Psychologie. Spätestens in den sechziger Jahren machten zahlreiche Versuchsergebnisse den Wissenschaftlern klar, daß selbst ausgefeilte Verstärkungstheorien Verhalten allein nicht erklären – noch nicht einmal das von Tieren.

Viele Forscher sahen ein, daß sie sich wohl oder übel mit den menschlichen Gedanken beschäftigen mußten. Das hatten die Behavioristen immer vermieden und die wuchernden Spekulationen etwa der Psychoanalytiker über das Geschehen im Innern des Gehirns verspottet. Der Psychologe Alan Paivio empfahl daher, sich dem Thema, vor dem Skinner immer gewarnt hatte, nur ganz vorsichtig zu nähern. »Mentalistische Ideen sind so verführerisch, daß man Gefahr läuft, sich auf ewig im Garten des introspektiven Mystizismus zu verirren. Vielleicht kann es deshalb nur ein hartgesottener Behaviorist wagen, sich mit der Verführerin einzulassen«.

Nicht alle Väter der Verhaltenstherapie machten die Wende mit. Skinner wetterte noch im Alter von 83 Jahren gegen dieses Fremdgehen seiner Nachfolger. Doch die neuen Theoretiker prägten Formeln wie »der denkende Behaviorist« und schrieben Aufsätze mit Titeln wie *Selbstregulation: Eine behavioristische Exkursion in die Höhle des Löwen.*

Diese Wege gehen die Verhaltenstherapeuten seither systematisch. Statt beliebig zu interpretieren, suchen sie nach ganz bestimmten Vorstellungen, die sie für unzweckmäßig halten. Listen solcher irrationaler Ideen mußten sie nicht einmal selbst aufstellen. Die abgefallenen Psychoanalytiker Aaron Beck und Albert Ellis hatten bereits welche zusammengetragen (siehe Kasten). Von ihnen übernahmen die Verhaltenstherapeuten vieles und nennen ihre eigene Methode seither oft kognitive Verhaltenstherapie, da die neuen Techniken beim Denken ansetzen. Der Grundgedanke kognitiver Therapien stammt von dem antiken Philosophen Epiktet: Nicht die wirkliche Welt macht die Menschen unglücklich, sondern das, was diese über sie denken. Deshalb versuchen die Therapeuten, die irrationalen Ideen ihrer Patienten herauszuarbeiten und zu verändern.

Alles oder nichts

Depressive machen vor allem folgende Denkfehler:[16]

Alles-oder-nichts-Denken
Wenn dem Patienten etwas nicht perfekt gelungen ist, sieht er einen totalen Fehlschlag – realistische mäßig positive oder negative Bewertungen fehlen. »Die depressive Person betrachtet sich selbst als ausschließlich kompetent oder inkompetent, als erfolgreich oder als Versager.«[17] Da niemand ausschließlich kompetent ist, kann diese Denkweise nur ins Auge gehen.

Negatives für typisch halten
Der Patient nimmt sich zehn Dinge für den Tag vor, davon geht ein Plan schief. Doch nur an diese Panne erinnert er sich anschließend und glaubt, daß ihm einfach nichts gelingt.

Positives nicht wahrnehmen
Klappt etwas, zählt dies für den Depressiven nicht. Er entwertet den Erfolg – etwa weil jemand anders es bestimmt noch besser gemacht hätte.

Voreilige Schlußfolgerungen

Ein Depressiver glaubte beispielsweise, alle anderen Menschen würden ihn schief ansehen, wenn er sich ungewöhnlich kleiden würde. In der Therapie probierte er es aus und ging unrasiert in lässigem Outfit mit schlacksigem Gang eine Straße entlang. Es zeigte sich, daß dies die meisten Passanten überhaupt nicht kümmerte.

Etwas muß unbedingt sein

Ein Mann fragt eine Frau, ob sie mit ihm ausgehen will, doch sie lehnt ab. Er hat sich die Vorstellung einer gemeinsamen Zukunft aber so in den Kopf gesetzt, daß er die Zurückweisung nicht einfach als bedauerlich akzeptieren kann. Statt dessen folgert der Arme, daß er nun nie eine Partnerin finden wird und ein völliger verachtenswerter Mensch ist.

Aaron Beck fand heraus, daß Depressive vor allem drei Bereiche besonders negativ sehen. Sie haben ein düsteres Bild von sich selbst, ein düsteres Bild ihrer Vergangenheit und ein düsteres Bild ihrer Zukunft. Beck nannte diesen fatalen Dreiklang die »kognitive Triade«.

Wie hoffnungslos die Erkrankten ihre Aussichten sehen, beschrieb der depressive Dichter William Cowper schon im im 18. Jahrhundert: »Du wirst mir sagen, daß diese kalte Düsternis von einem heiteren Frühling gefolgt wird und versuchen, mir Hoffnung auf einen ähnlichen Wandel der Gefühle zu machen. Doch das ist vergebliche Mühe: Die Natur belebt sich wieder, aber eine einmal getötete Seele lebt nie mehr.«

Beck und seine Mitarbeiter wiesen nach: In schlechten Phasen erinnern sich Depressive eher an schlechte als an gute Erfahrungen. Lassen ihre Depressionen nach, verschwindet dieses Phänomen. Sie halten auch ihre eigenen Leistungen für schlechter, selbst wenn sie es nicht sind. Beck glaubt, daß diese negativen Denkmuster tatsächlich die Ursache der Depressionen sind.

Ob das stimmt, weiß bisher niemand. Die dunklen Gedanken könnten auch die Folge der Krankheit sein. Doch es leuchtet ein, daß mit ihnen im Kopf niemand glücklich werden wird. Deshalb setzten Verhaltenstherapeuten an diesem Punkt an.

Weil sie systematische Leute sind, machen sie gerne erst einmal eine Bestandsaufnahme und geben dem Patienten eine Liste. Darin finden sich Aussagen zum Ankreuzen wie: »Ich bin nur dann glücklich, wenn die meisten Leute, die ich kenne, mich bewundern« oder »Wenn ich bei meiner Arbeit versage, dann bin ich als ganzer Mensch ein Versager«.

Nach der Bestandsaufnahme geht es an die Veränderung. Dabei bedienen sich die Therapeuten des sokratischen Dialogs – der altehrwürdigen Kunst, so lange nachzufragen, bis das Gegenüber die Schwächen seiner Ansicht wie von selbst sieht. Das ist oft wirksamer, als dieselbe Einsicht gleich als guten Rat zu servieren. Beck behandelte eine junge Frau, die glaubte, ohne ihren Mann nicht leben zu können. Er fragte sie, ob sie denn immer unglücklich war, bevor sie ihn kennenlernte. Als sie verneinte, holte Beck aus: »Zu einem Zeitpunkt, als Sie ohne David waren, fanden Sie das Leben wirklich lebenswert. Und jetzt, wo Sie mit David leben, wenn auch nur teilweise, finden Sie das Leben nicht lebenswert. Können Sie diesen Widerspruch erklären?« Die Patientin seufzte: »Ich kann es nicht erklären«.

Solche Argumentationsmuster verwenden viele Therapeuten. Mitunter spitzen sie die Gedanken dramatisch zu. In dem Buch *Ich kann, wenn ich will*, halten der Psychologe Arnold Lazarus und der Psychiater Allen Fay allen, die etwas angeblich nicht können, entgegen: »Wenn dein Kind oder der Mensch, der dir auf dieser Welt am nächsten ist, entführt würde, und du wüßtest, daß du diesen Menschen nicht lebend wiedersiehst, wenn du nicht tust, was du angeblich nicht tun kannst – tätest du es dann?« Wenn ja, stellt sich die Frage: »Wie kommt es, daß ich das nicht für mein eigenes Glück tue?«.[4]

Auch Elvira Cloer geht oft mit ihren Patienten deren Denkfehler durch. Bei dem 34jährigen Uwe Haid bietet sich dies gera-

dezu an. Der modisch-lässig gekleidete Student hat einen scharfen Verstand. Der bewahrt ihn zwar nicht vor falschen Schlußfolgerungen, doch er kann sie hinterher gut analysieren.

Als er vor einem halben Jahr zum ersten Mal in die Praxis kam, hatte er allerdings ganz andere Sorgen. Der ehrgeizige Nachwuchsakademiker war durch seine Prüfung gefallen, was für ihn eine Katastrophe bedeutete. Er lag stundenlang im Bett und grübelte. Zwischendurch spielte er Klavier – Chopin und ähnlich traurige Stücke. Auch körperlich ging es ihm nicht gut. Er schwitzte stark und hatte Verdauungsstörungen. Zwar konnte er noch gute Laune vortäuschen, doch hinter dieser Maske verbarg sich eine »stumme Traurigkeit«, so Elvira Cloer. Vor Jahren hatte er einen Nervenzusammenbruch erlebt. Nun hatte er große Angst, verrückt zu werden.

Seine Verfassung war ihm aber nicht das Wichtigste. Er wollte unbedingt im zweiten Anlauf seine Prüfung bestehen, einerlei ob mit oder ohne Depressionen. Doch er konnte nicht mehr arbeiten. Auf seinem Tisch lagen schon wochenlang unberührt die Unterlagen für eine Hausarbeit, die er schreiben mußte. Er brachte es einfach nicht fertig, hineinzusehen. So begann die Therapeutin, ihn in kleinen Schritten wieder ans Arbeiten zu gewöhnen – getreu dem bewährten lerntheoretischen Prinzip, zu Anfang auch kleine Schritte in die richtige Richtung zu verstärken: Zunächst mußte er den Ordner mit den Unterlagen nur aufmachen, kurz hineinsehen und wieder zuklappen. Dann durfte er zur Belohnung spazierengehen. Allmählich gewöhnte Uwe Haid sich wieder an die Unterlagen, die er seit dem Prüfungsdesaster gemieden hatte. In der Therapie erfuhr er auch einiges über Arbeitstechniken und konnte schließlich seine Hausarbeit vollenden. Er erhielt sogar eine gute Note.

Doch warum war er vorher einfach nicht über den ersten Satz hinausgekommen? Dies lag nicht einfach an seiner depressiven Stimmung. Vielmehr spielten auch die sogenannten Kognitionen in seinem Kopf eine große Rolle. Ihnen widmen sich Therapeutin und Patient nun in der aktuellen Phase der Therapie. Die eigentliche große Prüfung, sein Examen, steht in fünf Wochen bevor.

Wie irrationale Gedanken ihn zur Verzweiflung treiben, hat Uwe Haid gerade wieder erfahren. Er hatte eine Klausur geschrieben, und der Professor verkündete im Seminar, wer im theoretischen Teil gut abschneide, habe meist im praktischen eine schlechte Note. »Ich habe mir sofort den Schuh angezogen«, berichtet Haid, denn er hielt seine Leistungen in der Theorie für gut. »Der meint dich persönlich, deine Arbeit kann ja gar nichts sein.«

In Wirklichkeit hatte der Prüfer noch keine einzige Arbeit gelesen. Haids Schlußfolgerung war also eindeutig falsch, doch trotzdem hatte sie ihn aus dem seelischen Gleichgewicht gebracht. »Da bricht etwas zusammen«, erinnert er sich. »Was fühlen Sie im Augenblick?«, geht die Therapeutin seiner Reaktion nach, die Uwe Haid nun wieder ganz gegenwärtig ist. Er empfindet Resignation und Verzweiflung. Er hat Angst, wieder durchzufallen: »Die ganze Arbeit war vergeblich.« Für ihn wäre das »eine Katastrophe«.

Die Therapeutin hakt nach: »Was wäre das Schlimmste?« »Das Versagen«, antwortet Haid, das Gefühl »ich bin ein Versager«. Elvira Cloer: »Spüren sie etwas, wenn Sie den Satz jetzt aussprechen?« Haid hat kalte Hände. Elvira Cloer läßt nicht locker. Was würde denn passieren, wenn sie durch die Prüfung fallen sollte? »Dann würde ich wohl in der Gosse landen«, antwortet er sachlich mit ruhiger Stimme.

Elvira Cloer braucht ihm nicht lange klarzumachen, daß dies Unsinn ist. Wenn ein Professor eine allgemeine Bemerkung macht, heißt das nichts für die eigene Klausur. Und selbst wenn diese schlecht sein sollte, müßte Uwe Haid deswegen noch lange nicht durch die erst anstehende Prüfung fallen. Aber sogar in diesem Extremfall würde er kaum in der Gosse landen. Trotzdem läuft im Kopf von Uwe Haid blitzschnell diese absurde Gedankenkette ab und stürzt ihn in Verzweiflung.

Die Therapeutin geht nun die typischen Denkfehler durch, die Menschen immer machen. Verallgemeinerungen sind so ein Problem: Ein Detail wird herausgegriffen und scheint plötzlich die ganze Welt zu dominieren – wie die Bemerkung des Professors. Haid leuchtet das ein: »In diesem Fall ist der Fehler ja sogar bewiesen.« Ein anderer Fehlschluß: Bloße Möglichkeiten – man könnte durch die Prüfung fallen – lösen Panik aus, als ob der Ernstfall schon längst eingetreten wäre. »Man könnte sich kaputtlachen darüber«, kommentiert Haid. Die Einsicht in die merkwürdigen Manöver des eigenen Kopfes hat ihr Gutes: »Es ist auch befreiend, wenn man sieht, wo du dich da wieder reingesteigert hast.«

Es reicht allerdings nicht, es besser zu wissen. »Wir versuchen jetzt, die Fehler mal auszumerzen«, beschließt Elvira Cloer. Die beiden überlegen, was Haid sich in Zukunft sagen könnte, sowie ihm ein fataler Gedanke durch den Kopf schießt. Was wäre eine Alternative zu der falschen Schlußfolgerung aus den Bemerkungen des Professors? »Wenn der erste Teil einer Arbeit gut ist, kann der zweite trotzdem auch gut sein«, schlägt Haid vor. Der Therapeutin geht das etwas schnell. Sie fragt lieber noch einmal nach, ob er das auch wirklich ernst meint. »Da glaube ich dran«, versichert Haid.

Nachdem nun das Prinzip klar ist, bekommt er eine Hausaufgabe: Er wird typische irrationale Gedanken identifizieren, aufschreiben und bessere Alternativen überlegen.

Gespräche und Übungen helfen so gut wie Medikamente

Dieter Pohl, der Fahrer und Landwirt, der kaum sprechen konnte, fühlt sich heute viel besser. Er meistert sein Leben recht erfolgreich. Zwar ist er immer noch ein zurückhaltender Mensch, aber er kann nun auf andere zugehen und mit ihnen reden. Während er früher hilflos den Kindern die Kontrolle über das Fernsehprogramm überließ, meldet er nun auch mal seine eigenen Wünsche an und diskutiert mit dem Nachwuchs. Bei der Arbeit kann er sich ebenfalls besser durchsetzen. Große Feste mag er immer noch nicht besonders, aber er geht der Familie zuliebe mit. Und manchmal gefällt ihm die Geselligkeit sogar.

Sein Erfolg war kein Zufall, wie eine große deutsche Studie

beweist. Pohl war einer der fast 200 Patienten, die an drei deutschen psychiatrischen Kliniken im Rahmen dieses Forschungsprojekts behandelt wurden. Alle Behandelten litten unter mittelschweren oder schweren Depressionen, ein Drittel hatte bereits einen Selbstmordversuch hinter sich.

In der ungewöhnlich aufwendigen Therapiestudie belegte das Team um Professor Martin Hautzinger, der in Tübingen Psychologie lehrt, die Wirkung von Verhaltenstherapie bei Depressionen. Hautzinger verglich sie mit der des Medikaments Amitriptylin, der Standardtherapie bei dieser Krankheit. 17 Therapeutinnen und Therapeuten behandelten an den psychiatrischen Kliniken Münster, Reichenau und Düsseldorf. Alle Patienten erhielten jede Woche drei Therapiestunden, wobei gut die Hälfte sogar nur zu diesen Stunden in die Klinik kam, die anderen waren stationär aufgenommen. Die Studienleiter gaben den Therapeuten nicht viel Zeit: acht Wochen, das entspricht 24 Therapiestunden.

Das Ergebnis ihrer Bemühungen kontrollierten die Forscher genau: Patienten und Therapeuten füllten regelmäßig die Beurteilungsbögen aus, mit denen Depression international gemessen wird. Die Verhaltenstherapie hatte die eindeutig besseren Ergebnisse, wie die Auswertungen zeigten. Die Hälfte der Patienten war ein Jahr nach dem Ende der Therapie nicht mehr depressiv. Dasselbe galt nur für ein Drittel der mit dem Medikament Behandelten. Diejenigen, die zusätzlich zur Verhaltenstherapie auch das Medikament erhalten hatten, waren nicht besser dran als die mit Verhaltenstherapie allein.[18]

Der Verzicht auf die üblicherweise gegebenen Pillen erspart den Kranken deren Nebenwirkungen. Die Medikamente verursachen beispielsweise Müdigkeit und Schwindelgefühle. Wohl nicht zuletzt deswegen brechen viele Patienten die medikamentöse Behandlung vorzeitig ab. In der Studie waren es dreißig Prozent gegenüber nur zehn Prozent Abbrechern in der Verhaltenstherapie-Gruppe.

»Die Studienergebnisse«, faßt der Therapieforscher Klaus Grawe zusammen, sind »ein klarer Beleg für eine überlegene Wirkung der kognitiv-behavioralen Therapie«. Schon allein die

Tatsache, daß deutlich weniger Patienten als bei der üblichen Behandlung mit Pillen aufgeben, ist für Grawe Grund genug, psychologische Therapie »in der Regel als erste Wahl zu empfehlen und eine medikamentöse Behandlung allein allenfalls als Notlösung ins Auge zu fassen, wenn Verhaltenstherapie oder eine andere wirksame Psychotherapie« bei einem Patienten nicht angewandt werden können.[19]

Hautzingers Team steht mit seinem Befund keineswegs allein. Schon 1977 erwies sich die Verhaltenstherapie in einer amerikanischen Studie Medikamenten als überlegen. Andere Untersuchungen bestätigten dieses Ergebnis. Nicht immer gewann die Verhaltenstherapie, mitunter lag sie in den Studien gleichauf. Insgesamt wurde sie aber Sieger nach Punkten.

Dabei wirkt die psychologische Verhaltenstherapie keineswegs nur im psychischen Bereich, etwa auf die Stimmung oder die Fähigkeit, mit anderen Menschen zurechtzukommen. Die körperlichen Symptome der Depression bessern sich genauso stark. Umgekehrt helfen auch Medikamente – wenn sie helfen – nicht nur in der körperlichen, sondern auch in der psychischen Sphäre. Dies zeigt, wie eng körperliche und seelische Prozesse bei dieser Krankheit ineinander greifen. Die deutsche Untersuchung von Hautzinger bestätigt dieses Ergebnis.

Therapieforscher interessierten sich auch für die Frage, ob alle Teile der verhaltenstherapeutischen Behandlung von der Verstärkung bis zu den sokratischen Gesprächen wirksam sind oder ob sich möglicherweise einige einsparen ließen. Für das Training sozialer Fähigkeit ist die Antwort klar: Es nützt. Experte Grawe sichtete 74 Studien, an denen 3 400 Patienten teilnahmen. Er kam zu dem Ergebnis, daß sich das Selbstbewußtsein von fast 100 Prozent der Patienten verbessert.[5] Die Teilnehmer des deutschen Assertiveness Training Programms lieferten einen lebensnahen Beweis für diesen Befund: Vor dem Training hatten 51 Prozent keinen Partner, nachher waren nur noch sechs Prozent allein. Fast die Hälfte hatte die neuen Fähigkeiten also genutzt, um einen Freund oder eine Freundin, eine Frau oder einen Mann zu finden.

Die Experten streiten sich dagegen, ob die neueren kognitiven Techniken notwendig und vielleicht sogar besser sind als die älteren Programme zur Aktivierung der Patienten. Mehrere Studien sehen die kognitiven Techniken vorn. Eine neue Untersuchung kam dagegen zu dem erstaunlichen Ergebnis, daß sich der Erfolg des Aktivierungstrainings durch zusätzliche kognitive Behandlung nicht verbessern ließ. Dies ist vor allem deshalb bemerkenswert, weil sämtliche an der Studie beteiligten Therapeuten fest davon überzeugt waren, daß die Aktivierung allein nicht so viel bringen würde.

Zusammengefaßt sprechen die Ergebnisse dafür, alle drei Behandlungen zusammen anzuwenden: Das Sozialtraining sowieso, die Kombination von Aktivierung und kognitiven Strategien ebenfalls, auch wenn nicht klar ist, was von diesen beiden den größeren Nutzen bringt.

Trotz allem haben die Psychologen keinen Grund, sich auf ihren Erfolgen auszuruhen. Denn noch immer gibt es sehr viele Patienten, denen Verhaltenstherapie nicht dauerhaft hilft, weil sie entweder die Behandlung abbrechen oder später nach einer längeren glücklicheren Phase doch wieder depressiv werden. Das zeigte sich in einer großen Vergleichsstudie des National Institute of Mental Health der USA. 18 Monate nach dem Ende der Verhaltenstherapie ging es nur 30 Prozent der Patienten, die sie begonnen hatten, immer noch gut. Da tröstet es wenig, daß es bei den medikamentös Behandelten sogar nur 20 Prozent waren – nicht mehr als in der Gruppe, die nur ein Scheinmedikament erhalten hatte. »Das ist kaum eine glänzende Empfehlung für irgendeine der Behandlungen«, resümieren die Psychologen Neil Jacobson und Steve Hollon.[20] Doch ein wirksameres Verfahren als Verhaltenstherapie gibt es für die hartnäckige Krankheit Depression nicht.

Fokus

Konditionierung oder Hilfe zur Selbsthilfe?

Der Verhaltenstherapeut Ralf Schneider beklagte einmal, manche Ärzte schickten mit Vorliebe schwachsinnige Patienten in seine Klinik oder solche, die kein Deutsch könnten. Sie dächten, »beim Konditionieren braucht man ja nicht zu reden«. Offenbar glaubten die Mediziner, der Patient müsse passiv erdulden, wie ihm die Verhaltenstherapeuten beispielsweise die Lust auf Alkohol mit Hilfe von Elektroschocks oder anderen unangenehmen Reizen vergällten.

Einen Funken Wahrheit enthielt dieses Vorurteil – auch wenn der Glaube, Verhaltenstherapeuten würden sich nicht mit ihren Patienten unterhalten, schon immer Unfug war. Vertreter der Verhaltenstherapie taten tatsächlich so, als sei der Patient passives Opfer ihrer Konditionierungsversuche. Geschlossene Anstalten wie Gefängnisse und Psychiatrien boten sich für entsprechende Kuren an. Doch auch in diesen Institutionen ist die Zeit der »steinzeitlichen Methoden« vorbei, wie Dirk Lorenzen vom Psychiatrischen Krankenhaus Weinsberg bei einer Tagung spottete. Heute steht Hilfe zur Selbsthilfe auf dem Programm.[21]

Schon frühe Theoretiker wie Burrhus Frederic Skinner sprachen von »Selbstkontrolle«. Ein Patient sollte nicht einfach passiv konditioniert werden, sondern sich selbst steuern. Er sollte initiativ werden und selbst dafür sorgen, daß sein Verhalten belohnt würde. Allerdings blieb unklar, wie etwa ein Alkoholiker dazu kommen sollte, plötzlich auf das Trinken verzichten zu wollen. Schließlich hatte er dessen unmittelbare Folgen immer als angenehm und damit verstärkend erlebt. In Skinners Theorie waren Menschen keine denkenden Wesen, die sich für einen Verzicht auf Schnaps entscheiden könnten, weil sie wissen, daß er ihnen auf die Dauer schadet.

Heute, nach der kognitiven Wende, haben Verhaltenstherapeuten dieses Problem nicht mehr. Was im Kopf des Patienten vorgeht, spielt nun eine zentrale Rolle in ihren Überlegungen.

Nun sind sie davon überzeugt, daß letztlich nur der Patient selbst seine Probleme lösen kann.

»Ich kann ihn nicht ändern, ich kann ihm nur dabei helfen, sich selbst zu ändern«, verkündet Frederick Kanfer sein Credo bei einem Therapeuten-Workshop der Salus-Klinik bei Frankfurt und pocht mit dem Finger auf den Tisch. 1925 in Wien geboren und 1941 in die USA emigriert, gilt der kleine, etwas verhutzelte Mann mit dem spärlichen Haarkranz heute als einer der großen alten Männer der Psychotherapie.

Der Psychologieprofessor hat das Konzept des Selbstmanagements bekannt gemacht, an dem sich mittlerweile viele Verhaltenstherapeuten orientieren. Ziel ist, dem Patienten dabei zu helfen, sein Leben selbst in die Hand zu nehmen. Ein Alkoholiker beispielsweise lernt, Situationen zu vermeiden, in denen er seinen Drang nach dem Suchtstoff nicht beherrschen könnte. Er erfährt jedoch auch, welche Möglichkeiten es gibt, den Drang nach Alkohol in anderen Situationen auszuhalten, ohne zum Glas zu greifen. Und er übt, beide Arten von Situationen zu unterscheiden.

Therapeut und Patient analysieren die Probleme gemeinsam und suchen Lösungen. Der Therapeut lenkt die Diskussion zwar in die Richtung, die er aufgrund seines psychologischen Wissens für erfolgversprechend hält. Doch es ist ihm am liebsten, wenn der Klient selbst vorschlägt, was er machen will. Kommen die Ideen von ihm, »besitzen sie eine höhere Chance der Realisierung, als wenn solche Ratschläge vom Therapeuten geäußert werden,« erläutern Kanfer und zwei deutsche Mitautoren in ihrem Buch *Selbstmanagement-Therapie*.[22]

Verhaltenstherapeuten bevorzugen zwar ein klar strukturiertes Vorgehen und setzen viele Standardmethoden ein. Doch dabei bleiben genügend Möglichkeiten, auf die individuellen Vorstellungen des Patienten einzugehen. »Patient und Therapeut«, so der Depressions-Experte Martin Hautzinger, »bilden ein Team«.[16] Bei ihm legen beide gemeinsam zu Beginn der Stunde die Tagesordnung fest. Auch die Angstspezialistin Sigrun Schmidt-Traub glaubt: »Therapie ist Anleitung zur Selbsthilfe.«[23]

Teamwork wird möglich, weil Verhaltenstherapie auf klaren, unkomplizierten Erklärungen der menschlichen Psyche beruht. Bei ihr geht es nicht um geheimnisvolle Prozesse im Unbewußten, die nur Eingeweihte nach jahrelanger Ausbildung und Selbsterforschung begreifen können. Sie beschreibt mit Hilfe von einfachen Gesetzen des Lernens und des Denkens, wie Menschen beispielsweise depressiv werden und auch, wie sie wieder Freude am Leben finden können. Der Heidelberger Psychologieprofessor Peter Fiedler erklärt es deshalb zum »obersten Ziel«, die »Patienten selbst zu Experten« für ihre eigenen Probleme zu machen.

Natürlich reichen die simplen Beschreibungen bei weitem nicht aus, all das zu erfassen, was in Menschen vorgeht. Doch das können die verwickelten Theorien anderer Therapien ebenfalls nicht, und es ist auch nicht nötig. Die Erklärungen der Verhaltenstherapie reichen für den Zweck, für den sie gedacht sind: Patienten zu helfen, ihre Probleme anzupacken.

Die Einfachheit der Denkmuster bietet den Vorteil, daß auch intellektuell wenig vorgebildete Patienten verstehen können, worum es bei der Verhaltenstherapie geht. Bevor es sie gab, »war es nahezu unmöglich, einen ›Unterschicht‹ oder Mittelschicht‹-Patienten in eine auch für ihn akzeptable psychotherapeutische oder psychosomatische Behandlung einzuschleusen«, erinnert sich der Arzt Jochen Sturm. Wenn es ihm gelang, eine Probestunde in einer Ambulanz oder Klinik zu vermitteln, konnte Sturm »mit hoher Wahrscheinlichkeit damit rechnen, den Patienten wegen ›mangelnder Introspektionsfähigkeit‹ wieder zurückgeschickt zu bekommen« – nach Meinung des Therapeuten zeigte der Patient also zu wenig Einsicht in die eigene Psyche [24]

In der Verhaltenstherapie lernen auch wenig wortgewandte Patienten ihre Probleme verstehen. Sie können darüber bestimmen, wie die Therapie gestaltet werden soll. Manche Psychologen folgern daraus, für sprachgewandte, intelligente Hilfesuchende sei Verhaltenstherapie nicht das Richtige. »Dies ist ein Irrtum«, kommentiert Schneider. Es kommt nur nicht darauf an, mit dem Therapeuten möglichst tiefschürfend über die eigenen Probleme zu reden, sondern sie anzupacken.

3.

Ängste durch Konfrontation wirksam bekämpfen

Wie Angst entsteht und bleibt

Peter Schwarz war ein erfolgreicher Steuerberater, als er mit Mitte dreißig begann, sich große Sorgen um sein Herz zu machen. Immer wieder spielte es offenbar verrückt. Es klopfte stark, er konnte nur noch schwer atmen und spürte Stiche in der Brust. Doch kein Arzt fand eine körperliche Ursache für die »Herzanfälle«, selbst die Suche mit einem Katheder blieb erfolglos. Schwarz lebte in ständiger Angst, er könnte an einem Herzanfall sterben und kaufte schließlich ein Haus gegenüber dem seines Hausarztes, damit er bei Notfällen wenigstens schnell medizinische Hilfe bekommen würde. Selbst Tennis konnte er nun wieder spielen, wenn auch nur mit dem Doktor. Doch sobald der Arzt am Wochenende wegfuhr oder abends seine Fenster dunkel blieben, verfiel der Steuerberater wieder in Panik.

Schließlich gab er seinen gut dotierten Beruf auf und begann eine Ausbildung zum Krankenpfleger. Doch bald kam er zu dem Schluß, daß er im Notfall nicht einmal in der Klinik schnell genug versorgt würde. »Die ersten Minuten sind entscheidend für das Überleben, aber ich kann doch nicht ständig auf der Intensivstation sein«, klagte er, als er sich nun in verhaltenstherapeutische Behandlung begab.[25]

Natürlich war das Herz nicht das Problem von Peter Schwarz. Sein Problem war die Angst. Ängste machen vielen Menschen zu schaffen – in Deutschland sind sie bei Frauen die häufigste psychische Störung, bei Männern die zweithäufigste. Dabei geht es nicht um alltägliche Ängste wie Unbehagen in der Dunkelheit, das einer Schweizer Studie zufolge 52 Prozent der Eidgenossen verspüren, ebenso wie sich 38 Prozent vor Menschenmassen und 25 Prozent vor Hunden fürchten. Mit solchen Ängsten läßt sich gut leben, und mitunter haben sie sogar eine gewisse Berechtigung, immerhin könnte man tatsächlich gebissen werden. Anders liegt der Fall, wenn sich jemand nicht mehr aus dem Haus traut, weil er einem Hund begegnen könnte, oder nicht mehr Einkaufen geht, weil er im Laden Platzangst bekommt. Dann wird die Angst zu einer Störung, mit der sich die Betroffenen zu einem Therapeuten oder einer Therapeutin begeben sollten. Die Experten diagnostizieren eine Phobie, wobei das griechische Wort auch nichts anderes als Furcht bedeutet.

Häufig gilt die Angst etwas ganz Speziellem, etwa bestimmten Tieren. Die Schweizer Untersuchung bescheinigte jeweils zwei Prozent der Eidgenossen Phobien vor Schlangen, Spinnen und Hunden. Vielgefürchtet sind auch Zahnärzte, Spritzen, blutende Verletzungen, Flugreisen und Blicke von Türmen. Etwa zehn Prozent der Bevölkerung leiden unter solchen speziellen Ängsten. In einer schwedischen Studie von 1996 berichteten sogar 26 Prozent der Frauen und 12 Prozent der Männer von solchen sogenannten spezifischen Phobien.

Nicht selten sind auch soziale Phobien – Ängste vor anderen Menschen. Maria Callas bebte oft vor Angst, während sie auf ihren Auftritt wartete, dem ehemaligen britischen Premierminister Harold MacMillan wurde vor parlamentarischen Fragestunden gewöhnlich schlecht. Es muß aber nicht gleich die New Yorker Oper oder das Unterhaus sein. Manch Nicht-Prominentem zittern schon die Hände, wenn er im Restaurant essen geht.

Phobien können das ganze Leben zu einem Alptraum machen, etwa die Agoraphobie. Das griechische Wort »Agora« bedeutet zwar Markt, doch Agoraphobie ist keineswegs nur »Platzangst beim Überqueren freier Plätze«, wie die Redaktion des Dudens glaubt. Die Erkrankten meiden vielmehr alle Situationen, in denen keine Hilfe verfügbar wäre, wenn ihnen plötzlich beispielsweise schwindlig würde. Die Patienten haben auch Angst, wenn sie für den Notfall keine Fluchtmöglichkeiten sehen: Sie scheuen volle Geschäfte, Busse, Bahnen und Fahrstühle. Viele trauen sich überhaupt nur in Begleitung von Freunden aus ihrer Wohnung, andere möchten auch zu Hause nie alleine sein. Etwa vier Prozent der Bevölkerung leidet an Agoraphobie, jeder dritte von ihnen so schwer, daß er keinem Beruf nachgehen oder sich nicht um die Familie kümmern kann. Frauen erkranken doppelt so häufig wie Männer.

Oft kommt eine Agoraphobie nicht allein. Häufig werden die Patienten gleichzeitig von Panikattacken heimgesucht, die aber auch oft als sogenanntes Paniksyndrom ohne Agoraphobie auftreten. Die Berichte der Betroffenen klingen dramatisch: Plötzlich bekommen sie keine Luft mehr, beginnen zu schwitzen, werden ganz benommen oder das Herz beginnt heftig zu klopfen und zu rasen. Die Patienten fürchten, daß sie die Kontrolle über sich verlieren, wahnsinnig werden oder sterben könnten. Sie flüchten an sichere Orte, schlucken Beruhigungsmittel oder rufen den Notarzt. Erst nach einer halben Stunde ist der Anfall im Durchschnitt vorbei.

Organische Ursachen können Ärzte nicht finden, doch auf die richtige Diagnose Paniksyndrom kommen sie trotzdem oft nicht. Statt dessen erkennen sie Herzhypochondrie, Reizherz, Soldatenherz, Neurasthenie, vegetative Dystonie oder psychophysischen Erschöpfungszustand. »Die Diagnose hängt häufig vor allem von der Spezialisierung der Diagnostiker ab«, spotten Jürgen Margraf und Silvia Schneider. Das Psychologenteam zählt zu den führenden deutschen Paniksyndrom-Experten.

Diese Verwirrung müßte nicht sein. Psychiater und Psychologen haben in den letzten Jahrzehnten immer genauere und verläßlichere Diagnosesysteme entwickelt, anhand deren sich auch die verschiedenen Angststörungen gut erkennen lassen. In dicken Büchern ist aufgelistet, welche Symptome etwa beim Paniksyndrom auftreten. Am wichtigsten sind das *ICD (Interna-*

tional Classification of Diseases) der Weltgesundheitsorganisation, dessen zehnte Version zur Zeit gilt, und das *DSM (Diagnostic and Statistical Manual of Mental Disorders)* der American Psychiatric Association in der aktuellen vierten Version. Früher lieferten diese Diagnoseschlüssel gleich eine Erklärung für die Entstehung der Krankheiten mit, heute tun sie das nicht mehr. Da die Diagnose sich nur noch auf das äußere Erscheinungsbild einer Krankheit bezieht, können sich Therapeuten unterschiedlicher Schulrichtungen verständigen, auch wenn ihre Theorien über die Ursachen eines Problems weit auseinander gehen. Im Fall der Ängste ist das sehr hilfreich – über ihre Ursachen gibt es viele Spekulationen und wenig Gesichertes.

Dabei glaubten schon die frühen Behavioristen, eine einfache Erklärung gefunden zu haben. Ihrer Meinung nach entsteht Angst durch klassische Konditionierung. Diesen grundlegenden Lernmechanismus hatte der russische Physiologe Iwan Pawlow Anfang des Jahrhunderts an seinem berühmten Hund beobachtet: Nachdem Pawlow einige Male eine Glocke geläutet hatte, wenn das Tier sein Futter bekam, begann dem Hund bereits der Speichel im Maul zusammenzulaufen, wenn er nur das Gebimmel hörte, aber noch kein Fleisch in Sicht war. Ein neuer Reflex war entstanden – da er nicht angeboren war, sondern erst erzeugt wurde, sprechen die Forscher von einem konditionierten Reflex und nennen den Vorgang Konditionierung.

Der Mechanismus dieser sogenannten klassischen Konditionierung schien sich geradezu anzubieten, um zu erklären, wie Angst entsteht. Anfang des Jahrhunderts kam eine junge Frau zu einem Therapeuten, die unter Angst vor fließendem Wasser litt. Sie geriet schon in Panik, wenn sie vom Eisenbahnabteil aus einen Bach sah, weshalb sie nur mit zugehängtem Fenster Zug fahren konnte. Offenbar hatte die Angst begonnen, als die Patientin mit sieben Jahren beim Klettern im Wald in einer Felsspalte stecken blieb. Sie mußte lange schreien, bis ihre Tante sie schließlich fand und befreite. Während der ganzen Zeit hörte sie in der Nähe das Rauschen eines Bachs.[26] Konnte sie deshalb später kein fließendes Wasser mehr ertragen?

Aber warum verschwindet die Angst nicht einfach wieder?

Dafür sorgt laut der in den vierziger Jahren entstandenen Zwei-Faktoren-Theorie der Angst ein zweiter Mechanismus: Nach der Episode im Wald mied das Mädchen fließendes Wasser. Sah sie irgendwo einen Bach, ging sie schnell weg. Dadurch ließ die Angst natürlich nach. Doch so wurde das Weglaufen verstärkt. Denn nicht nur Belohnungen fungieren als Verstärker. Es wirkt auch verstärkend, wenn ein unangenehmer Zustand, etwa Angst, beendet wird. Auch dies ist ein Lernprozeß – im Unterschied zur klassischen Konditionierung nennen Fachleute das Lernen durch Verstärkung »operante Konditionierung«.

Die Theorie, daß die beiden Arten der Konditionierung schuld an der Angst seien, klingt plausibel, doch sie hat Schwächen: Bei den meisten Angstpatienten lassen sich keine solchen prägenden Erlebnisse finden. Auch gelang es Wissenschaftlern bei Experimenten in der Regel nicht, durch klassische Konditionierung Ängste künstlich zu erzeugen. Die Theorie kann also bestenfalls teilweise erklären, warum irrationale Ängste entstehen.

Heute sind die meisten Psychologen überzeugt, daß weitere Faktoren eine wichtige Rolle spielen. Zumindest bei Panikanfällen kommt es entscheidend darauf an, wie jemand subtile körperliche Veränderungen wahrnimmt. Der Körper reagiert beispielsweise auf Streß, indem er schwitzt oder das Herz schneller schlagen läßt. Oft bemerken wir diese Veränderungen gar nicht oder nehmen sie nicht weiter wichtig. Angstpatienten dagegen achten sehr genau auf solche körperlichen Reaktionen und interpretieren sie als Zeichen für Gefahr. Wer beispielsweise sein Herz pochen hört, wenn er sich im Fahrstuhl von Menschen eingekeilt sieht, schließt daraus womöglich, daß diese Situation bedrohlich für ihn sein muß. Dadurch klopft sein Herz noch schneller, was die Lage erst recht gefährlich erscheinen läßt. So schaukelt sich die Angst hoch.

Psychologen konnten in einem raffinierten Experiment beweisen, daß Menschen mit Angststörungen tatsächlich überempfindlich auf körperliche Veränderungen reagieren. Die Wissenschaftler spielten ihnen angeblich ihren eigenen Herzschlag vor, doch in Wirklichkeit beschleunigten sie die Frequenz heimlich. Gesunde Versuchspersonen ließen sich von dieser Manipulation nicht aus der Ruhe bringen. Doch die Erkrankten bekamen Angst. Sie fühlten sich in Gefahr und ihre körperliche Erregung stieg.

Daß Angstpatienten überempfindlich auf kleine körperliche Veränderungen reagieren, läßt sich auch anders belegen. Ihnen kommt etwa der schnellere Puls während einer Panikattacke so dramatisch vor, daß sie um ihr Leben fürchten. Wissenschafter haben nachgemessen: Tatsächlich klopft das Herz nur etwa zehn Schläge in der Minute schneller – beim Sport beschleunigt es weit mehr.

Wo beginnt dieser Teufelskreis? Ist zunächst die Angst im Kopf da und läßt die späteren Patienten schon auf leichte körperliche Veränderungen mit Sorge reagieren, was zusätzlichen körperlichen Streß erzeugt? Oder reagiert der Körper von Anfang an – vielleicht aus genetischen Gründen – besonders empfindlich, was die Betroffenen bemerken und worauf sie mit Angstgedanken reagieren? Diese Frage läßt sich derzeit nicht beantworten, vielleicht ist beides möglich. Doch Psychologen wissen heute, wie sich der Teufelskreis unterbrechen läßt und können deshalb selbst schwere Angststörungen heilen, die nur selten von selbst verschwinden.

Systematische Desensibilisierung

Der Südafrikaner Josef Wolpe ist einer der Gründerväter der Verhaltenstherapie. Er entwickelte eine Methode, Angst mit Hilfe von Entspannung zu überwinden.

Bevor die eigentliche Therapie beginnen kann, muß der Patient deshalb erst lernen, sich richtig zu entspannen. Dies geht besonders gut mit Hilfe der progressiven Muskelentspannung (siehe Kasten).

Wege zur Ruhe: Entspannungstraining

Entspannungstrainings werden in der Verhaltenstherapie so oft eingesetzt wie kaum ein anderes Verfahren. Eine besonders wirksame Methode entwickelte der amerikanische Physiologe Edmund Jacobson in den dreißiger Jahren. Er fand heraus, daß sich Muskeln sehr gut entspannen lassen, wenn sie zuvor kräftig angespannt wurden. Durch den ständigen Wechsel läßt sich lernen, die Anspannung zu spüren und sie dadurch besser zu kontrollieren.

Bevor der Patient mit seiner progressiven Muskelentspannung beginnt, setzt oder legt er sich bequem hin, lockert die Kleidung und schließt die Augen. Der Therapeut gibt nun laufend Regieanweisungen: Zunächst muß der Patient etwa sechs Sekunden lang eine Hand zur Faust ballen und dabei die Muskeln möglichst stark anspannen. Dann entspannt er sie wieder für eine halbe Minute. Nach und nach lernt der Patient, auch die anderen Muskelgruppen des Körpers anzuspannen und zu entspannen. Nacheinander an die Reihe kommen der Oberarm, die andere Hand und der andere Arm, Stirn, Wangen, Nacken, Brust, Bauch, Schenkel und Füße.

Ursprünglich wurden bei der progressiven Muskelentspannung 30 Muskelgruppen angespannt und wieder entspannt. Dieses Programm zu lernen, dauerte vierzig Stunden. Später wurde die Technik gestrafft. Nun gilt es, in 12 Stunden 16 Muskelgruppen unter Kontrolle zu bringen. Die muß der Patient aber nur am Anfang alle abarbeiten. Später erreicht er den gewünschten Zustand schon, wenn er nur vier Muskelgruppen an- und entspannt. Denn die Entspannungsreaktion wird im Lauf der Zeit immer automatischer. Dazu sollte der Patient allerdings zweimal am Tag zu Hause üben, bis er sich schließlich sehr schnell entspannen kann.

Der Zustand der Entspannung läßt sich auch auf anderen Wegen erreichen. In Deutschland verwenden viele Therapeuten das autogene Training. Heinrich Johannes Schultz entwickelte dieses Methode in den zwanziger Jahren aus der Hypnose. Die Patienten üben allerdings ohne Hypnotiseur, also »autogen«. Die Methode arbeitet mit autosuggestiven Formeln wie »Herz schlägt ganz ruhig«. Allerdings sind weitere Suggestionen, etwa die eines »Sonnengeflechts« im Bauch, nicht jedermanns Sache. Viele lernen nie, sie zu beherrschen. Der Nutzen des autogenen Trainings – das oft als eigenständige Therapie etwa gegen psychosomatische Beschwerden eingesetzt wird – ist zudem schlechter belegt als die Wirkung der progressiven Muskelentspannung.

Meditative Entspannungstechniken schnitten in Wirkungsuntersuchungen besser ab, doch sie werden in Deutschland kaum psychotherapeutisch genutzt.

Sobald der Patient eine der Entspannungstechniken beherrscht, beginnt die konkrete Arbeit an der Angst durch Desensibilisierung. Therapeut und Patient erstellen eine Liste der angstauslösenden Situationen und ordnen sie. Oben werden Situationen notiert, die nur wenig Angst erzeugen. Wenn ein Student beispielsweise unter Angst vor Prüfungen leidet, könnte er sich vorstellen, wie er sich während des Semesters Gedanken über die anstehende Klausur macht. Schon schwieriger ist für ihn die Vorstellung, das Prüfungszimmer zu betreten. Extreme Angst löst dagegen die Phantasie aus, den Eltern sagen zu müssen, daß er durch die Prüfung gefallen ist.

Nun entspannt sich der Patient und beginnt auf Anweisung des Therapeuten, sich 20 Sekunden lang intensiv die leichteste Situation vorzustellen. Wenn er das schafft, ohne Angst zu bekommen, folgt nach einer kurzen Entspannungspause die nächstschwierigere Situation. Früher oder später wird eine der

Vorstellungen Angst auslösen. Dann hebt der Patient einen Finger und bricht die Vorstellung ab.

Nachdem er sich wieder entspannt hat, versucht er es erneut – so lange bis er die gedachte Szene ohne Angst aushalten kann. Oft klappt das erst beim fünften oder zehnten Versuch. Der Patient wird Schritt für Schritt unempfindlicher für die bislang gefürchteten Situationen – daher der Name systematische Desensibilisierung.

Patient und Therapeut arbeiten sich langsam zu immer schwierigeren Situationen vor. In der Regel schaffen sie während einer halbstündigen Übung etwa vier neue Vorstellungen. Die Behandlung erstreckt sich deshalb »in aller Regel über viele Stunden,« bedauert der Psychiatrieprofessor Michael Linden in seinem Standardwerk *Verhaltenstherapie*. Dabei sei das »größte Problem bei der Durchführung einer systematischen Desensibilisierung die Ungeduld des Patienten und mehr noch des Therapeuten.«[27]

Viele Therapeuten setzen inzwischen lieber effektivere Behandlungsmethoden ein. Forscher haben nämlich inzwischen bewiesen, daß es nicht notwendig ist, sich allmählich an die Situationen heranzutasten, die mit besonders viel Angst verbunden sind. Auch die Entspannung kann wegfallen. Sie macht es dem Patienten zwar leichter, sich den eigenen Ängsten zu nähern. Doch offenbar ist es besser, der Furcht ungeschützt ins Auge zu sehen. Deshalb werden Patienten heute viel direkter mit ihren Ängsten konfrontiert als bei Wolpes entspannter Vorstellungstherapie.

Den Teufelskreis der Angst durchbrechen: Die Konfrontation

Kluge Menschen vermuteten schon lange, daß nichts Ängste so gut heilt, wie die Konfrontation mit ihnen. Im 18. Jahrhundert nahm Deutschlands bis heute prominentester Agoraphobiker seine Behandlung selbst in Angriff. »Ein starker Schall war mir zuwider«, berichtete er später in seinen Erinnerungen über eines seiner Probleme. Die Therapie: »Abends beim Zapfenstreich ging ich neben der Menge Trommeln her, deren gewaltsame Wirbel und Schläge das Herz im Busen hätten zersprengen mögen.«

Weil ihm schwindlig wurde, wenn er aus großer Höhe in die Tiefe blickte, stieg er allein auf »den höchsten Gipfel des Münsterthurms und saß in dem sogenannten Hals, unter dem Knopf oder der Krone, wie man's nennt, wohl eine Viertelstunde lang, bis er es wagte, wieder heraus in die freie Luft zu treten, wo man auf einer Platte, die kaum eine Elle ins Gevierte haben wird, ohne sich sonderlich anhalten zu können, stehend das unendliche Land vor sich sieht.«

Die Kur war hart, aber erfolgreich: »Dergleichen Angst und Qual wiederholte ich so oft, bis der Eindruck mir ganz gleichgültig ward, und ich habe nachher bei Bergreisen und geologischen Studien, bei großen Bauten, wo ich mit den Zimmerleuten um die Wette über die freiliegenden Balken und über die Gesimse des Gebäudes herlief, ja in Rom, wo man eben dergleichen Wagstücke ausüben muß, um bedeutende Kunstwerke näher zu sehen, von jenen Vorübungen großen Vortheil gezogen.«

Gegen andere Schrecken härtete er sich nach der gleichen Methode ab, wobei er gleich noch neue Erfahrungen gewann: »Die Anatomie war mir auch deshalb doppelt werth, weil sie mich den widerwärtigsten Anblick ertragen lehrte, indem sie meine Wißbegierde befriedigte. Und so besuchte ich das Klinikum des ältern Doctor Ehrmann sowie die Lectionen der Entbindungskunst seines Sohnes, in der doppelten Absicht, alle Zustände kennen zu lernen und mich von aller Apprehension gegen widerwärtige Dinge zu befreien. Ich habe es auch wirklich darin so weit gebracht, daß nichts dergleichen mich jemals aus der Fassung setzen konnte«.

Der berühmte Phobiker hieß Johann Wolfgang von Goethe. Wenn er mit der am eigenen Leib erprobten Methode eine psychologische Praxis aufgemacht hätte, statt sich dem Dichten zu widmen, wäre er vielleicht der erste Verhaltenstherapeut geworden.

Auch ein anderer verfehlte diese Ehre nur knapp. Ausgerechnet Sigmund Freud schrieb, schwere Fälle von Agoraphobie könne man nicht heilen, »wenn man abwartet, bis sich der Kranke durch die Analyse bewegen läßt, sie aufzugeben«. Statt dessen müsse man ihn dazu bringen, »auf die Straße zu gehen und während dieses Versuches mit der Angst zu kämpfen«. Doch seine Nachfolger, die Psychoanalytiker, griffen diesen Hinweis kaum auf und entwickelten keine Methode, Angstpatienten systematisch mit ihren Ängsten zu konfrontieren.

Erst die Verhaltenstherapeuten verhalfen dieser Technik zum Durchbruch. Sie haben inzwischen Standardtherapien entwickelt, mit denen es oft gelingt, auch schwer kranken Patienten mit nur etwa 15 Therapiestunden ihre Ängste zu nehmen. Solche Patienten können sich von einem Moment auf den anderen in eine mit Todesängsten verbundene Panik hineinsteigern, ohne daß es dafür einen nachvollziehbaren Grund gibt. Vorher galten vor allem Panikpatienten als kaum behandelbar. Ein Teil der Therapie kann in einer kleinen Gruppe von beispielsweise vier Patienten stattfinden – so sehen die Betroffenen zunächst, daß es anderen ähnlich geht. Später können sie sich bei der harten Therapie gegenseitig unterstützen und zum Vorbild nehmen. Mit seiner Angst muß sich aber letztlich jeder allein auseinandersetzen.

Bevor es soweit ist, erarbeiten Patient und Therapeut zunächst eine Erklärung für die Angst. Dazu protokolliert der Patient in einem sogenannten Angst-Tagebuch, wann und wie er die Angst erlebt. Besonders lehrreich läßt sich dies in einer Tabelle darstellen. In den ersten Spalten stehen beispielsweise das Datum und die Uhrzeit eines Angstanfalls. Dann folgt die Situation – in der Sprache der Behavioristen der auslösende Stimulus. Der Patient war beispielsweise im Supermarkt einkaufen. In den weiteren Spalten notiert er, wie sein Organismus reagiert: Das Herz rast, die Beine zittern. Angstgedanken jagen ihm durch den Kopf: »Du kippst gleich um, keiner hilft dir.« In Panik läßt er den Einkaufswagen stehen und rennt aus dem Supermarkt. Draußen fühlt er sich sicherer, die Angst läßt nach. So wird das Weglaufen verstärkt – das läßt sich anhand der in der Tabelle gesammelten Beispiele leicht klarmachen.

Das Tagebuch zeigt aber auch, welche Rolle die eigenen Gedanken beim Entstehen der Angst spielen. Der Patient interpretiert die körperlichen Veränderungen als Zeichen dafür, daß er gleich ohnmächtig werden wird. »Weil Angst im wesentlichen kognitiv gesteuert wird, entsteht sie hauptsächlich im Kopf«, argumentiert die Psychologin Sigrun Schmidt-Traub in ihrem Buch über Panikstörungen.

Angstpatienten machen ähnliche Denkfehler wie etwa die Depressiven. Sie fürchten sich vor einem Herzinfarkt, obwohl ihnen bereits mehrere Kardiologen versichert haben, daß es dafür keinen Grund gäbe. Sie haben Angst, während eines Panikanfalls das Bewußtsein zu verlieren, auch wenn ihnen das noch nie passiert ist. In Diskussionen setzen sich Therapeut und Patient mit solchen Befürchtungen auseinander. »Sind Sie schon einmal ohnmächtig geworden?«, fragt der Therapeut, und erklärt dann, daß Angst gar nicht so stark werden kann, um die Sinne schwinden zu lassen. So werden schrittweise die oft automatisch ablaufenden Gedankenketten unter die Lupe genommen.

Gaby Storck beispielsweise leidet unter Angstanfällen, wenn sie an ihr Vordiplom in vier Wochen denkt. Vor allem bei der Vorstellung, sie könnte andere als die gewünschten Prüfer erhalten, bekommt die Studentin keine Luft mehr. Die Therapeutin fragt genau nach: »Was wäre denn das Allerschlimmste, was passieren könnte, die totale Katastrophe?« Sie läßt sich die Befürchtungen genau beschreiben: Gaby Storck würde durch die Prüfung fallen und könnte dann womöglich nicht wie geplant den Studienort wechseln. »Das wäre sehr ärgerlich«, findet die Therapeutin. Aber wäre es wirklich eine nicht wiedergutzumachende Katastrophe? Das findet Gaby Storck allerdings, sie möchte den Gedanken am liebsten gar nicht zu Ende denken. »Deshalb wird er so quälend«, kontert die Therapeutin. Erst als die beiden das beängstigende Szenario genauer betrachten, wird der Patientin klar, daß sie notfalls auch mit verfehltem Vordiplom weiterleben könnte.

Weitere Diskussionen führen zu dem Schluß, daß sie dieses Risiko zwar nicht ausschließen, aber durch vernünftiges Lernen sehr reduzieren kann. »Wie fühlt sich das an?«, *erkundigt sich die Therapeutin.* »Das beruhigt«, *antwortet Gaby Storck. Sie blickt der Gefahr nun viel gelassener ins Auge:* »Das habe ich noch nie so gedacht«.

Oft erarbeitet der Therapeut mit dem Patienten Sätze, die in der Paniksituation die verunsichernden Gedanken ersetzen können. Der Patient sagt sich dann etwa: »Dies ist ein Angstanfall und kein Herzinfarkt«. Um dieses schnelle Umdenken zu üben, können Patient und Therapeut probeweise die Rollen tauschen. Margraf und Schneider skizzieren eine solche Szene in ihrer Anleitung für Therapeuten. »Wenn meine Brust schmerzt, ist dies ein Hinweis auf meine Herzkrankheit«, klagt der Therapeut in der Rolle des Patienten. »Woher wissen Sie das so sicher. Wird Ihr Brustschmerz zum Beispiel bei körperlicher Belastung schlimmer?«, fragt der Patient als Therapeut zurück. »Das weiß ich nicht, weil ich Sport aus Angst vor einem Herzinfarkt immer vermeide.« Der Patient in der Therapeutenrolle schlägt daraufhin vor, es doch einfach einmal auszuprobieren und drei Minuten auf der Stelle zu laufen.

Körperlichen Übungen setzen Verhaltenstherapeuten tatsächlich gerne ein, denn mit ihrer Hilfe erfahren die Patienten, daß ihr Organismus viel robuster reagiert, als sie glauben. Das Herz läßt sich etwa durch Treppensteigen schneller beschleunigen als bei einem Panikanfall. Auf den Stufen lernt der Panikkranke so, daß ein rascher Pulsschlag ungefährlich ist.

Besonders dramatisch wirkt die Hyperventilationsübung. Dabei atmet der Patient eine halbe Minute lang flach und hechelnd. Darauf stellen sich Symptome wie bei einem Panikanfall ein, etwa Schwindel, Taubheitsgefühle und Übelkeit. Doch weiter passiert nichts. Der Angstpatient erfährt am eigenen Leib, daß diese Veränderungen völlig ungefährlich sind und von alleine wieder zurückgehen.

So gerüstet muß sich der Patient auf Goethes Spuren begeben und sich außerhalb des Therapieraums im wirklichen Leben seinen Ängsten aussetzen. Der Therapeut bespricht diese Hausaufgaben vorher genau mit ihm. Bei schweren Störungen können am Anfang sehr leichte Übungen stehen. Vielleicht geht ein Agoraphobiker zuerst nur zum eigenen Briefkasten im Flur oder stattet der Mülltonne im Hof nach Jahren wieder einmal einen Besuch ab. Wer damit keine Schwierigkeiten hat, geht möglicherweise allein einkaufen. Wichtig ist nur, daß die gewählte Situation Angst auslöst und der Patient sie trotzdem nicht verläßt, bis die Angst wieder nachläßt.

Viele Therapeuten lassen ihre Patienten auch gleich mit stark angstauslösenden Situationen beginnen, da dies nach den Ergebnissen wissenschaftlicher Studien besonders wirksam ist. Was die Patienten machen müssen, hängt natürlich von ihren Ängsten ab. Manche fahren im Aufzug des Kaufhauses viele Male durch sämtliche Stockwerke, andere gehen alleine im Wald spazieren, wieder andere trauen sich nach langer Zeit wieder mit ihrem Wagen auf die Autobahn. Sogenannte »massierte Übungen« hilft der Forschung zufolge am nachhaltigsten. Dabei üben die Patienten fünf bis zehn Tage hintereinander jeden Tag bis zu acht Stunden lang, ihre Ängste abzuschütteln.

Eine Patientin hatte Angst vor vielem, was in ihr Ekel auslöste. So fürchtete sie sich, von Männern angespuckt zu werden. Um diese Angst aushalten zu lernen, begab sich die Therapeutin mit ihr zum Bahnhof. Dort bezogen beide möglichst nahe Position an einer Gruppe von Obdachlosen. Doch die drehten sich weg. Um ein vorzeitiges Ende der Übung zu verhindern, stellten sich die beiden Frauen nun direkt in die versammelte Runde. Doch es half nichts – sie formierte sich ein paar Meter weiter neu. Solche Schwierigkeiten waren bei der nächsten Übung des Anti-Ekeltrainings nicht zu erwarten. Nun ging es zum Wochenmarkt, wo die Patientin sich daran machte, stinkende Fischköpfe anzufassen.

Warum die Angst verschwindet

Für den als Krankenpfleger arbeitenden Steuerberater Peter Schwarz bedeutete die verhaltenstherapeutische Behandlung die Konfrontation mit den rätselhaften Schmerzen in seiner Brust. Besonders die Stiche, die er bei schweren Anfällen spürte, alarmierten ihn. Doch in der Therapie machte er eine entscheidende Erfahrung: Als er auf Wunsch der Psychologen mehrmals tief einatmete, aber nicht alle Luft wieder ausatmete, stellten sich nach noch nicht einmal einer Minute die gefürchteten Stiche ein. Denn durch die falsche Atmung wurde ein Muskel überdehnt. Es gab also eine harmlose Erklärung. Damit verlor das Symptom seinen Schrecken. Schwarz war nun nicht mehr darauf angewiesen, ständig in der Nähe eines Arztes zu bleiben. Nun konnten ihm die Therapeuten auch Besuche in der Sauna zumuten und ihn ohne sein Handy zu einem Spaziergang in den Wald schicken. Nach der Behandlung begann er auch wieder mit anderen Aktivitäten, die er wegen seines Leidens nicht mehr gewagt hatte. Die schlecht bezahlte Arbeit als Krankenpfleger gab er auf und wurde wieder Steuerberater.

Der Erfolg kommt nicht von ungefähr. Die Behandlung von Ängsten ist heute das Aushängeschild der Verhaltenstherapie. Bei keinem anderen Problem ist ihre Überlegenheit gegenüber den übrigen Psychotherapieformen derart klar nachgewiesen. Eine ganz Reihe von Studien belegt, daß Verhaltenstherapie Ängste innerhalb von wenigen Wochen dauerhaft heilen kann. Die Erfolgsquoten liegen bei über 80 Prozent.

Vor allem langfristig hilft Verhaltenstherapie auch besser als Medikamente. Angstlösende Pillen wie Valium führen in Deutschland zwar die Verkaufshitliste der Psychopharmaka an. Doch ebenso wie Antidepressiva wirken sie oft nicht dauerhaft, und viele Patienten brechen die Behandlung ab.

Verhaltenstherapeuten haben das weitere Schicksal ihrer Patienten in einigen Untersuchungen bis zu neun Jahre lang verfolgt. Selbst nach so langer Zeit waren kaum Rückfälle zu beobachten. Während die Wirkung von Therapien häufig unmittelbar nach dem Abschluß am stärksten ist und dann nachläßt, machten die untersuchten Angstpatienten oft sogar noch weitere Fortschritte. »Bei der großen Mehrheit der Patienten konnten Panikanfälle langfristig völlig beseitigt werden«, fassen Jürgen Margraf und Silvia Schneider das Ergebnis zahlreicher Studien zusammen.[28]

In einer deutschen Untersuchung mit 104 Agoraphobikern waren fünf Jahre nach der Therapie 79 Prozent immer noch völlig beschwerdefrei. Etwa genau so viele demonstrierten auf Wunsch der Psychologen, daß sie inzwischen die Situationen aushalten konnten, die vor der Therapie am schwierigsten für sie waren.

Dies galt allerdings nur, wenn ihre Behandlung in sogenannter massierter Konfrontation bestanden hatte – also schon die ersten Übungen in starke Ängste auslösende Situationen führten. Wenn die Therapeuten versucht hatten, es den Patienten leichter zu machen und die Schwierigkeit nur allmählich zu steigern, fiel das Ergebnis weniger gut aus.

Systematische Desensibilisierung kann Agoraphobien und Panikanfälle ebenfalls nicht so wirksam heilen – auch bei dieser Methode werden erst am Schluß Situationen angegangen, die wirklich starke Angst hervorrufen. Bessere Erfolge mit der systematischen Desensibilisierung sind bei weniger umfassenden Phobien zu verzeichnen, etwa bei Prüfungsängsten.

Schließlich kommt systematische Desensibilisierung auch für Patienten in Frage, die eine Konfrontationsbehandlung ablehnen, obwohl ihnen damit am besten geholfen werden könnte. Bis zu einem Viertel der Patienten schrecken nach amerikanischen Studien vor massierter Konfrontation zurück. In Deutschland erreicht der Anteil der Verweigerer zehn Prozent.

Doch wahrscheinlich spielt es eine mindestens ebenso große Rolle, daß die Patienten ihre Gedanken ändern. Sie begreifen etwa, daß körperliche Veränderungen nicht einmal in extremen Situationen Vorzeichen eines Herzinfarkts sind. Diese Lektion bleibt weit besser haften, wenn der Patient sie mit allen Ängsten und dem anschließenden Gefühl der Erleichterung durchlebt, als wenn er sich dies nur intellektuell klarmacht. Denn das menschliche Gehirn wurde von der Evolution nicht entwickelt, um abstrakte Lektionen zu behalten – es merkt sich vor allem Erfahrungen, die mit starken Gefühlen verknüpft sind.

Dennoch hat – ein letztes Mal Goethe – auch die graue Theorie ihren Platz. Wie eine 1996 erschienene Auswertung von 25 Studien zeigt, wirken bei der Behandlung sozialer Phobien auch die beim Denken ansetzenden kognitiven Ansätze. Den meisten Erfolg brachte jedoch ihre Kombination mit einer Konfrontationsbehandlung.

Fokus

Sind Verhaltenstherapeuten kalte Technokraten?

In den siebziger Jahren führten Forscher Pädagogikstudenten einen Film vor. Er zeigte eine Lehrerin, die ihre Schüler für Wohlverhalten systematisch belohnte. Alle Studenten sahen den gleichen Film, doch der einen Hälfte erklärten die Forscher, es handle sich um Aufnahmen von humanistischer Therapie. Der anderen erzählten sie, er zeige Verhaltenstherapie (behavior modification). Die Folgen waren verblüffend. Wenn die angehenden Pädagogen glaubten, sie sähen Verhaltenstherapie, beurteilten sie die Lehrerin als weniger kompetent, flexibel und hielten die Methode für nicht so wirkungsvoll. Es reichte also bereits, etwas als Verhaltenstherapie zu bezeichnen, und schon wollten die Studenten nichts mehr davon wissen.[29]

Der schlechte Ruf erklärt sich aus der Vergangenheit. Verhaltenstherapeuten gelten vielen als kalte Psycho-Ingenieure. Die Urväter der Verhaltenstherapie träumten davon, menschliches Verhalten mit Hilfe der Lerngesetze total zu steuern. Bereits 1924 traute sich der amerikanische Pionier John Broadus Watson viel zu: »Gebt mir ein Dutzend gesunder Säuglinge, die in guter Verfassung sind, und meine eigene spezifische Welt, in der ich sie heranziehen kann, und ich garantiere, daß ich jeden beliebigen nehmen und ihn trainieren kann, jede Art von Spezialist zu werden – Arzt, Rechtsanwalt, Künstler, reicher Kaufmann, und sogar Bettler und Dieb, unabhängig von seinen Talenten, Neigungen, Tendenzen, Fähigkeiten, Berufungen und der Rasse seiner Vorfahren.«

In einem seiner berühmtesten Versuche ging er daran, künstlich Angst zu erzeugen. Dazu mußte der kleine Albert herhalten. Immer wenn das neun Monate alte Kleinkind eine weiße Ratte berührte, schlug der Versuchsleiter direkt hinter seinem Rücken laut scheppernd einen Hammer gegen einen Eisenstab. Nach fünf Tagen hatte Albert, der ursprünglich nur den Lärm fürchtete, vor der Ratte ebenfalls Angst. Das klassische Experiment veranschaulichte die mitunter mangelnde Ethik verhaltenspsychologischer Forschung: Watson kümmerte sich nicht einmal darum, Albert die Angst vor dem harmlosen Tier wieder abzutrainieren.

Später wollten Verhaltenstherapeuten Patienten mißliebige Eigenschaften mit Hilfe von Strafreizen abtrainieren. Ivar Lovaas benutzte Elektroschocks, um die Wutanfälle autistischer Kinder zu unterdrücken. Er versuchte auch, Kindergartenjungen ihre Vorliebe für Puppen abzugewöhnen.

In den USA gab es Anfang der siebziger Jahre einen Skandal, als Forscher in Experimenten nicht davor zurückschreckten, unerwünschtes Verhalten mit Todesangst zu koppeln. Sie verabreichten ihren Opfern eine Substanz, die sämtliche Muskeln lähmte. Die Bedauernswerten konnten nicht einmal mehr selbständig atmen, blieben aber bei vollem Bewußtsein.

Der Theoretiker Burrhus Frederic Skinner malte sich aus, wie sich komplette menschliche Gemeinschaften mit Hilfe der Lerngesetze steuern ließen. In seinem 1948 erschienenen Roman *Walden Two* (dt. Futurum Zwei) lenkt ein Wissenschaftler ein tausendköpfiges Dorf. Freie Wahlen hält er für »Mumpitz«, Gefühle wie Eifersucht gibt es nicht mehr: »Sobald eine bestimmte Emotion nicht mehr nutzbringender Teil unserer Verhaltensweise ist, schaffen wir sie ab«. Ein Heiratsmanager verhindert Ehen, wenn die Interessen, Schulberichte oder der Gesundheitszustand der Kandidaten Schwierigkeiten befürchten lassen. Die Kinder werden von Profis nach den Prinzipien der Verhaltensforschung betreut, denn nur »in früheren, vorwissenschaftlichen Zeiten konnte den Eltern die erste Erziehung des Kindes überlassen bleiben«. Am Ende des Romans fragt ein Besucher den Lenker der kleinen Welt: »So kommen Sie sich denn also wie der liebe Gott vor.« »Es ist schon eine unheimliche Ähnlichkeit«, bekommt er zur Antwort.

In den fünfziger und sechziger Jahren versuchte Teodoro Ayllon in zwei psychiatrischen Krankenhäusern, die Idee der Verhaltenssteuerung in die Tat umzusetzen. In einer sogenannten Münzökonomie hatte alles, was Ayllon als Verstärker ausgemacht hatte, seinen Preis. Ein eigener Schrank kostete beispielsweise zwei Münzen, ein privates Gespräch mit dem Stationspsychologen 20 Münzen. Die begehrten Münzen konnten die Patienten nur erlangen, wenn sie etwas taten, was die Psychologen als verstärkungswürdig erachteten. Die Tarife sahen etwa für viertelstündiges Bügeln eine Münze vor, 20 Minuten Vorturnen brachten drei Münzen.

Sogar das Essen setzte Ayllon skrupellos als Verstärker ein. Er wollte den Insassen beibringen, selbständig pünktlich bei Tisch zu erscheinen. Die Methode war denkbar einfach: Wer eine halbe Stunde nach dem Essensgong nicht da war, bekam nichts. Nach und nach verkürzte Ayllon die Frist auf fünf Minuten. Patienten, die ihre Lektion nach einer Woche nicht gelernt hatten, ließ er künstlich ernähren. Eine Patientin machte diese Qual 110 Tage mit, dann ging auch sie rechtzeitig in den Speisesaal. Schließlich bekam die Klinikleitung doch Bedenken und verlängerte Ayllons Vertrag nicht.

Auch zu humaneren Varianten der Münzökonomie greifen Verhaltenstherapeuten heute nur noch ausnahmsweise. Der große Nachteil des Verfahrens liegt auf der Hand: Sobald die Patienten keine Münzen mehr bekommen, etwa weil sie aus der Klinik heimgekehrt sind, lassen sie das mühsam antrainierte Verhalten schnell wieder bleiben.

Den Verhaltenstherapeuten aber blieb bis heute der Ruf gefühlloser Psychotechniker erhalten, den sie sich mit solchen Experimenten erarbeiteten. Einige ihrer Vordenker ließen es sich nicht nehmen, das Bild des kalten Technokraten gelegentlich auf Hochglanz zu polieren. *Der Verhaltenstherapeut als soziale Verstärkungsmaschine* lautete etwa 1962 der Titel eines klassischen Aufsatzes von Leonard Krasner.

Heute verwenden Verhaltenstherapeuten Bestrafungsverfahren nur noch in Notfällen. Stattdessen legen sie großen Wert auf eine gute Beziehung zu ihren Patienten. Denn sie ist einer der wichtigsten Faktoren für den Erfolg der Therapie, wie die Auswertung von über tausend Forschungsbefunden ergab.[30] Praktisch tätige Verhaltenstherapeuten wußten das schon immer. Während Theoretiker wie Skinner sich mehr um therapeutische Techniken kümmerten, agierten die Anwender seiner

Lehren nach Augenzeugenberichten in der Mehrzahl schon immer warmherzig und einfühlsam.[31]

Das Resümee von Ludwig Schindler, der ein Buch über therapeutische Beziehungen geschrieben hat: »Überraschenderweise werden die Verhaltenstherapeuten in der Mehrzahl der Studien in den Beziehungsvariablen Empathie, Wertschätzung und Echtheit höher eingeschätzt als Gestalttherapeuten und Psychoanalytiker. Dies widerlegt eindeutig das tradierte Vorurteil, Verhaltenstherapien seien kalt und mechanistisch.«[32]

Allerdings muß eine gute Beziehung nicht immer bedeuten, daß die Patienten den Therapeuten mögen. Arnold Lazarus schildert als Beleg den Fall eines arroganten Professorenehepaars, das ihn genau so unsympathisch fand wie er die beiden. Dennoch war die Behandlung erfolgreich und sie empfahlen ihn ihrem Sohn weiter, denn sie hatten ihn als Fachmann schätzen gelernt. Lazarus meint sogar, daß im Zweifelsfall »die Anerkennung der Sympathie vorzuziehen ist«.[33] Gefühlskälte läßt allerdings auch er nicht durchgehen. Als er zufällig Zeuge wurde, wie ein Ausbildungskandidat seine leicht kranke Freundin unsanft aus einem Nickerchen im Büro aufschreckte, lehnte er ihn sofort ab und empfahl ihm, erst einmal selbst eine Therapie zu machen.

4.

Auswege aus der bizarren Welt der Zwänge

Wenn magische Gedanken und strenge Rituale das Leben bestimmen

Ein Autofahrer mußte sich ständig vergewissern, daß er niemanden angefahren hatte, weshalb er häufig ein Stück zurücksetzte, um bei den Fußgängern nachzufragen. Eine Frau ließ sich zehnmal kurz hintereinander laut versichern, daß ihr niemand heimlich ein Quecksilberthermometer zugesteckt hatte, mit dem sie ungewollt ihr Kind vergiften könnte – und verblüffte ihren Therapeuten dann, indem sie wenige Stunden nach dieser grotesken Szene souverän eine Fernsehsendung moderierte. Manche Patienten trauen sich kaum unter Menschen, weil sie fürchten, sie könnten etwas Obszönes rufen.

Sie alle leiden unter Zwängen. Von einem Zwang sprechen Psychiater und Psychologen, wenn ein Mensch immer und immer wieder dieselben Handlungen ausführt oder dieselben Gedanken denkt, obwohl er weiß oder zumindest ahnt, wie widersinnig sie sind. Zwänge sind mit Ängsten verbunden – die Zwangshandlungen dienen dazu, eine befürchtete Katastrophe abzuwenden. Deshalb werden sie zu den Angststörungen gezählt und ähnlich behandelt.

Diese Störung ist gar nicht so selten. Charles Darwin und Martin Luther litten an ihr. In Deutschland wird die Zahl der Erkrankten auf etwa eine Million geschätzt.

Zu den häufigsten Varianten gehören Waschzwänge – die

Patienten leben in panischer Angst vor Bakterien, weshalb alles peinlich sauber gehalten werden muß. Ein 17jähriger brachte seine Familie dazu, regelmäßig eine Viertelstunde mit angezogenen Beinen auf dem Küchentisch zu sitzen, während er nach seinen Vorstellungen für Sauberkeit sorgte.

Noch extremere Reinlichkeitsrituale konnte sich Howard Hughes leisten. Als Filmproduzent und Gründer einer Fluggesellschaft hatte er es zu einem Riesenvermögen gebracht. Doch die letzten 25 Jahre seines Lebens lebte er völlig zurückgezogen in ständiger Angst vor Verschmutzung. Ein Friseur, den Hughes zum Haarschneiden bestellt hatte, bekam dies zu spüren. Zunächst mußte er sich die Hände desinfizieren und Gummihandschuhe anziehen. Als er seine Ausrüstung auf einen Stuhl legen wollte, schritt ein Bediensteter von Hughes ein. Er durfte sein Werkzeug nur auf einem Sideboard plazieren, das vorher zusätzlich zum dort schon liegenden Laken mit Papierhandtüchern bedeckt worden war. Für den Bart und die Haare des Milliardärs mußte er verschiedene Kämme und Scheren verwenden. Sie wurden mit Alkohol desinfiziert und nach kurzer Benutzungsdauer weggeworfen. Das war dem Superreichen die vermeintliche Hygiene wert. Auch der Friseur wurde einige Tage später großzügig mit 1 000 Dollar entlohnt.

Doch nicht nur die Angst vor Schmutz führt zu Zwängen. Auch Gedankenzwänge kommen häufig vor und können bizarre Formen annehmen. Oft spielt magisches Denken eine Rolle: »Ich darf nicht an die Stadt Hof denken, denn das erinnert mich an Friedhof und damit kann ich meine Freundin in Todesgefahr bringen.«[34] Bei anderen Erkrankten beherrschen merkwürdige religiöse Ideen die Gedanken, etwa die Angst, sie könnten das eigene Essen dem Teufel anbieten.

Kleine Zwangsrituale sind ganz normal. Kinder vermeiden es mitunter ängstlich, die Ritzen zwischen den Platten eines Fußwegs zu betreten. Erwachsene kontrollieren vor der Urlaubsreise x-mal, ob der Gashahn auch wirklich zu ist. Manche Zwangshandlungen werden sogar schon fast zur Norm erhoben. Der Psychologieprofessor Wolfgang Fiegenbaum kritisiert beispielsweise die Werbung für WC-Reiniger und Toilettenpapier. Da werde Angst »systematisch gezüchtet«. Die Reklame macht sich zunutze, daß Bakterien unsichtbar sind und sät Zweifel: »Können Sie wirklich sicher sein, daß Ihr WC sauber ist?«

Auch exotischere Zwänge haben durchaus ihre Logik, aber eine ganz eigene, verrückte. Es ist die Logik der Angst. Der Angst vor einer Katastrophe und der hilflose Versuch, sie zu bewältigen – mit Zwangshandlungen. Das Problem kann mit der Furcht beginnen, auf dem Weg vom Supermarkt nach Hause eine Flasche zu verloren zu haben, an deren Scherben sich Kinder verletzen könnten. Da liegt es nahe, nachzuzählen, ob noch alle Flaschen da sind. Doch bei einem Zwangspatienten dauert die Beruhigung nur kurz. Er könnte sich ja verzählt haben. Also zählt er Sekunden später neu. Jedesmal ist er für ein paar Augenblicke beruhigt – und das ist das Fatale. Denn dieses gute Gefühl – das kurze Nachlassen der Angst verstärkt die Zwangshandlung. Deshalb wird die Zwangshandlung immer und immer wieder vollzogen.

Wie jemand in diesen verhängnisvollen Zirkel hinein gerät, weiß niemand genau. Wahrscheinlich kommen ganz verschiedene Faktoren zusammen. Zwangspatienten scheinen öfter aus sehr strengen Elternhäusern zu kommen, in denen immer alles nach Plan gehen muß. Rigide religiöse Regeln können offenbar auch dazu beitragen, daß sich jemand später ständig fragt, ob er auch alles richtig gemacht hat.

Doch auch die Biologie des Körpers spielt eine wichtige Rolle. Das läßt sich sogar nachweisen, indem die körperliche Erregung gemessen wird. Sie geht zurück, wenn ein Zwangskranker sich zum Beispiel vergewissert, daß noch alle Flaschen da sind. Wenig später, wenn die Zweifel einsetzen, steigt sie schon wieder – bis erneutes Kontrollieren sie wieder sinken läßt.

Zwangskranke ziehen aus dem zigtausendfach wiederholten Ablauf eine falsche, aber scheinbar immer wieder bestätigte Schlußfolgerung: Die Zwangshandlung verhindert die drohende Katastrophe. Nur wenn Patienten am eigenen Leib erfahren, daß die Katastrophe auch ohne Zwangshandlungen ausbleibt, können sie auf diese verzichten. Deshalb führen Verhaltenstherapeuten ihre Patienten in genau die Situationen, die diese um jeden Preis vermeiden wollen.

Kampf gegen imaginären Schmutz

Susanne Weißenberger arbeitet bei der Elitetruppe der deutschen Verhaltenstherapie, der Christoph-Dornier-Stiftung. Das mit mehreren Universitäten kooperierende Institut hat Dependancen in Marburg, Münster, Dresden und Braunschweig. Doch die 29jährige Therapeutin ist oft in halb Deutschland unterwegs. Denn Verhaltenstherapeuten halten Behandlungen vor Ort für die wirkungsvollsten. Wo die Patienten ihre Probleme haben, können diese am nachhaltigsten angegangen werden. Lösungen, die in einer geschützten Praxis oder Klinik funktionieren, klappen im Ernstfall noch lange nicht.

Eine Reise mit Susanne Weißenberger ist auch eine Reise durch die angstbesetzte Welt ihrer Patienten. Hier sieht sie einen Turm, der sich für eine Konfrontation mit Höhenangst eignen würde, dort einen geeigneten Fluß, auf dem sich die Angst vor Schiffen überwinden ließe. Ihr Spezialgebiet aber sind Zwangspatienten. Sie sind viel schwerer zu behandeln als Menschen mit Ängsten. Traditionell gelten sie als ziemlich hoffnungslose Fälle. Die Verhaltenstherapeuten der Dornier-Stiftung können jedoch immerhin zwei von drei Patienten dauerhaft helfen. Doch sie brauchen dafür weit mehr Therapiestunden als bei Angststörungen, etwa 90. Was für eine Psychoanalyse immer noch wenig wäre, ist für eine Verhaltenstherapie viel.

Susanne Weißenberger ist unterwegs zu einer Patientin, mit der sie zuvor schon gearbeitet hat. Elke Henn kam vor einem Jahr mit einem schweren Waschzwang zur Dornier-Stiftung. Dieser Zwang beherrschte das Leben der kleinen, etwas verhuscht wirkenden Frau völlig.

Die heute 41jährige verbrachte fast den ganzen Tag mit

komplizierten Ritualen auf der Toilette. Vor dem Stuhlgang massierte sie lange ihren Bauch, wobei sie in einer exakt festgelegten Reihenfolge abwechselnd rechts und links massierte. Sie begann damit, hundertmal in der Folge links, rechts, rechts, links zu massieren, dann kam hundertmal die Folge rechts, links, links, rechts und so weiter. Die übrigen Phasen des Toilettengangs folgten einer genauso absurden Choreographie. Susanne Weißenberger brauchte 14 Seiten, um die Prozedur wenigstens in Stichworten zu protokollieren. Beim Waschen seifte die Patientin selbst ihre Zunge ein.

Während des Rituals mußte die Mutter von Elke Henn in Hörweite sein und ihr immer wieder versichern, daß sie alles richtig gemacht habe. Elke Henn hatte auch magische Ängste: »Jetzt darf ich nur noch einmal abputzen, sonst stirbt Mama.« Die Mutter hielt das Ganze zwar für verrückt, doch ihr blieb nichts anderes übrig als mitzuspielen. Sie fühlte sich »wie im Kerker«.

Der Mann von Elke Henn hatte sich vor sechs Jahren von ihr getrennt – nachdem er verlangt hatte, sie solle sich zwischen ihm und der Krankheit entscheiden. Gearbeitet hat sie in ihrem ganzen Leben nur zwei Jahre, dann verlor sie ihre Stelle. Der Beruf als Fremdsprachenkorrespondentin ließ sich nicht mit ihren aufwendigen Zwangsritualen vereinbaren.

Als Susanne Weißenberger die Patientin kennenlernte, dauerte die Zwangsstörung schon 20 Jahre, mehrere Therapeuten waren an ihr gescheitert. Die gründliche zweitägige Diagnostik mit Gesprächen und psychologischen Tests ergab, daß Elke Henn als Folge ihrer Zwangserkrankung zusätzlich an schweren Depressionen litt.

Nach der Diagnose erklärte Susanne Weißenberger genau ihre Behandlungsmethode und gab ihr eine Woche Bedenkzeit. Etwa ein Drittel der Patienten schreckt an diesem Punkt zurück. Vor allem die schweren Fälle entscheiden sich aber schließlich für die Therapie, so auch Elke Henn.

Anhand einer Graphik erläuterte Susanne Weißenberger ihr, warum ihr Zwang nach der verhaltenstherapeutischen Theorie so beharrlich ist: Jedesmal, wenn Elke Henn das Zwangsritual erfolgreich hinter sich gebracht hat, läßt ihre Angst nach, weil sie sich nun sauber fühlt. Genau diese Erleichterung wirkt als Belohnung: Sie verstärkt das Zwangsverhalten. Wenn kurz darauf die Angst vor dem allgegenwärtigen Schmutz wiederkommt, wird die Patientin das Ritual erst recht wieder von Anfang bis Ende befolgen.

Darum unterbrechen Verhaltenstherapeuten diese Abfolge rigoros. Als Elke Henn zu ihrer ersten Behandlung für einige Tage nach Münster kam, nahm Susanne Weißenberger ihr erst einmal die mitgebrachten Stapel von Toilettenpapier weg. Elke Henn durfte mit nur wenigen Blatt unter Aufsicht auf die Toilette und mußte sie anschließend gleich wieder verlassen. Damit sie sich nachts nicht heimlich waschen konnte, war das Wasser in ihrem Badezimmer abgestellt. So lernte sie, das Gefühl des Schmutzigseins auszuhalten.

Seit dieser Behandlung ist Elke Henn erstmals im ihrem Leben in der Lage, alleine in einer Wohnung zu leben. Sie braucht die langen Sauberkeitsrituale nicht mehr und kann deshalb endlich das Haus verlassen und Menschen außerhalb der Familie kennenlernen. Sie geht in einen Sportverein und belegt Sprachkurse.

Doch ihr zwanghaftes Denksystem ist geblieben. Es quält sie, aber es gewährt ihr auch vorübergehende Sicherheit. Ein gutes Jahr nach der ersten Behandlung ist Susanne Weißenberger nun gekommen, um das Denksystem endgültig zu zerstören. Sie benutzt die gleichen Techniken wie schon im zweiten Teil der ersten Therapiewoche. Schauplatz ist wieder die kleine, blitzblanke Wohnung von Elke Henn in einem Kleinstädtchen im Westen Deutschlands.

Für Besucher unsichtbar, gehört alles in der Wohnung zu einem von zwei Reichen, dem des Schmutzes oder dem der Sauberkeit. Wenn Elke Henn morgens um halb elf duscht, fühlt sie sich anschließend sauber. In diesem Zustand setzt sie sich nur auf bestimmte Stühle, zieht nur bestimmte Kleidung an, berührt nur bestimmte Gegenstände. Die anderen sind für sie schmutzig, denn die benutzt sie, nachdem sie um sieben Uhr abends Stuhlgang hatte. Dann fühlt auch sie selbst sich so schmutzig, daß sie in ihrer Wahrnehmung sogar die Gegenden der Kleinstadt verunreinigt, die sie besucht. Selbst die Stadt ist deshalb in saubere und schmutzige Gebiete getrennt.

Wie die meisten Zwangskranken weiß Elke Henn durchaus, daß solche Ideen »einfach bescheuert« sind. Doch es geht ihr wie dem Normalbürger, der am Freitag, dem 13., ein ungutes Gefühl nicht los wird, obwohl er sich gleichzeitig an den Kopf faßt. Verhaltenstherapeuten bestehen darum darauf, daß Zwangskranke ihre Wahnideen durch Widerlegungen am eigenen Leib verlieren.

Deshalb hatte Susanne Weißenberger ihrer Patientin verboten, sich nach dem letzten Stuhlgang zu waschen oder die Kleidung zu wechseln. Nun muß sie, schmutzig wie sie sich fühlt, im Schlafzimmer alle ihre sorgsam saubergehaltenen Sachen berühren: Die Papiertaschentücher aus dem Nachtschränkchen, die bunten Lockenwickler, die Flasche mit der Körperlotion – alles läßt Susanne Weißenberger Elke Henn an den Körper halten, am besten in die Pogegend, wo sie sich besonders schmutzig fühlt. Sie muß mit beiden Armen in den Kleiderschrank fassen und sämtliche Kostüme berühren.

Bei ihrem neuen schwarzen Kleid fängt sie an zu klagen: »Jetzt habe ich es noch nicht angezogen und es ist schon verseucht.« Vor der dritten Tür ihres schwarzen Spiegelschranks zögert sie, denn dahinter hängen »die ganz guten Sachen, die Mäntel, die frisch gereinigt sind«. Sanft, aber unerbittlich wie immer sagt die Therapeutin: »Bitte auch hier«. Elke Henn leistet schwachen Widerstand: »Das will ich aber eigentlich nicht.« Susanne Weißenberger läßt nicht locker, bis die zögernde Patientin auch ihre besten Stücke beschmutzt hat. »Ich kann mir vorstellen, daß Sie mir jetzt am liebsten den Kopf abreißen würden«, kommentiert die Therapeutin. Sie sagt das mitfühlend, nicht zynisch. »Wenn ich eine sanftere Methode wüßte, würde ich Ihnen die sofort vorschlagen. Ich weiß leider keine.«

Am Nachmittag ist die Küche dran. »Sie wissen ja«, sagt Susanne Weißenberger, und Elke Henn hält ergeben den Stapel mit Handtüchern an ihren Po. Die gleiche Übung absolviert sie später mit ihrem geliebten Schmuck.

Susanne Weißenberger nimmt Anteil am Schmerz ihrer Patienten. Aber sie gibt nicht nach. Notfalls würde sie einen Kranken festhalten, um ihn an einer Zwangshandlung zu hindern. »Wenn ich ihm gestatten würde, aus der Situation rauszugehen, hätte ich ihm damit massiv geschadet. Weil ich ihm damit bewiesen hätte, daß die Angst nur durch Flucht aus der Situation oder durch Ausübung der Zwangshandlung nachläßt.«

Am nächsten Vormittag setzt sie zum entscheidenden Schlag gegen die zentrale Zwangsidee an. Sie diskutiert solange mit Elke Henn, bis klar ist, wie die logische Lösung allein lauten kann: Die tägliche Dusche wird auf die Zeit vor dem Stuhlgang verlegt. Die ganze Trennung in sauber und schmutzig wird hinfällig. Denn es gibt keinen Moment mehr, in dem die Patienten sich sauber fühlen würde. »Das mache ich nicht«, erklärt Elke Henn kategorisch. Stunden später entscheidet sie sich anders. »Ich muß das machen, sonst geht's ja nicht weiter.« In der Zwischenzeit hat Susanne Weißenberger ihr erklärt: Wissenschaftliche Untersuchungen beweisen, daß das Gefühl schmutzig zu sein, vor dem Elke Henn sich so fürchtet, nachlassen wird. Vielleicht hat dieser Lehrsatz Elke Henn überzeugt. Vielleicht vertraut sie auch einfach ihrer Therapeutin, an der sie offensichtlich hängt – trotz der Qualen, in die diese sie stürzt.

Am Nachmittag des dritten Tages reist Susanne Weißenberger ab. Elke Henn übt nun alleine weiter, aus der Ferne telefonisch unterstützt und betreut von einer Verhaltenstherapeutin am Ort. Sie duscht nun zuerst und geht dann zur Toilette. Die erste Zeit ist schlimm, doch ein Vierteljahr später berichtet sie: »Mit der Zeit fand ich es nicht mehr so eklig«. Zwar hat sie Angst, rückfällig zu werden, doch bisher geht es ihr »eigentlich noch gut«.

Fokus

Sind Erfolge überhaupt meßbar?

Den meisten Psychologen sind die Forschungsergebnisse ihrer eigenen Disziplin ziemlich egal. In den USA abonnierte bis vor einiger Zeit nur jeder Dritte freiwillig eine der Fachzeitschriften, die von ihrem Berufsverband American Psychological Association herausgegeben werden – inzwischen schließt der Mitgliedsbeitrag zwangsweise ein Blatt seiner Wahl ein. In Deutschland dürfte der Studieneifer kaum größer sein. Auf den ersten Blick scheint es verständlich, daß praktisch tätige Therapeuten sich kaum für die Statistiken der Forscher an den Universitäten interessieren. Sehen sie nicht jeden Tag in der eigenen Praxis, was in der Therapie hilft und was nicht?

Die Geschichte der Heilkunst beweist das Gegenteil. Behandler haben oft ihr Leben lang auf Methoden geschworen, die sich als wirkungslos, skurril oder grausam herausstellten.

In den vierziger Jahren wurden Tausende von Patienten, die psychische Probleme hatten, mit einer neuen Methode behandelt. Ernstzunehmende Forschung dazu gab es keine, doch die hielten die Behandler auch nicht für notwendig. »Ich bin ein sensibler Beobachter«, sagte einer, »und meine Schlußfolgerung lautet, daß es der großen Mehrheit meiner Patienten nach der Behandlung besser geht als vorher«. Das praktisch bewährte Verfahren war die Lobotomie: Ein Chirurg bohrte Löcher in beide Schläfen des Patienten und stocherte mit einem stumpfen Messer so lange im Frontallappen des Gehirns herum, bis der nur lokal betäubte Patient auf Fragen bloß noch verwirrte Antworten geben konnte. Eine Variante der Prozedur erhielt den Namen »Eispickel-Operation«.

Das Verfahren sollte gegen alles mögliche helfen. Übergewichtige wurden ihm ebenso unterzogen wie eine Patientin, die eines Tages nackt in den Straßen ihres Heimatortes laut verkündet hatte, ihr Vater sei der »schönste verdammte Säufer« der ganzen Stadt. Das rief sie nach der Operation immer noch, allerdings lief sie nicht mehr nackt auf der Straße herum. Sie konnte nur noch in einer Klinik leben und war unfähig, sich länger als zehn Sekunden zu konzentrieren.

Die bedauernswerte Frau wurde später die erste Patientin von Robyn Dawes – er ist heute Professor für Psychologie und ein vehementer Streiter für die wissenschaftliche Überprüfung von Therapien. Denn eine solche Erfolgskontrolle hätte die Lobotomie nie überstanden. »Natürlich wissen wir, daß der moderne Behandlungsansatz weit aufgeklärter ist«, schreibt Dawes ironisch, »genauso wie jede Generation wußte, daß ihr Ansatz viel aufgeklärter war als die vorherigen«.[35]

Die Operateure wollten ihre Patienten mit der Lobotomie nicht verstümmeln, sie wollten ihnen helfen. Doch sie waren von ihrem Verfahren so überzeugt, daß sie nicht nur einen wahrscheinlich eingebildeten Nutzen wahrnahmen, sondern auch noch die massiven Schäden übersahen, die sie anrichteten. Warum sollten Psychotherapeuten vor solchen Selbsttäuschungen geschützt sein?

Im Alltag läßt sich nur schwer feststellen, ob eine Therapie wirklich geholfen hat. Einer der Gründe ist der Placebo-Effekt. Wenn Patienten an eine Therapie glauben, bessert sich ihr Zustand oft – auch wenn die Therapie nachweislich wirkungslos ist. So erholte sich ein Krebspatient im Endstadium, als er das angebliche Wundermittel Krebiozen erhielt. Doch als er Berichte über dessen Wirkungslosigkeit las, erlitt er einen Rückfall. Weil sein Arzt keine andere Möglichkeit sah, verordnete er ihm nun eine angeblich neue, bessere Form des Medikaments. In Wirklichkeit spritzte er destilliertes Wasser. Doch der Patient erholte sich. Er starb bald, nachdem ein Regierungsbericht zu dem Ergebnis kam, daß Krebiozen überhaupt nichts bewirkte.[36] Weil solche Placebo-Effekte in vielen Studien nachgewiesen wurden, müssen neue Medikamente zeigen, daß sie besser helfen als Pseudopillen.

Auch in der Psychotherapie gibt es solche Placebo-Effekte. Forscher entwarfen Pseudotherapien, die nach aller Theorie keine Wirkung haben dürften. Doch Untersuchungen zufolge halfen sie im Schnitt immerhin halb so gut wie echte Therapien.

Allerdings dauerte ihr Erfolg teilweise nicht lange an. Doch dies weiß man nur, weil es Psychotherapieforschung gibt. Für den praktischen Therapeuten ergibt sich eine andere Perspektive: Angenommen, ein unfähiger Therapeut praktiziert ein völlig unsinniges Verfahren. Trotzdem würde er feststellen, daß es seinen Patienten besser geht – aufgrund des Placebo-Effekts. Wahrscheinlich würde ihm nicht auffallen, daß seine Erfolge eher bescheiden sind, er hat ja keinen Vergleich und zu ausgeprägter Selbstkritik neigt er wahrscheinlich so wenig wie die Chirurgen bei ihren Lobotomien. Er würde außerdem nicht merken, daß es vielen seiner Patienten bald nach Therapieende wieder schlechter geht – sie kommen ja nicht mehr in Behandlung, jedenfalls nicht zu ihm. Also fühlt er sich als erfolgreicher Therapeut und macht bis zur Rente so weiter.

»Wir lügen uns in die Tasche«, warnt der Psychologieprofessor und Verhaltenstherapeut Jürgen Margraf. »Es gibt nur einen Schutz davor, und das ist die Statistik.« Mit ihrer Hilfe läßt sich in kontrollierten Studien herausfinden, wieviel eine Therapie wirklich taugt. Kontrolliert heißt, daß es neben der Gruppe der therapierten Patienten mindestens eine sogenannte Kontrollgruppe gibt, so daß sich die Ergebnisse vergleichen lassen.

Ein Schulbeispiel ist die große Studie zur Verhaltenstherapie bei Depressionen von Martin Hautzinger (siehe Kapitel »Gespräche und Übungen helfen so gut wie Medikamente«). Zur Kontrolle für die verhaltenstherapeutische Therapie wurden Patienten dort mit einem üblichen Medikament behandelt. Der Zufall entschied, wer in welche Gruppe kam. Denn wenn die Therapeuten oder Patienten darüber bestimmen dürften, wäre es beispielsweise möglich, daß besonders viele schwere Fälle in die Medikamentengruppe verwiesen werden. Dies würde das Ergebnis natürlich verfälschen.

Der Erfolg der Therapie wird in aller Regel auf viele unterschiedliche Arten gemessen. Ganz wichtig ist natürlich die Sicht der Patienten. Allerdings bringt es wenig, sich bei einem freundlichen Gespräch formlos zu erkundigen, wie es ihnen denn nun so geht. Die Art der Frage hätte womöglich mehr Einfluß auf die Antwort als das tatsächliche Befinden. Außerdem lassen sich frei formulierte Antworten kaum miteinander vergleichen.

Deshalb arbeiten Forscher meist mit standardisierten Fragebögen. Bei Depressionen hat sich weltweit das sogenannte BDI bewährt, das »Beck-Depressionsinventar«. In ihm geht es um verschiedene kritische Bereiche, so etwa um Schuld. Die Patienten kreuzen die zutreffendste von vier Möglichkeiten an: Ich fühle mich ... die ganze Zeit schuldig, ... die meiste Zeit ziemlich schuldig, ... einen großen Teil der Zeit schuldig, ... eigentlich nicht schuldig. Andere Fragen gelten Trauer, Pessimismus, Selbsthaß und Selbstmordgedanken. Da alle Teilnehmer die gleichen Fragen vor und nach der Therapie beantworten, lassen sich Verbesserungen messen. Weitere Fragebögen erfassen andere Probleme der Patienten, etwa körperliche Beschwerden, Nebenwirkungen von Medikamenten und wie sie in verschiedenen Lebensbereichen zurechtkommen.

Auch die Therapeuten beurteilen das Befinden der Patienten. Sie tun dies anhand vorgegebener Kriterien – denn es hat sich gezeigt, daß verschiedene Psychologen oft nicht zum selben Urteil kommen, wenn jeder seine eigenen Maßstäbe anlegt.

In manchen Studien werden die Patienten außerdem von Experten begutachtet, die nichts mit der Untersuchung zu tun haben und nicht wissen, wer wie behandelt wurde. So läßt sich verhindern, daß die Fachleute das sehen, was sie sehen wollen.

Am Ende vergleichen die Forscher die Befunde mit statistischen Methoden. Sie prüfen nach, ob die mit Psychotherapie behandelten Patienten im Durchschnitt beispielsweise niedrigere Depressionswerte aufweisen als die anderen – und zwar möglichst nicht nur bei Therapieende, sondern auch noch Monate oder Jahre später. Wenn sie Unterschiede finden, kontrollieren sie, ob diese nicht vielleicht durch reinen Zufall zustande gekommen sein könnten. Erst wenn sich dies mit hoher Wahrscheinlichkeit ausschließen läßt, sprechen sie von einem Erfolg der Therapie. Dabei ist es am aussagekräftigsten, wenn die untersuchte Therapie eine bewährte Behandlung wie die mit Medikamenten oder wenigstens eine Pseudotherapie übertroffen hat.

Masse statt Klasse

»Untersuchung zur Psychotherapie bringt Dogmen ins Wanken«, freute sich die *Frankfurter Rundschau* Anfang 1997: »Länger hilft besser«, verkündete die Überschrift. Wenn die große Untersuchung, auf die sich der Artikel bezieht, dies beweisen könnte, wäre das in der Tat eine kleine Revolution. Denn bis dahin konnte niemand belegen, daß längere Psychotherapie besser hilft. Psychoanalytiker als traditionelle Verfechter langer Therapien zitieren die Veröffentlichung denn auch gerne.

Auch in der übrigen Fachwelt sorgte die Untersuchung für Aufsehen, obwohl sie nicht aus einer Forschungsstätte kommt, sondern von der amerikanischen Verbraucherzeitschrift *Consumer Reports* organisiert wurde. Als Berater fungierte jedoch der angesehene Professor Martin Seligman von der Universität Pennsylvania, der die Studie später gegen heftige Kritik anderer Experten verteidigen mußte. Sie bemängeln, daß das Vorgehen alle wissenschaftlichen Grundregeln verletze. Die Zeitschrift hatte schlicht einen Fragebogen abgedruckt, in dem ihre Leser ihre Erfahrungen mit Therapien aller Art angeben konnten, und dann die Antworten ihrer Leser ausgewertet.

Den Antworten zufolge half Therapie tatsächlich um so besser, je länger sie dauerte. Allerdings sind die Unterschiede nicht so groß, wie sie in einer Graphik mit abgeschnittenen Balken erscheinen, die Seligman in einem Fachartikel präsentierte.[37] Auf einer Skala, die von 0 bis 300 Punkten reicht, erreichte schon eine einmonatige Therapie 201 Punkte. Drei bis sechs Monate ließen den Wert auf 217 steigen. Dauerte die Therapie länger als zwei Jahre, kletterten die Werte auf 241 Punkte. Besonders spektakulär war der Gewinn also nicht.

Die Hauptfrage ist jedoch, wie verläßlich diese Zahlen

sind. Schließlich basieren sie ausschließlich auf den Angaben der Patienten, die sich zudem auf ihre Erinnerungen verlassen mußten. Denn niemand hatte festgehalten, wie schlecht es ihnen vor der Therapie ging. Obendrein hatte nur ein Bruchteil der Leser den Fragebogen überhaupt eingeschickt. Dabei könnten gerade eventuelle Mißerfolge verschwiegen worden sein. »Es ist nicht weiter schwierig festzustellen, daß ein Mixer lausig ist«, kommentieren Timothy Brock und andere Kritiker die Lage der Consumer Reports-Leser, »aber es ist einigermaßen unangenehm festzustellen, daß der Zustand der eigenen geistigen Gesundheit lausig ist, vor allem, wenn man beträchtliche Zeit, Geld und emotionale Verbundenheit in eine Therapie investiert hat«.[38]

Für diese Skepsis spricht, daß die Leser bei sämtlichen Problemen alle Formen der Psychotherapie gleich gut fanden – obwohl beispielsweise selbst Gegner der Verhaltenstherapie einräumen, daß sie bei Ängsten überlegen ist. Besser als alle professionellen Psychotherapien schnitten dagegen die Gruppen der Anonymen Alkoholiker ab. Studien, die sich nicht auf die Erinnerung Betroffener verließen, sondern sie von Anfang an begleiteten, kommen zu ganz anderen Ergebnissen. Selbst Seligman zweifelt dieses Ergebnis an – wer dem Alkohol verfallen blieb, sei möglicherweise nicht mehr willens oder in der Lage, einen Fragebogen auszufüllen. Ähnliches könnte auch für viele andere gelten, denen Psychotherapie nicht helfen konnte, so Seligmans Kritiker Neil Jacobson und Andrew Christensen.[39]

Eine Studie beweist allerdings noch nicht viel, schließlich könnten Fehler unterlaufen sein. Inzwischen gibt es jedoch Hunderte von Studien. Sie zu sichten und sinnvoll zusammenzufassen, erfordert eigene großangelegte Untersuchungen. Bei einem Verfahren, der sogenannten Meta-Analyse, werden die vielen verschiedenen Ergebnisse zunächst in eine einheitliche Größe umgerechnet. Sie gibt an, wie gut die behandelten Personen im Vergleich zu den Mitgliedern von nicht behandelten Kontrollgruppen abschneiden. Dabei stellte sich heraus, daß es 70 Prozent der therapierten Patienten besser geht als dem Durchschnitt der nicht Behandelten.[40]

Während soweit Einigkeit unter den Experten herrscht, streiten sie sich heftig, ob alle Arten von Psychotherapie gleich gut helfen. Manche Meta-Analysen kamen zu diesem Ergebnis. Doch merkwürdigerweise zeigen sich in zahlreichen Einzelvergleichen verschiedener Therapiearten sehr wohl Unterschiede. In der Regel gewinnt dabei die Verhaltenstherapie.

Wenn Psychotherapeuten solche Ergebnisse nicht zur Kenntnis nehmen, weil ihnen die exakte Wissenschaft mit ihren Zahlenfriedhöfen nicht behagt, schaden sie damit ihren Patienten. »Wenn ich für mich einen Psychologen wählen müßte«, sinnierte Professor Dawes, dann einen aus der Minderheit derer, die »eine oder mehrere wissenschaftliche Zeitschriften liest«.[35]

5.

Die Sucht besiegen

Loskommen von der Magersucht

Katja Rick hat immer gerne gekocht und gebacken, Torten zum Beispiel. Doch gegessen hat sie ihre Kreationen nicht. Sie nahm nur soviel Nahrung zu sich, daß es gerade zum Überleben reichte. Die 18jährige mit dem blassen Gesicht und den hellen blauen Augen wiegt bei einer Körpergröße von 1,62 Meter nur 38 Kilo. Katja Rick ist magersüchtig.

Als sie vor sechs Jahren mit dem Hungern anfing, fand sie sich nicht dick. Aber sie wollte gerne noch schlanker sein, so wie ihre Freundin. Auch waren Katja ihre Beine etwas zu stämmig. Also strich sie weniger Nußcreme auf ihr Frühstücksbrot und verzichtete auf Süßigkeiten. Schon nahm sie ab. Die Zwölfjährige fand das »klasse« und aß noch etwas weniger. »Dann hat es sich langsam immer mehr reduziert, immer ein bißchen weniger hiervon, ein bißchen weniger davon, man kriegt das gar nicht so richtig mit.« Sie fühlte sich toll, das Fasten wirkte wie »eine Droge«.

Als sie bei 47 Kilo angekommen war, freute sie sich darüber, wie perfekt ihre neuen Jeans saßen. Doch langsam dämmerte ihr, daß sie zu weit gehen könnte. »Da habe ich mir gesagt, jetzt nimmst du nicht mehr ab, jetzt darfst du nicht mehr abnehmen.« Aber sie nahm weiter ab. Bei 45 Kilo ist sie »dann wieder aufgewacht« und bekam ein schlechtes Gewissen, auch weil ihre Eltern sich Sorgen machten. »Aber ich konnte nicht mehr anders, da war ich schon zu tief drin.«

Schließlich schickte der Hausarzt sie zu einer psychoanalytisch arbeitenden Therapeutin. In zwei Jahren mit wöchentlichen Gesprächen verlor sie zwar nicht weiter an Gewicht, wurde aber trotz zusätzlicher kalorienreicher »Astronautenkost« auch kein bißchen schwerer.

Sie wollte auch gar nicht zunehmen. Darum fuhr sie jeden Tag zwei Stunden Fahrrad, egal ob es stürmte oder schneite. Nur so bekam sie die Mahlzeiten hinunter, bei denen es jeden Tag zu den gleichen Zeiten das gleiche gab. Dabei aß sie eigentlich gern, weshalb sie Light-Produkte bevorzugte. Da konnte sie sich statt einem Joghurt zwei erlauben.

Gegen Ende des 19. Jahrhunderts erfanden Ärzte für die seltsame Hungerneigung junger Frauen den Namen Anorexie – Appetitlosigkeit. Der Name führt in die Irre. Die Patientinnen haben den Wunsch zu essen, doch gleichzeitig wollen sie dünn sein. Viele essen tatsächlich, erbrechen die Nahrung aber anschließend wieder. Der deutsche Begriff »Magersucht« kommt dem Phänomen näher.

Magersüchtige nehmen ihren Körper absurd verzerrt wahr. Manche wiegen nur noch dreißig Kilo und finden sich immer noch zu dick. Den konsternierten Ärzten zeigen sie, wo sich an ihrem ausgemergelten Körper angeblich noch ein Fettpölsterchen findet. Sie fürchten, wenn sie wieder mehr essen würden, könnten sie die Kontrolle verlieren und schnell schrecklich fett werden.

Der extreme Schlankheitswahn befällt fast ausschließlich Mädchen und junge Frauen – etwa eine von hundert. Weniger als zehn Prozent der Betroffenen sind männlich. Die Magersucht scheint häufiger zu werden, was mit den dünnen Models in Werbung und Illustrierten zusammenhängen könnte. Doch verläßliche Statistiken gibt es nicht.

Der Preis dafür, superschlank zu sein, ist hoch. Etwa jede zehnte Magersüchtige stirbt an ihrer Krankheit – wie 1982 Karen Carpenter, die als weiblicher Teil des Duos »The Carpenters« in Schlagern die heile Welt besungen hatte. Der Nahrungsmangel führt zu Rhythmusstörungen des Herzens bis hin zum

Stillstand und anderen lebensbedrohlichen Folgen. Wer überlebt, muß mit Osteoporose rechnen. Möglicherweise erholen sich die geschädigten Knochen nicht einmal dann vollständig, wenn die Patientin sich später wieder richtig ernährt. Der Zyklus der Fruchtbarkeit ist unterbrochen, die Regel bleibt aus.

Das Schlimmste aber ist für viele, daß die Nahrung, die sie nicht zu sich nehmen, alles beherrscht. Der ewig unterversorgte Organismus verlangt nach Lebensmitteln. Morgens fängt die Magersüchtige an, zu überlegen, ob sie eine Banane zum Frühstück essen darf und abends grübelt sie vielleicht über den Quark. Die Gedanken kreisen nur noch um das eigene Gewicht.

»Meine ganze Jugend ist an mir vorbeigegangen, weil ich nur auf diesem Planeten Essen gelebt habe«, sinniert Katja Rick. Sie wog irgendwann nur noch 35 Kilo und vergeudete den Rest ihrer Energie bei den täglichen Radtouren. Für Freundschaften hatte sie keine Kraft mehr. Bei einer Studienfahrt ihrer Klasse blieb sie zu Hause. Sie hätte Gewicht verlieren können – und das fürchtete sie, denn hinterher hätte sie es wieder zunehmen müssen, wenn sie weiter existieren wollte. »Ein schwarzer Schatten, so habe ich gelebt zum Schluß.«

Warum quälen sich intelligente, willensstarke junge Frauen mit solchen Entbehrungen, die sie doch jederzeit beenden könnten? Schon der französische Nervenarzt Ernest-Charles Lasègue, der 1873 der Anorexie ihren Namen gab, hielt die Rolle der Familie für wichtig. Doch die Zusammenhänge sind bis heute unklar. Während die einen zu dominante Mütter in Verdacht haben, vermuten die anderen sexuellen Mißbrauch durch den Vater oder andere Männer.

Viele Therapeuten sind sich jedoch einig, daß es in den Familien magersüchtiger Patientinnen ungewöhnlich rigide zugeht und strenge Maßstäbe hochgehalten werden. Diese Familien schotten sich stark nach außen ab und empfinden es als Bedrohung, wenn die Kinder selbständig werden. Möglicherweise gewinnt für die angehenden Magersüchtigen ihr Gewicht deshalb so große Bedeutung, weil sie merken: Über ihren Körper können sie ganz allein bestimmen.

Doch auch die Biologie ist wichtig. Wer anfängt zu fasten, kann euphorische Gefühle erleben. In Laborversuchen stellte sich heraus, daß das Gehirn auf Diät gesetzter Tiere mit dem Botenstoff Serotonin überflutet wird – genau wie nach dem Schlucken des als »Glückspille« bekannten Arzneimittels Prozac. Offenbar spielen auch die Erbanlagen eine Rolle: Unter magersüchtigen eineiigen Zwillingen sind in der Hälfte aller Fälle beide Zwillinge betroffen, bei zweieiigen trifft das nur bei fünf Prozent zu. Im Frühjahr 1997 berichteten britische Forscher sogar, im Gehirn Magersüchtiger werde eine für den Appetit zuständige Region mit zuwenig Blut versorgt – möglicherweise aus genetischen Gründen.

Aus welchen Gründen Patientinnen der Magersucht ursprünglich auch immer verfallen sein mögen – um wieder gesund zu werden, hilft letztlich nur eines: essen. Verhaltenstherapeuten haben dazu harte, aber wirksame Programme entwickelt. Die Kranken müssen sich einige Monate in eine Klinik begeben. Katja Rick ging in die Medizinisch-Psychosomatische Klinik in Bad Bramstedt, etwa eine Stunde nördlich von Hamburg. Die Regeln dort sind so streng, daß viele Hilfesuchende im Vorgespräch weinen, wenn der leitende Psychologe Thomas Paul sie erklärt.

In der ersten Woche brauchen die Patientinnen ihr Gewicht lediglich zu halten. Doch ab dann müssen sie jede Woche 700 Gramm zunehmen. Wie sie das machen, bleibt ihnen überlassen. Am Büfett im Speisesaal können sie sich aussuchen, was sie möchten. »Die können von mir aus von Magerquark zunehmen oder von Knäckebrot, es ist mir egal«, sagt Paul. Doch jeden Donnerstag vor dem Frühstück wiegt eine Krankenschwester die Patientinnen. Wer für zu leicht befunden wird, muß ins sogenannte Phasenprogramm.

Phase eins ist die härteste. Katja Rick denkt mit Schrecken an sie zurück: »Da ist für mich erst einmal eine Welt zusammengebrochen, weil ich mir alles ganz anders ausgemalt hatte.« Sie mußte die ganze Zeit auf der Station bleiben, auch wenn die anderen Frauen draußen Ball spielten oder ins Schwimmbad gingen. Zum Essen durfte sie nicht mehr in den

Speisesaal, sondern bekam ihre Portion von einer Mitpatientin auf ihr Zimmer gebracht. Ob sie die aß, war ihre Sache. Eine Stunde später wurde das Tablett leer oder voll wieder abgeräumt.

Unterhalten konnte sie sich in dieser Zeit nur mit Therapeuten und anderen auf die Station verbannten Patientinnen. Nur etwa jede fünfte Magersüchtige schafft es, alleine durch den Gang zum Buffet konstant zuzunehmen.

Es gibt klare Regen, wann die einzelnen Phasen des Programms enden. Ziel ist: Jede Patientin muß so viel zunehmen, daß sie ihr medizinisch vertretbares Mindestgewicht erreicht. Dazu muß sie in jeder Phase des Programms ein Drittel der Zunahme schaffen. Wiegt sie also beispielsweise 12 Kilo zu wenig, endet Phase eins, sobald sie vier Kilo schwerer geworden ist. In der zweiten Phase darf sie sich in der ganzen Klinik frei bewegen, also auch wieder mit den anderen im Speisesaal essen. Sie hat nun auch täglich eine halbe Stunde Ausgang. Erst in der dritten Phase erhält sie wieder alle Freiheiten normaler Klinikpatientinnen.

Natürlich könnten die derart hart Behandelten jederzeit die Therapie abbrechen und die Klinik verlassen. Doch das kommt sehr selten vor. Magersüchtige sind hart im Nehmen, waren sie doch jahrelang strenger mit sich selbst, als es ein Therapeut je sein könnte. Einen weiteren Grund nennt Paul: »Sie wissen, was auf sie zukommt.« Sie haben die Bedingungen akzeptiert, wenn auch oft zähneknirschend. Katja Rick räumt ein: »Also, vom Verstand her finde ich das schon sehr gut.« Nicht wenige wissen außerdem, daß Zunehmen durchaus noch härter sein kann. Sie wurden erst einmal in der Intensivstation eines nahen Krankenhauses mit einer Magensonde hochgepäppelt, damit sie überhaupt aufgenommen werden konnten.

Doch in Bad Bramstedt dreht sich keineswegs nur alles ums Essen. Jede Patientin hat Einzelstunden bei einem Therapeuten, in denen es um ihre individuellen Probleme geht. In Gruppen reden die Patientinnen über das schwierige Verhältnis zum eigenen Körper und zur Sexualität. Auch Probleme mit der Familie sind Thema.

Ein paarmal kommen die Eltern zu einem gemeinsamen Gespräch mit ihrer Tochter und dem Therapeuten in die Klinik. »Es geht hier überhaupt nicht darum, den Schuldigen zu finden oder irgend jemanden anzuklagen«, versichert Psychologe Paul. Statt dessen sollen Wege gefunden werden, wie die Familie anstehende Probleme gemeinsam lösen könnte. Allzuviel können die Therapeuten in der kurzen Zeit nicht ausrichten, denn die Eltern leben oft weit weg und können nicht öfter kommen.

Da bleibt noch einiges für einen niedergelassenen Psychologen am Wohnort der Patientin zu tun. Das Team von Bad Bramstedt empfiehlt meist eine Fortsetzung der Therapie vor Ort. Denn in den etwa vier Monaten, die eine Patientin in der Klinik bleibt, läßt sich eine so schwere Krankheit wie die Magersucht nicht völlig besiegen.

Die alten Ängste und Unsicherheiten lassen sich nur schwer abschütteln. Eine Nachuntersuchung der Bad Bramstedter Klinik ergab: Drei Jahre nach ihrer Entlassung sind die früheren Patientinnen zwar die Depressionen los, unter denen viele vorher als Folge ihrer Krankheit litten. Doch sie fühlen sich häufig noch immer unsicher und können nicht unbefangen mit anderen Menschen umgehen. Auch in ihrem Körper fühlen sie sich nicht wohl. Auf diese Punkte will die Klinik deshalb in Zukunft mehr eingehen.

Bei dem drängendsten Problem dagegen macht die Statistik Mut. Bei ihrer Entlassung in Bad Bramstedt bringen 74 Prozent der vorher gefährlich leichten Patientinnen ein normales Gewicht auf die Waage. 62 Prozent sind auch zwei Jahre später nicht wieder magersüchtig geworden. Das ist ein hoher Prozentsatz – zumindest angesichts der Erfahrungen der letzten hundert Jahre, in denen medizinische und psychologische Fachleute meist vergeblich versucht haben, die mysteriöse Krankheit zu heilen.

Sich die eigene Stärke beweisen:
Verhaltenstherapeutische Hilfe bei Bulimie

Nora Munz hätte wissen müssen, worauf sie sich einließ. Ihre Schwester hatte bereits dasselbe durchgemacht. Doch so weit dachte die hübsche 29jährige nicht, als ihre Beziehung vor vier Jahren in die Brüche ging. Sie fiel »in ein Loch«, fand sich auf einmal abstoßend und begann mehr zu essen – als »Ersatzbefriedigung«. Sie hatte mit ihren 1,78 Metern immer um die 57 Kilo gewogen und wollte auf keinen Fall zunehmen. Deshalb fing sie an, zum fatalen Trick ihrer Schwester zu greifen: Sie erbrach das Essen wieder. »Da dachte ich, ach, das geht ja so schön einfach, nur den Finger in den Hals und weg damit.«

Doch so einfach ließ der Körper sich nicht überlisten. Er verlangte immer stärker nach der Nahrung, die ihm vorenthalten wurde. Nora Munz bekam so starke Hungeranfälle, daß sie in sich hineinstopfte, was der Kühlschrank hergab. »So ein, zwei Stündchen ohne Unterbrechung und zwischendurch dann erbrechen und weiter essen, das war schon nicht sehr lustig. Man ist irgendwie abgeschaltet. Es geht alles so mechanisch.«

Zwar pflegten bereits die Griechen in der Antike bei Festgelagen die ersten Gänge wieder von sich zu geben, um Platz für die nächste Völlerei zu schaffen. Doch bei modernen jungen Frauen, die ohnehin schon zu leicht sind, wird das nicht besonders appetitliche, aber altehrwürdige Ritual schnell gefährlich. In den siebziger Jahren erklärten die Gelehrten es erstmals zur Krankheit. Sie nannten sie Bulimie – »Ochsenhunger«. Die Opfer verschlingen bei einem Eßanfall ohne weiteres 4 000 Kilokalorien, auch 15 000 sind möglich. Das ist sechsmal mehr als der Körper am Tag braucht.

Nora Munz kannte die Krankheit wohl. »Aber mir ging es so dreckig, daß es mir total egal war.« Sie glaubte, wenn sie wollte, könnte sie schon aufhören. Nach einem halben Jahr wußte sie, daß dies ein Irrtum war. Sie begann eine ambulante Psychotherapie und versuchte es sogar mit Akupunktur. Alles vergeblich. So blieb, wie sie sagt, nur die »Hammerversion« einer Behandlung – sie begab sich in die Medizinisch-Psychosomatische Klinik im schleswig-holsteinischen Bad Bramstedt.

In die zwei Stationen für Eßstörungen des nur wenige Jahre alten Ziegelbaus mit den markanten türkisfarbenen Fensterrahmen kommen fast ausschließlich schwere Fälle – bulimische Patientinnen, die bis zu dreißig Mal am Tag erbrechen. Dabei wird soviel Salzsäure in den Mund gespült, daß sie sogar den Zahnschmelz angreifen kann. Andere Kranke schlucken bis zu 300 Abführpillen am Tag. Das macht zwar nicht viel schlanker, weil sie erst in einem Teil des Darms angreifen, wo dem Essen die meisten Nährstoffe ohnehin schon entzogen sind, ist aber höchst gefährlich.[41]

In Bad Bramstedt teilen die Bulimikerinnen die Station mit magersüchtigen Patientinnen. Bei nicht wenigen Frauen kommen Untergewicht und Erbrechen zusammen. Nora Munz müßte bei ihrer Körpergröße mindestens 61 Kilo wiegen, brachte jedoch nur 54 Kilo mit – nochmals 800 Gramm weniger als beim Vorgespräch ein halbes Jahr vor der Aufnahme.

Die fehlenden sieben Kilo sollte sie im »Phasenprogramm« zunehmen, wie es das straffe Reglement der Klinik verlangt – in jeder Phase gut zwei Kilo. Die neue Patientin war sauer, als sie hörte, daß sie nun bis zum Ende der ersten Phase die ganze Zeit in der Station bleiben mußte. Erst mit zwei Kilo mehr würde sie sich in der ganzen Klinik frei bewegen und sie eine halbe Stunde täglich verlassen dürfen. Und erst in der dritten Phase sollte sie alle normalen Rechte einer Klinikpatientin erhalten – also erst nach zwei Dritteln auf dem Weg zum Zielgewicht.

Für Nora Munz war diese Vorstellung »der absolute Horror«. Aber sie hatte lange auf den Klinikplatz gewartet und beschloß zähneknirschend mitzuspielen: »Ich hab' einfach nur gegessen, damit ich eben möglichst schnell dieses Drittel des zu erreichenden Gewichtes zunehme, um da rauszukommen.« Auch wenn sie längst keinen Appetit mehr hatte, aß sie weiter, obwohl sie sich aufgebläht fühlte und Bauchschmerzen hatte. »Dieses Eingeschlossensein war für mich schlimmer als das Zunehmen.«

Wieder einmal funktionierte die simple Strategie der Belohnung, die Verhaltenstherapeuten gegen die Bulimie einsetzen.
In einer Woche nahm sie mehrere Kilo zu – und damit verschwanden auch ihre Eß-Brech-Attacken. »Das war für mich
der Kick im Kopf, daß ich gemerkt habe, man muß immer satt
sein. Dann kriegt man auch keinen Heißhunger-Anfall«, resümiert die nach sechs Wochen kurz vor der Entlassung stehende
Patientin. »Das ist so einfach wie wahr.«

Doch es geht in Bad Bramstedt keineswegs darum, daß die
Patientinnen sich möglichst schnell »aus der Klinik rausfres-
sen«, wie es der leitende Psychologe Thomas Paul ausdrückt.
Die drakonischen Maßnahmen zum Zunehmen sind nur ein
Teil eines umfassenden Programms. Während sie auf der Station festsitzen, nehmen die Frauen an verschiedenen Gruppen
teil und bekommen Einzeltherapie. »Für uns ist nach der Ge-
wichtszunahme die Therapie überhaupt nicht beendet«, sagt
Paul.

Manche Patientinnen haben ihr Eßproblem gelöst und bleiben trotzdem noch wochenlang in Behandlung, weil sie gravie-
rende andere Schwierigkeiten haben. Viele sind depressiv, fast
40 Prozent der an Bulimie Erkrankten haben einen oder mehrere Selbstmordversuche hinter sich.

Eine Bulimie kommt nicht von ungefähr. Zwar steht am Anfang meist eine Diät, doch beinahe jede Frau fastet irgendwann. Fünf bis 35 Prozent versuchen es je nach Studie sogar irgendwann mit Erbrechen.[42] Doch nur etwa zwei Prozent
entwickeln eine Eß-Brech-Sucht.

Dazu gehört nicht nur eine biologische Anlage, obwohl auch
die wahrscheinlich vorhanden sein muß: Die Fachleute haben
von verschiedenen Hormonen bis zu bestimmten Rezeptoren
ungefähr alles im Verdacht, was im Körper überhaupt mit
Nahrung zu tun hat. Doch zu diesen »Faktoren unter der
Haut«, wie sie im Expertenjargon genannt werden, müssen
psychologische Einflüsse kommen, »Faktoren jenseits der
Haut«. Aber welche?

Britische Forscher unter der Leitung des Oxford-Professors
Christopher Fairburn befragten 102 Bulimikerinnen nach ihrer

Vorgeschichte.[43] Ihre Antworten verglichen sie nicht nur mit denen von 204 gesunden Frauen, sondern auch mit den Angaben von 102 Patientinnen mit anderen psychiatrischen Problemen. Dabei stellte sich heraus, daß die Bulimikerinnen sich kaum von Frauen mit anderen psychischen Problemen unterscheiden. Faktoren wie häufiger Streit mit den Eltern oder Trennung von ihnen stehen oft am Beginn einer Eßstörung – aber auch von ganz anderen Problemen.

Doch wenn eine der Befragten als Kind Übergewicht gehabt hatte oder die Eltern ihre Figur und ihre Eßgewohnheiten kritisiert haben, erhöht sich das Risiko, nicht irgendeine psychische Störung zu bekommen, sondern Bulimie. Die Gefahr steigt auch, wenn das Selbstwertgefühl des Mädchens unterdurchschnittlich entwickelt ist. Möglicherweise führt dies dazu, daß die heranreifende Frau mit ihrem Äußeren nicht zufrieden ist und riskante Diäten macht.

Über solche Minderwertigkeitsgefühle in der Kindheit diskutieren die Patientinnen in Bad Bramstedt mit den anderen Mitgliedern einer Therapiegruppe und ihrem Leiter. Doch was gewesen ist, kann niemand mehr ändern – nur in der Gegenwart lassen sich Probleme wirklich anpacken. Nora Munz ist überzeugt, daß ihre frühere Therapie gescheitert ist, weil da »viel zu viel nur gewühlt«, aber »keine aktuellen Geschichten beleuchtet« wurden.

Verhaltenstherapeuten achten darauf, welche Gefühle und Gedanken heute im Wege stehen. Viele bulimische Frauen glauben beispielsweise: »Wenn ich zwei Kilo zunehme, bin ich fett und unattraktiv und werde es nie schaffen, einen Freund zu finden.« Oder: »Nur schlank bin ich wertvoll und werde geliebt.« Solche Einstellungen werden in der Verhaltenstherapie hinterfragt. Dabei sieht die Betroffene wahrscheinlich schnell ein, daß dieser Glaube falsch und gefährlich ist. Doch sich ganz von ihm zu lösen, ist nicht so einfach. Deshalb empfiehlt ein Team des Münchner Max-Planck-Instituts für Psychiatrie, die bedenkliche Überzeugung im Rollenspiel attackieren zu lassen – und zwar von der Patientin selbst. Zwei andere Teilnehmerinnen der Gruppe verteidigen die falsche Denkweise, die Patientin kontert mit zuvor gesammelten Argumenten: »Schlank sieht zwar gut aus, aber ich bin keine Schaufensterpuppe«, oder »Intelligenz und Charakter sind viel wichtiger«.

Solche neuen Einstellungen nützen freilich nur, wenn sie auch Folgen für das alltägliche Verhalten haben. Was läßt sich tun, wenn der Wunsch zu erbrechen, doch wiederkommt? Die Patientinnen trainieren, mit ihm fertig zu werden. Wenn eine Frau in Bad Bramstedt dies möchte, begleitet Jörn Nitzschke sie bei einer Übung. Der Krankenpfleger und Psychologiestudent arbeitet als Ko-Therapeut. Die beiden essen zusammen, wobei die Frau dies ganz bewußt tut und Nitzschke detailliert schildert, was in ihr vorgeht. Diese Konzentration auf die Nahrungsaufnahme läßt meist den Wunsch entstehen, das Essen wieder zu erbrechen. In Gegenwart des Kotherapeuten würde sich aber keine Frau übergeben. Also behält sie die Nahrung bei sich und stellt etwas Eigenartiges fest: Die Anspannung läßt bald nach. Die Angst, nun zuzunehmen verschwindet, und der Drang zu erbrechen mit ihr.

Die Patientinnen lernen so, daß es genügt, den Brechreiz einige Zeit auszuhalten, dann ist die Gefahr vorbei. In der Therapie erproben sie dafür verschiedene Strategien. Eine Möglichkeit ist es, sich zu entspannen. Dazu wird in der Klinik die Technik der progressiven Muskelentspannung nach Jacobson angeboten. Andere Patientinnen gehen spazieren, legen sich ins Bett oder basteln etwas. Auch Puzzles haben sich bewährt, in den meisten Zimmern liegen welche. Oder die Frauen geben sich gegenseitig Halt. »Ich bin dann immer sofort zu anderen Patientinnen rübergerannt und habe dann mit denen zusammen gelitten«, berichtet die 16jährige Eva Sachs.

In der Klinik schaffen es die meisten, das Erbrechen gut unter Kontrolle halten – wenn sie entlassen werden, können zwei Drittel ganz darauf verzichten. Wie lange der Erfolg anhält, ist freilich ungewiß. Die Einrichtungen, die später nachgeforscht haben, was aus ihren Patientinnen geworden ist, melden sehr unterschiedliche Zahlen. Die schönste Statistik präsentiert das Münsteraner Christoph-Dornier-Centrum: 80 Prozent seiner Patientinnen haben fünf Jahre später noch keinen Rückfall erlitten. In der Mehrzahl der Studien gelingt es jedoch allenfalls der Hälfte der Behandelten, ihre Bulimie dauerhaft los zu werden.

Den Druck aushalten lernen: Wegkommen vom Alkohol

Alkohol ist in der Salus-Klinik bei Frankfurt wie in jeder Suchtstation streng untersagt. Trotzdem sitzt die Alkoholikerin Doris Mesch in ihrem Zimmer vor einer geöffneten Flasche Kognak, die sie von ihrer Therapeutin Dagmar Losch bekommen hat. Die junge Psychologin wird hinterher nicht feststellen können, ob ihre 50jährige Patientin die Gelegenheit genutzt hat, wieder zu der Droge zu greifen, die sie vor 13 Wochen in die Klinik gebracht hat. Denn die Therapeutin hat Doris Mesch ausdrücklich erlaubt, etwas von dem Getränk wegzuschütten, so daß ruhig ein Glas fehlen kann, wenn sie die Flasche zurück bekommt. Sie hat auch die Alkoholkontrollen gestrichen, mit denen die Patientin normalerweise rechnen muß.

Doris Mesch soll die Erfahrung machen, daß sie ihr Verlangen beherrschen kann, ohne daß jemand anderes nachhilft. Das Risiko, daß sie vielleicht doch trinkt, mußte die Therapeutin eingehen. Die Patientin hat sich ein Glas eingeschenkt und riecht den Kognak. Das Bedürfnis nach ihm ist stark, sie spürt »Suchtdruck«, wie sie später berichten wird. Der Suchtdruck steigert sich, eine Stunde später ist er auf dem Höhepunkt.

Eigentlich wollte die energische Patientin während der Übung stricken oder lesen, doch das geht nicht. Ihre Gedanken kreisen um ihr Leben als Alkoholikerin. Vor sieben Jahren, als sie gerade geschieden wurde, begann sie zu trinken. Da ihr Mann für die Alkoholbranche arbeitete, war der Weg zur Flasche kurz. Im Haus stapelten sich teure Getränke. Sie begann mit Wein, bald kamen Schnaps und Whisky hinzu.

Anfangs hielt sie ihren hohen Konsum nicht für ein Problem.

Zwar vernachlässigte sie ihre Freunde, doch sie »brauchte ja nichts mehr außer der Flasche«. Sie konnte nicht mehr als Sekretärin arbeiten und verlor eine Stelle nach der anderen, weil sie schon nach wenigen Tagen nicht mehr an ihrem neuen Schreibtisch erschien.

Erst spät merkte Doris Mesch, daß sie vom Alkohol abhängig war und begab sich zu einer kurzen Entzugsbehandlung in eine Klinik. Danach ging es ihr wieder gut – und sie trank bald wieder weiter. Die Kur hatte schließlich gezeigt, daß sie jederzeit aufhören konnte. So war wenig später bereits die nächste Entgiftung fällig. Eine Zeitlang ging das einigermaßen, sie bestand sogar betrunken ihre Buchhalterprüfung. Etwa dreißigmal ließ sie sich entgiften, genau hat sie nicht gezählt.

Doch sie merkte: »Die Abstände bis zum totalen Absturz werden immer kürzer.« Mehrmals wachte sie aus dem Rausch nicht mehr auf und mußte mit dem Notarztwagen ins Krankenhaus gefahren werden. Einmal wollte sie nicht mehr leben, schluckte 40 Schlaftabletten, eine Flasche Whisky und eine Flasche Kognak. Sie kam durch und begab sich zum ersten Mal in Psychotherapie, in die Salus-Klinik.

Als sie nach der mehrmonatigen Behandlung heimkam, fühlte sie sich kuriert, sie hatte ja Therapie gemacht. Selbst ein bißchen Alkohol als Helfer bei schwierigen Problemen des Alltags konnte da wohl nicht schaden. Dieser Optimismus führte direkt zum erneuten Scheitern, wie sie heute weiß. Nach drei Tagen trank sie wieder.

In ihrer jetzigen zweiten Therapie ein Jahr später hat sie sich fest vorgenommen, ihre Schwierigkeiten ohne Schnaps zu lösen. Sie hat viel nachgedacht, auch in der langen Zeit einsam vor einer lockenden Flasche Kognak.

Beim ersten Mal dauerte es zweieinhalb Stunden, bis das Verlangen langsam verschwand. Erst dann durfte sie die Flasche schließen und der Therapeutin zurückgeben.

Viele Patienten können sich überhaupt nicht vorstellen, daß der Suchtdruck irgendwann zurückgeht. Sie haben Angst, er könnte sie überwältigen und sie würden verrückt. Doch das passiert nicht. Die Patienten erleben, daß der Druck schließlich von alleine nachläßt. Der Körper hört auf zu zittern und zu schwitzen. Und sie lernen, daß sie ihn solange aushalten können, bis er schwindet. Das geht immer schneller. Nach ein paar Versuchen regte der Kognak vor ihrer Nase Doris Mesch kaum mehr auf.

Geschafft hat sie es damit noch lange nicht. Sie muß lernen, sich den Alkohol auch dann zu versagen, wenn sie ihn am meisten zu brauchen glaubt – etwa beim Gedanken an die anstehende Suche nach einer neuen Arbeit. Möglicherweise wird sie bei einem Besuch zu Hause üben, auch dort Alkohol stehen zu lassen. Erst wenn das neue Verhalten auch in der wirklichen Welt außerhalb der Klinik klappt, ist die Therapeutin zufrieden. Vor einigen Tagen hat Doris Mesch es schon geschafft, im Café der Versuchung eines Irish Coffee zu widerstehen. Sie gönnte sich nur einen Kuchen. Schon auf dem Heimweg war das Verlangen nicht mehr da.

In Deutschland haben etwa 2,5 Millionen Menschen ähnliche Alkoholprobleme wie Doris Mesch. Die meisten sind allerdings Männer. Bei ihnen zählen Forscher neun Prozent Abhängige – fast jeder zehnte Mann hängt mithin an der Flasche. Bei den Frauen sind es 0,4 Prozent. Etwa 40 000 Deutsche sterben pro Jahr an den Folgen von Alkohol.

Warum jemand zum Alkoholiker wird, weiß niemand genau. Zwar machten deutsche Richter dafür schon 1968 die »Alkoholkrankheit« verantwortlich, doch dies hilft nicht weiter. Experten wie Jörg Petry spotten sogar über den »Mythos Alkoholkrankheit«, der allenfalls dazu führe, daß »der Betroffene durch die Übernahme der entsprechenden Krankenrolle seine Eigenverantwortung verliert«.[44]

Offenbar gibt es viele Gründe – angefangen bei den Genen. Wer Alkohol nicht gut verträgt, verfällt der Droge nicht so leicht. Doch Trinken wird auch gelernt: Schon Zwölfjährige besitzen genaue Vorstellungen davon, wie Alkohol wirkt.

Solche Erwartungen haben einen großen Einfluß auf den Konsum, wie Forscher in einem raffinierten Experiment nachwiesen. Sie servierten Versuchspersonen Drinks, denen nicht anzumerken war, ob sie Alkohol enthielten oder nicht. Es genügte schon, den Teilnehmern zu sagen, das Glas enthalte Alkohol, um sie furchtloser und aggressiver werden zu lassen.

Entsprechend vielfältig gestalten sich die verhaltenstherapeutischen Behandlungen. Die oft Monate dauernden Programme gehen mit unterschiedlichen Methoden verschiedene Problembereiche an.

Die Patienten analysieren mit den Therapeuten, wann sie in Gefahr sind zu trinken, und legen fest, was sie in dieser Lage statt dessen tun wollen. Sie lernen beispielsweise die Technik der progressiven Muskelentspannung, um sie in Streßsituationen anstelle von Alkohol einsetzen zu können.

Sie beginnen darauf zu achten, wann die eigenen Gedanken gefährlich werden. Wenn die Ehefrau fragt: »Hast du was getrunken?«, ist zum Beispiel folgende Logik ungünstig: »Was ich auch mache, sie beschuldigt mich doch immer, getrunken zu haben. Also, was macht es schon aus, da kann ich mich genausogut betrinken.« Besser wäre es, sich daran zu erinnern, daß die Sorge der Gattin durchaus nicht unberechtigt ist.[3]

In Selbstsicherheitsgruppen trainieren die Patienten, sich Konflikten mit Eltern oder Kollegen zu stellen, statt zur Flasche zu greifen. Sie üben auch, den Sekt beim Betriebsfest abzulehnen.

Zurück zur Flasche

Der Alkoholismusforscher Marlatt hat untersucht, welche Faktoren die meisten Rückfälle auslösen:

- Angst, Traurigkeit, Einsamkeit und Langeweile
- Negative Gefühle aus Enttäuschung über andere oder Ärger über sich selbst
- Entzugserscheinungen wie innere Unruhe, Kopfschmerzen, Schlaflosigkeit
- Inneres Verlangen beim Anblick von Alkohol

- Versuche, kontrolliert zu trinken, um die eigene Stärke auszuprobieren
- Ängste und Gefühle der Überlastung in Streßsituationen
- Eifersucht und Streit mit anderen
- Wünsche nach Geselligkeit, Ungezwungenheit und Anerkennung
- Verführung zum Trinken

Meist sind jedoch nicht die Mitmenschen an einem Rückfall nach der Therapie schuld, wie Analysen zeigen. Das größte Risiko besteht darin, daß der Patient selbst nicht wirklich davon überzeugt ist, daß Abstinenz sich lohnt. Er nimmt sich zwar vor, nicht mehr zu trinken, doch im entscheidenden Moment findet er für sich selbst eine Ausrede, es doch zu tun. Deshalb versetzen sich die Patienten in der Phantasie in gefährliche Situationen und erforschen, welche Gedanken sie bisher zum Weitertrinken gebracht haben. Dann überlegen sie, was sie sich statt dessen sagen könnten.

Aber werden die bereitgelegten Sätze zur Selbstmotivierung im Ernstfall helfen? Oder werden sie nur dem Psychologen zuliebe in der Klinik vorgetragen? Die Therapiegruppe stellt jedes Mitglied auf die Probe: Erfahrene Spezialisten in der Kunst, Gründe für ein Glas oder mehrere zu finden, führen den Patienten mit allen erdenklichen Argumenten und Sprüchen in Versuchung. Auch der Therapeut versucht, Zweifel zu säen. Der Patient muß darauf achten, wo seine wunden Punkte liegen und in diesem Kreuzfeuer seine Abwehrgedanken stählen.

Dabei können Imaginationsbilder helfen. Der Alkoholismusexperte Alan Marlatt rät zur Technik des Samurai: Der Patient in der Rolle eines japanischen Kämpfers erkennt und schlägt mit dem »Schwert der Aufmerksamkeit« den Feind Alkohol, der in immer neuen Verkleidungen angreift. In einer anderen Phantasieübung lernt der Patient, wie ein Wellenreiter auf den Wogen des Verlangens zu surfen.

Trotz aller Bemühungen schaffen es die wenigsten aus einer Klinik entlassenen Alkoholiker, nie mehr ein Glas anzurühren. In den USA untersuchten Forscher vier Jahre später, was aus den Patienten von 44 Behandlungseinrichtungen geworden war. 91 Prozent hatten wieder Alkohol getrunken – so das Ergebnis ihres *Rand-Reports*. Die Quote von 21 deutschen Einrichtungen ist besser, aber sie liegt trotzdem noch bei 54 Prozent und wird von skeptischen Wissenschaftlern angezweifelt. Doch längst nicht alle, die irgendwann in den vier Jahren nach Therapieende Alkohol anrührten, wurden wieder zu Alkoholikern. Viele schafften es, die meiste Zeit trocken zu leben. Der deutschen Studie zufolge hatten 53 Prozent der im strengen Sinn »Rückfälligen« höchstens drei Tage lang getrunken, 14 Prozent sogar nur an einem einzigen Tag.

Kontrolliert trinken?

Kann ein Alkoholiker jemals wieder gemäßigt trinken? Die Päpste der Alkoholismusforschung bestritten dies lange ex cathedra – doch sie irrten sich. Dem *Rand-Report* zufolge gönnen sich 18 Prozent der behandelten Alkoholiker öfter geistige Getränke, ohne daß Zeichen einer Sucht auszumachen wären.

Da inzwischen auch klar ist, daß sogar die allermeisten Behandelten zumindest einmal wieder zur Flasche greifen, stellt sich die Frage, ob es nicht besser wäre, statt Abstinenz gleich vernünftiges Trinken anzustreben. Tatsächlich bewiesen anfangs heftig umstrittene amerikanische Studien, daß ein Teil der Menschen mit Alkoholproblemen dieses Ziel mit Hilfe einer entsprechenden Therapie erreichen kann. Die besten Chancen haben junge Trinker, die noch nicht schwer abhängig sind und bei denen weder die Arbeit noch die Kontakte zu anderen bereits allzusehr gelitten haben.

Diese Klientel wird in der Bundesrepublik jedoch ohnehin kaum behandelt. Bei schweren Alkoholikern gilt es
nach wie vor, Abstinenz anzustreben, wie das folgerichtig auch alle deutschen Kliniken tun.

Die Situation bleibt somit paradox: Auch wenn von
vornherein klar ist, daß die meisten Trinker hinterher
nicht völlig trocken bleiben werden, muß dies doch an-
gestrebt werden, um wenigstens soviel Abstinenz wie
möglich zu erreichen.

Dies widerspricht jedoch der klassischen Lehre vom sogenannten Kontrollverlust, der zufolge ein trockener Alkoholiker
nicht mehr aufhören kann zu trinken, sobald er auch nur einen
Tropfen zu sich nimmt. Viele Forscher halten diese Vorstellung
für einen Teil des Mythos Alkoholkrankheit und ironisieren
den »Kontrollverlust der Alkohologen«, die dieses Dogma ver-
treten. Die Doktrin vom Kontrollverlust gilt heute zahlreichen
Experten nicht nur als widerlegt. Sie halten sie auch für gefährlich, weil sie zum sich selbst erfüllenden Fluch werden kann.
Wenn der Ex-Alkoholiker selbst glaubt, nach dem ersten
Schluck sei alles verloren, wird er möglicherweise gleich weiter
trinken. Deshalb hat Marlatt die Unterscheidung zwischen einem bloßen Vorfall (lapse) und einem Rückfall (relapse) einge-
führt.

In der Salus-Klinik versucht Dagmar Losch, diese Idee den
Patienten nahezubringen, die sich am Spätnachmittag zur sogenannten »Rückfall-Prävention« treffen. Sechs Männer und vier
Frauen sitzen im nüchtern eingerichteten Raum mit Panorama-
blick über den Taunus. Die Therapeutin hat wieder die Ko-
gnakflasche dabei, schenkt ein Glas ein und läßt es herumge-
hen, »damit wir wissen, wovon wir sprechen«. Das wollen
viele allerdings gar nicht so genau wissen. Einer gibt das Glas
schnell weiter, was ihm von anderen den Vorwurf »du schum-
melst« einträgt. Der Gedanke, vielleicht doch wieder der Versuchung zu erliegen, widerstrebt den Patienten. Ohne rechte

Begeisterung wiederholt ein Dreißigjähriger, was dann zu tun ist: »Daß man nicht sagt, jetzt habe ich einen Rückfall gebaut, jetzt kann ich auch weitertrinken.« Sein Leidensgenosse ein paar Stühle weiter hat gar keine Lust, über den Ernstfall nachzudenken: »Ich werde mich doch damit nicht rumschlagen«, solange Gott sei Dank noch nichts passiert ist.«

Gegen Ende der Therapie bereiten sich die Patienten verstärkt auf das Leben draußen vor. Die Therapeuten überlegen mit ihnen, wie sie die oft zahlreichen Probleme mit der Familie und am Arbeitsplatz anpacken können. Wer bald entlassen wird, besucht Freunde und Kollegen, spricht eventuell bei Ämtern vor oder sucht eine Selbsthilfegruppe. Die Klinik lädt Vorgesetzte und Mitarbeiter zu sogenannten Betriebsseminaren ein, um sie über Alkoholismus zu informieren und gemeinsam mit dem Patienten die Rückkehr in den Beruf zu planen.

Der Wechsel aus dem Schutzraum der Klinik ins wirkliche Leben ist der heikelste Punkt jeder stationären Therapie. Ein großer Teil der Rückfälle passiert in den ersten Monaten. Deshalb bietet die Salus-Klinik Patienten aus dem nahen Rhein-Main-Gebiet ein spezielles Programm an. Sie bleiben nur acht Wochen in der Einrichtung selbst, treffen sich aber anschließend drei Monate lang beim selben Therapeuten zu wöchentlichen Gruppensitzungen. In den ersten acht Wochen stehen auch noch Einzelstunden oder Sitzungen mit der Familie auf dem Programm.

Mit ihrer aufwendigen Therapie kann die Salus-Klinik vergleichsweise vielen Patienten helfen. Im Jahr nach ihrem Aufenthalt bleiben 57 Prozent die ganze Zeit trocken. Andere verhaltenstherapeutische Programme in Deutschland verzeichnen ähnliche Erfolge. In einem 1995 veröffentlichten Vergleich kamen sie auf 53 Prozent. Damit lagen sie über dem Rest der deutschen Kliniken, die meist eine Mischung verschiedener Therapiemethoden praktizieren und nur 42 Prozent Erfolge zu verzeichnen hatten.[45]

International ergibt sich dasselbe Bild, allerdings auf niedrigerem Niveau, was wohl daran liegt, daß die Patienten dort im Schnitt nur einen Monat in der Klinik verbringen, statt drei oder vier wie in Deutschland. Die Erfolgsrate der Verhaltenstherapeuten beläuft sich auf 40 Prozent, die der anderen auf 30 Prozent. Damit unterscheidet sich nur das Ergebnis der Verhaltenstherapie statistisch eindeutig (signifikant) von den mit 23 Prozent sehr bescheidenen Erfolgen einer reinen Arzneitherapie.

Diese Zahlen sind vorsichtig kalkuliert: Sämtliche Patienten, die ihre Therapie abgebrochen haben, sind mitberücksichtigt. Wer bei der Nachbefragung nicht antwortete oder nicht mehr aufzuspüren war, wurde sicherheitshalber als nicht abstinent gezählt.

Länger als ein Jahr verfolgen Wissenschaftler das Schicksal ehemaliger Patienten nur selten. Eine der wenigen gründlichen Studien war der 1977 eröffneten Fachklinik Furth im Wald gewidmet.[46] Ihr Therapiekonzept ähnelt dem der Salus-Klinik, was kein Wunder ist, da Salus-Klinik-Chef Ralf Schneider dort vorher leitender Psychologe war. 280 Patienten füllten vier Jahre nach ihrer Entlassung Fragebögen aus. Sie antworteten ehrlich – jedenfalls fanden Psychologen kaum Widersprüche, als sie 20 Prozent der Patienten zur Kontrolle in ihren Wohnungen interviewten. Wiederum vorsichtig berechnet, erwiesen sich 41 Prozent als abstinent.

Glücklicherweise waren keineswegs alle anderen wieder zu Alkoholikern geworden. Etwa die Hälfte trank nur gelegentlich, ein Viertel zwar fast jeden Tag, jedoch nicht übermäßig. Nur das letzte Viertel der nicht konsequent Abstinenten war König Alkohol wieder vollständig verfallen. Insgesamt hatten damit 85 Prozent der Patienten vier Jahre nach der Therapie ihr Alkoholproblem zumindest besser im Griff als vorher.

Wie bei anderen hartnäckigen Problemen kann Verhaltenstherapie also auch bei Alkoholismus keine vollständige Heilung garantieren – doch sie bietet die besten Chancen.

Entwöhnung im Zehn-Stufen-Programm: Die letzte Zigarette

»Ab Silvester ganz konsequent« will die 34jährige Hausfrau auf Zigaretten verzichten. Schon Ende November raucht sie kaum noch – ein vorläufiger Erfolg des gerade zu Ende gehenden Nichtraucherkurses der Volkshochschule in einer kleinen nordhessischen Kreisstadt. Auch einer ihrer Leidensgenossen qualmt »kein Stück mehr – ich muß mich selber wundern«. Einer allerdings hat es nicht geschafft, er gesteht »zu meiner Schande« am letzten Abend des Kurses, daß er nicht ganz vom »geliebten alten Pfeifchen« lassen konnte. Immerhin raucht er statt früher zwei Dutzend Pfeifen nun nur noch durchschnittlich knapp zwei pro Tag. Das sei doch fast gar nichts, tröstet der Kursleiter den 60jährigen Rentner.

Der Bedarf für solche Kurse ist enorm. Ungefähr jeder dritte erwachsene Mann und jede vierte erwachsene Frau in Deutschland rauchen – im Schnitt 20 Zigaretten am Tag. 1960 begnügten sie sich noch mit durchschnittlich elf Stück. Bei den 20 bis 40Jährigen rauchen sogar die Hälfte der Männer und ein Drittel der Frauen. Selbst unter Jugendlichen greifen bereits viele zur Zigarette, zwei Drittel der Raucher fangen an, bevor sie 18 geworden sind.

Nikotin gilt heute als süchtig machende Droge – so das 1995 gesprochene Urteil der amerikanischen Gesundheitsbehörde FDA, das Präsident Bill Clinton ein Jahr später offiziell machte. In Deutschland, wo jedes Jahr zehntausend Menschen vorzeitig durch das Rauchen umkommen, sind Zigaretten das häufigste Suchtproblem.

Lerntheoretisch läßt sich die enorme Suchtwirkung des Nikotins leicht erklären: Kaum ein anderes Verhalten wird so schnell und so oft verstärkt wie das Rauchen. Jeder Zug an der Zigarette erhöht binnen weniger Sekunden die Nikotinwerte im Blut, was der Raucher als entspannend oder auch als angenehm erregend wahrnimmt. Wer eine Schachtel Zigaretten am

Tag konsumiert, erlebt diesen kleinen Kick an die hunderttausend Mal im Jahr. »Kaum ein Suchtstoff wirkt vergleichbar schnell und zuverlässig«, konstatiert das Psychologenteam Eva und Hinrich Bents.[47]

Mehr als die Hälfte der Raucher würde Umfragen zufolge gerne aufhören, doch meist ist die Sucht stärker. Die wenigsten schaffen es ohne fremde Hilfe. Sechs von sieben, die sich die Zigaretten ab einem bestimmten Tag versagen, greifen bald wieder zum Glimmstengel.

Deshalb versuchen es viele mit professioneller Hilfe wie dem nordhessischen Nichtraucherkurs. Einer Hausfrau hatte der Arzt das Aufhören empfohlen, für einen technischen Angestellten war es »ein Schock«, als seine sechsjährige Tochter ihn bat, nicht mehr in ihrer Nähe zu rauchen. »Ich wollte es wissen«, berichtet ein anderer, sein Chef und seine Mitarbeiter hatten es schließlich auch geschafft. Um sich den Rückweg zu verbauen, machte er seinen Vorsatz gleich überall »unheimlich publik«.

Das bekannteste Programm zum Abgewöhnen ließ die in Köln residierende Bundeszentrale für gesundheitliche Aufklärung in den siebziger Jahren beim Max-Planck-Institut für Psychiatrie in München entwickeln. Seither wurde *Rauchfrei in zehn Schritten* über zehntausend mal an Volkshochschulen, Gesundheitszentren oder auch in Kliniken angeboten.

Eine Gruppe von höchstens 12 Teilnehmern und ein Kursleiter treffen sich in der Regel zehn Wochen lang zu einer Sitzung. Schon bei der Einführung erklärt der Leiter die verhaltenstherapeutischen Grundlagen des Programms: Rauchen ist ein gelerntes Verhalten. Das sofort nach einem Zug einsetzende angenehme Gefühl steuert das Verhalten stärker als der Gedanke an die späteren Folgen für die Gesundheit. Außerdem wird Rauchen klassisch konditioniert: Die gewohnte Situation in der Kneipe, wo andere qualmen und der Alkohol fließt, läßt viele automatisch eine anstecken. Bei anderen hat sich der Griff zum Glimmstengel nach dem Frühstück eingeschliffen.

Auch Gedanken spielen eine Rolle. Das Handbuch für die Kursleiter erläutert am Beispiel von Herrn S. das Zusammenspiel der verschiedenen Faktoren. Nachdem er glücklich seine

Kinder ins Bett gebracht hat, setzt er sich in seinen Sessel, öffnet eine Flasche Bier und stellt den Fernseher an. Zu diesen klassisch konditionierten auslösenden Bedingungen kommt der Gedanke: »Jetzt hast Du Dir eine Belohnung verdient.« Herr S. zündet sich eine Zigarette an.

Um diese Automatik zu durchbrechen und um sich wirklich bewußt zu machen, wann und wo sie rauchen, notieren die Teilnehmer jede Zigarette. »Eine richtige Fleißarbeit«, kommentierte etwa ein 46jähriger Angestellter. Er protokollierte jeweils zwei Zigaretten für seinen Aufenthalt beim Autohändler, im Garten und auf der Straße, aber 13 in der Gaststätte. Vorher hatte er sich »nie Gedanken gemacht, wie sich das am Tag verteilt«. Die Teilnehmer zeichnen ihren Zigarettenkonsum jeden Tag auch in ein Schaubild ein. An dieser Kurve läßt sich der Erfolg des Programms verfolgen.

Ab der dritten Stunde gilt es, die Zahl der täglichen Zigaretten zu reduzieren. Jeder Teilnehmer legt eine Höchstzahl fest und wählt anhand seiner Protokolle genügend Situationen aus, in denen nun nicht mehr geraucht wird.

Wie bei allen verhaltenstherapeutischen Ansätzen spielt Verstärkung eine wichtige Rolle. Jeder im Kurs notiert Vorteile eines rauchfreien Lebens, etwa »Ich werde frei atmen können« oder »Ich werde intensiver schmecken können« oder »Mir steht mehr Geld zur Verfügung«. Den wichtigsten Gewinn stellt er als Symbol dar und plaziert die Abbildung so, daß er sie jeden Tag mehrmals sieht, etwa an die Kühlschranktür. So nahm sich eine Büroangestellte vor, eine Ballonfahrt zu machen, wenn sie ein halbes Jahr nach Kursende nicht mehr rauchen sollte – andernfalls würde sie diesen Traum zwei Jahre lang nicht verwirklichen.

Jeder Teilnehmer schließt mit einem anderen die erste von mehreren Wetten des Kurses ab: Wenn er das gesteckte Ziel nicht erreicht, verliert er Geld in empfindlicher Höhe oder muß eine unangenehme Aufgabe erfüllen, etwa Fenster putzen oder das Auto waschen.

Ziel ist natürlich, durchzuhalten und so den Einsatz als Verstärkung zurückzugewinnen. Die Runde sammelt an einer Tafel Ideen, was mit dem Geld gemacht wird. Sie überlegt auch Lösungen für auftretende Schwierigkeiten. Welche Möglichkeiten gibt es, seine Arbeit kurz ruhen zu lassen, wenn die Rauchpause auf einmal wegfällt? Wie spricht man eine Frau an, wenn das bewährte »Haben Sie Feuer« ausscheidet?

Rauchverzicht treibt oft das Körpergewicht hoch. In der Runde wird zunächst geklärt, ob nicht beispielsweise zwei Kilo mehr noch akzeptabel wären. Dann sammelt der Kurs Ideen – die Ernährung umstellen oder Fahrrad statt Auto fahren. Der Betroffene wählt eine Strategie aus und legt genau fest, wieviel Obst er nun etwa essen will. In einer der nächsten Sitzungen berichtet er über seinen Erfolg. Wenn es schief gegangen ist, überlegt die Gruppe noch einmal.

Die neuen Zigarettenverweigerer haben es im Alltag mit anderen oft nicht leicht, vor allem im Umgang mit ihren bisherigen Leidensgenossen. Deshalb trainieren die Kursteilnehmer im Rollenspiel, wie sie eine Zigarette höflich aber bestimmt ablehnen können oder jemanden bitten können, in ihrer Gegenwart doch bitte nicht zu rauchen. Die Gruppe setzt sich als Publikum im Halbkreis, während in der Mitte eine kleine Vorstellung improvisiert wird. Zu Beginn kann der Kursleiter eine übertriebene Methode vorspielen: Macht sich ein Bekannter etwa darüber lustig, daß der Entwöhnungswillige nun jede Zigarette erst notiert, bevor er sie ansteckt, läßt der spielende Kursleiter ihn einfach allein am vorgestellten Kneipentisch stehen. Die Gruppe überlegt dann, ob es nicht vielleicht noch elegantere Möglichkeiten gibt.

Mit der sechsten Kursstunde haben die Teilnehmer ihren Zigarettenkonsum schrittweise so reduziert, daß ein weiterer allmählicher Abbau keinen Sinn ergibt. Es ist einfacher, nun ganz aufzuhören. Der hoffentlich endgültige Abschied von der Zigarette wird feierlich begangen. Die Teilnehmer schreiben ihrem oft langjährigen Begleiter einen Abschiedsbrief, in dem sie dem liebgewonnenen Glimmstengel klarmachen, daß sie ihn nun nicht mehr brauchen. Jeder schließt eine Wette ab, bei der es ums Ganze geht – raucht er weiter, wird er sie verlieren.

Die nun folgende abstinente Zeit ist für viele hart. Bei dem nordhessischen Kurs wurde einer sehr aggressiv und hat nach eigenem Bekunden »gebellt wie ein Schäferhund«. Zeitweise habe er ausgesehen »wie ein Boxer, der gegen die Mauer gelaufen ist«. Weil solche Schwierigkeiten absehbar sind, haben die Autoren des Kurses die Notfallkarte erdacht. Darauf trägt jeder ein, was er tun kann, wenn er in Versuchung kommt – etwa die Augen schließen und tief durchatmen oder kurz die Situation verlassen. Individuelle Lösungen sind willkommen: Ein Pfeifenraucher half sich mit einem Apfel, den er umständlich schälte, oder trank Rote-Bete-Saft.

Immer hilft das nicht. Eine 34jährige Hausfrau ist »schwach geworden«, wenn Bekannte beim Kaffeeklatsch rauchten. Dann schnorrte sie eine Zigarette. Es wäre fatal, beim ersten Versagen gleich die Hoffnung aufzugeben. Deshalb werden die Teilnehmer vor dem »Rückfallschock« gewarnt. Wer nun glaubt, jetzt sei sowieso nichts mehr zu machen, und gleich die nächste ansteckt, hat verloren. »Nicht die erste Zigarette macht wieder zum Raucher, sondern die zweite!«, lautet ein Merkspruch des Programms.

Wer durchhält, bekommt als Belohnung den Aufkleber »Hurra, ich hab's geschafft« überreicht. Die Teilnehmer überzeugen sich durch Riechen an Cremes oder Obst, daß ihr Geruchsinn empfindlicher geworden ist. Dies ist meist einer der ersten angenehmen Effekte, die sich beim Verzicht auf den blauen Dunst einstellen.

Solche verhaltenstherapeutischen Programme gelten heute als Standardtherapie gegen das Rauchen. Im Unterschied zu zahlreichen schlagzeilenträchtigen Patentrezepten wurde ihr Erfolg gründlich überprüft – was den Nachteil hat, daß sich ihre Grenzen nur allzu deutlich zeigten. Die Quoten des Programms der Bundeszentrale für gesundheitliche Aufklärung sind typisch: Von 1 045 befragten Teilnehmern rauchten zunächst 42 Prozent nicht mehr. Doch fünf Jahre später hatten nur 22 Prozent durchgehalten, weitere vier Prozent rauchten deutlich weniger als zuvor.[48]

Offenbar läßt sich die schwierige Entwöhnung von der Droge Tabak mit Nikotinpflastern erleichtern. Sie versorgen den

Körper gleichmäßig mit seinem Suchtstoff, anstatt wie Zigaretten ständig das Rauchverhalten zu verstärken. Werden sie zur Unterstützung der Verhaltenstherapie auf die Haut geklebt, steigt die langfristige Erfolgsrate auf etwa 30 Prozent.[49]

Selbst dann läßt die therapeutische Wirkung auf Dauer also sehr zu wünschen übrig und bestätigt die alte Erkenntnis von Mark Twain: »Das Rauchen aufzugeben ist nicht schwer. Ich habe es über hundert Mal gemacht.« Doch verläßlichere Erfolge konnten bisher bei keiner Anti-Raucher-Kur unter Beweis gestellt werden.

Fokus

Therapie von der Stange?

Der Dresdener Psychologieprofessor Jürgen Margraf versuchte, seinen Kollegen mit einem Buch über die Therapie von Ängsten und Panikstörungen zu helfen.[25] Doch bei vielen Psychotherapeuten kam sein Beitrag nicht gut an. »Ich bin übelst beschimpft worden«, erinnert sich Margraf. Die Kritiker fühlten sich bevormundet. Denn Margraf und seine Koautorin Silvia Schneider hatten ein sogenanntes Therapie-Manual veröffentlicht.

In ihrem Manual schildern die Verfasser genau, was in welcher Reihenfolge zu tun ist. Es beschreibt detailliert die einzelnen Techniken und gibt oft Beispiele, was die Therapeuten sagen könnten. Margraf gab sogar vor, wie die Stunden aufgebaut sein sollten: Zu Beginn wird eine Tagesordnung festgelegt, anschließend berichtet der Patient, wie er mit den Übungsaufgaben zurechtgekommen ist, die er in der Stunde zuvor für die Zwischenzeit bekommen hatte. Dann folgt die nächste Lerneinheit.

Traditionell gingen die meisten Therapeuten anders vor. Sie warteten, was der Patient an gerade aktuellen Problemen und Gedanken mitbrachte, um dann spontan darauf einzugehen. Eine genaue langfristige Planung gab es nicht. In den letzten Jahren hat sich das geändert. Vor allem Verhaltenstherapeuten haben Dutzende von Manualen herausgebracht, in denen von der Behandlung sexueller Störungen bis zur Therapie des Bettnässens beschrieben wird, wie die Behandlung aussehen soll.

Doch vielen Psychologen widerstrebt es, sich an die oft sehr genauen Vorgaben standardisierter Therapieprogramme zu halten. Sie wollen lieber flexibel bleiben und das machen, was sie für den jeweiligen Patienten in seiner speziellen Situation für richtig halten. »Ich ziehe den Patienten nicht über die Leisten einer Therapie«, sagt Professor Gerhard Rudolf von der Universität Münster.

Ob die Behandler ihren Patienten mit dieser auf den ersten Blick einleuchtenden Argumentation wirklich einen Gefallen tun, ist eine derzeit unter Verhaltenstherapeuten heiß debattierte Frage. Ein Experiment des Bochumer Psychologieprofessors Dietmar Schulte spricht gegen die individuelle Behandlung. Er ließ 28 Therapeuten 120 Angstpatienten behandeln. Bei einem Teil der Patienten durften sie nach Gutdünken alle verhaltenstherapeutischen und kognitiven Verfahren anwenden, bei einem anderen mußten sie ein Standardprogramm umsetzen. Anders als Schulte erwartet hatte, gewann das Standardprogramm klar. Wenn die Therapeuten meinten, sie wüßten es besser, und die Patienten nicht wie dort vorgesehen in der Realität ihren Ängsten aussetzten, war die Kur weniger erfolgreich.[50]

Professor Hans-Ulrich Wittchen vom Münchner Max-Planck-Institut für Psychiatrie zufolge »mehren sich Hinweise, daß eine standardisierte manualisierte Verhaltenstherapie bei akkurater Indikationsstellung zumindest gleich gute, möglicherweise sogar bessere Resultate erbringt als individualisierte Therapien durch ›erfahrene‹ Verhaltenstherapeuten«.[51] Auch die Münsteraner Psychologieprofessorin Renate de Jong-Meyer sieht Standardtherapie als »klaren Gewinner« der bisherigen Vergleiche.

Die Ergebnisse einer in München durchgeführten Studie sprechen ebenfalls dafür, sich an ein vorgegebenes Konzept zu halten. Dort versuchten Therapeuten Familien mit einem schizophrenen Mitglied zu helfen, besser miteinander zu kommunizieren. Wenn die Therapeuten dem in der Studie verwendeten Manual folgten, hatten sie den größten Erfolg.[52] Bei der Therapie von Zwangspatienten ließen sich in einer anderen Untersuchung die Erfolge des festgelegten Verfahrens nicht durch zusätzliche individuelle Ergänzungen verbessern. Auch mit Familientherapie lassen sich stärkere Wirkungen erreichen, wenn die Therapeuten ein Manual benutzen.[53]

Aber viele Psychologen wollen nicht glauben, daß ein Buch im vorhinein besser wissen kann, was zu tun ist, als sie in der konkreten Situation mit den Patienten. »Praktiker bleiben im allgemeinen mit dem Glauben verheiratet, Ausbildung und Erfahrung brächten ein spezielles Expertentum mit sich«, lästert der Autor Terence Wilson, und sie fühlten sich deshalb befähigt, über »das Einhalten eines Manuals hinauszugehen«.[54]

Sie vertrauen lieber auf ihre Erfahrung und ihre Intuition. Doch sie überschätzen sich nur allzuleicht – schon bei vergleichsweise einfachen Problemen. Amerikanische Studien gingen der Frage nach, wie gut Fachleute die Ergebnisse eines großen Psychotests, des MMPI, auswerten können. Der aus 567 Fragen bestehende Test mißt beispielsweise, wie depressiv oder wie stark paranoid ein Patient ist. Insgesamt liefert er zehn solcher Angaben. Die Psychologen bekamen die Werte von Klinikpatienten und sollten beurteilen, ob die Patienten eher neurotisch oder psychotisch waren. Ihre Antworten wurden mit den von der Klinik tatsächlich gestellten Diagnosen verglichen. Keiner der Fachleute kam über eine Trefferquote von 70 Prozent hinaus. Damit lagen sie nicht besser als ein Computer, der eine simple statistische Formel benutzte, um dieselbe Aufgabe zu lösen. Ihre Intuition hatte ihnen nichts genutzt.

Bei einem anderen Versuch sollten Therapeuten beurteilen, welches von zwei Verfahren als Nachsorge für stationär behandelte Alkoholiker am geeignetsten wäre. Doch nur die Hälfte der Patienten erhielt die empfohlene Therapie, die zweite Hälfte erhielt gerade die andere. Doch die angeblich falsche Therapie war genauso erfolgreich wie die richtige.

Erfahrung scheint nicht viel zu nutzen. Der skeptische amerikanische Psychologieprofessor Robyn Dawes argumentiert: »Zertifikate und Erfahrung des Psychotherapeuten haben keinen Einfluß darauf, wie stark der Patient profitiert.«[35] Dawes stützt diese Behauptung auf die Ergebnisse von über 500 Psychotherapiestudien. Selbst College-Professoren ohne jede psychotherapeutische Ausbildung können in Beratungsgesprächen gute Erfolge erzielen, wie ein Versuch in den USA ergab.

Nicht alle Experten teilen die Kritik von Dawes. So glaubt der renommierte US-Therapie-Forscher Hans Strupp, daß manche Behandler tatsächlich über Fähigkeiten verfügten, die anderen Therapeuten mit derselben Ausbildung fehlten. Doch es gehe ihm wie dem obersten amerikanischen Gerichtshof mit der Pornographie: »Er sagte, er könne sie nicht definieren, aber er könne sie erkennen, wenn er sie sieht.«[55]

Zusammengenommen taugen die Forschungsergebnisse keinesfalls als Freifahrschein für Therapeuten, nach eigenem Gutdünken zu behandeln. Standardprogramme wurden meist überprüft und helfen daher nachweislich. Außerdem dauern sie meist nicht sehr lange. Renate de Jong-Meyer plädiert deshalb dafür, erst die »kürzeste, sparsamste Methode« zu nutzen. Wenn sie nicht hilft, kann der Therapeut immer noch ausprobieren, was ihm sinnvoll erscheint.

Schließlich lassen sich auch nur standardisierte Therapien systematisch verbessern. Sie lassen sich vergleichen, und am Ende kann das mit den besten Erfolgen in der Praxis weiter eingesetzt werden. Das spontane Vorgehen zahlloser auf eigene Faust arbeitender Therapeuten kann dagegen niemand überprüfen.

Trotz dieser Vorteile halten sich auch in der Verhaltenstherapie nur wenige soweit wie möglich an Standardprogramme. Die meisten verstehen sich lieber »als freie Künstler« spottet der Psychologe Ralf Schneider.[15]

Es macht womöglich mehr Spaß, die tatsächlichen oder vermeintlichen therapeutischen Fähigkeiten kreativ zu entfalten, als ein vorgegebenes Programm umzusetzen. Das kann langweilig sein. So warnen die Autoren eines Sprechtrainings in ihrem Manual: »Es muß klar sein, daß dieses Programm nicht entwickelt wurde, um den Leser anzuregen, sondern um Stotterern flüssiges Sprechen beizubringen.« Trotz dieser mahnenden Worte mochten sich die meisten Therapeuten mit der immer gleichen Routine nicht abfinden und gaben die Sprechprogramme bald wieder auf, nachdem sie sich zunächst begeistert auf sie gestürzt hatten. Sie wollten wieder selbst entscheiden können. Daß sie damit möglicherweise den Erfolg der Therapie gefährdeten, »zählte nicht«, resümiert Stotter-Experte Armin Kuhr.[89] Sie vertrauten mehr sich selbst als dem überprüften Programm.

Allerdings sollen die wenigsten Programme nur mechanisch umgesetzt werden. »Unser strukturiertes Programm muß flexibel angewandt und auf den Einzelfall zugeschnitten werden,« hält das Team Margraf und Schneider ausdrücklich fest.[25] Auch Kurt Hahlweg empfiehlt, die von ihm entwickelten Partnerschafts-Trainingsprogramme nicht »kochbuchartig« zu benutzen.[56]

Das heißt freilich, daß sich der Therapeut vor der Stunde Gedanken machen muß, wie er den anstehenden Programmteil für den speziellen Patienten anpassen will. Das macht Arbeit. Wer ohne Manual arbeitet und sich darauf verläßt, daß ihm intuitiv schon das Richtige einfallen wird, spart sich diese Mühe. Und die Honorare der Krankenkassen liegen nicht so hoch, daß Therapeuten sich lange Vorbereitungszeiten erlauben könnten.

Und wie kommen Patienten mit standardisierten Behandlungen klar? Haben sie das Gefühl, daß der Therapeut zuwenig auf ihre individuelle Situation eingeht? Offenbar nicht. Viele schätzen es vielmehr, wenn sie merken: Ihr Problem ist für den Therapeuten nichts Neues – er kennt dafür eine erprobte Heilmethode und benutzt sie auch. Daß der Fachmann ihnen sagt, was seiner Meinung nach zu tun ist, empfinden die Hilfesuchenden »unserer Erfahrung nach meist unmittelbar als Entlastung«, berichten Margraf und Schneider.

Wenn die Patienten unzufrieden wären, würde sich das in den Ergebnissen der Behandlungen niederschlagen. Doch eben die sind bei standardisierten Programmen nachweislich sehr gut.

6.

Wie Verhaltenstherapie Kindern helfen kann

Jedes dritte Kind leidet

Der neunjährige Klaus zitterte, bevor er morgens zur Schule ging. Den ganzen Vormittag über war ihm übel, und sein Bauch tat weh. Alle paar Nächte machte er ins Bett. Die Kinderärztin konnte keine körperliche Ursache für die Symptome finden und schickte Klaus und seine Mutter zur Psychotherapie.

Das Problem von Klaus war psychischer Natur: Er hatte Angst vor Menschen, die er nicht kannte. Fachleute sprechen von einer sozialen Phobie. Schon als kleines Kind versteckte der Junge sich unter dem Rock der Mutter, wenn Verwandte zu Besuch kamen. Später lief er in solchen Fällen von zu Hause weg und spielte im nahen Wald. Seinen einzigen Freund hatte er verloren, als er von der Vorschule in die Grundschule wechselte. Dort fand er in anderthalb Jahren keinen neuen. Andere Kinder besuchte er nie. Zwar freute er sich, wenn er zu einer Geburtstagsfeier eingeladen wurde, doch im letzten Moment bekam er Angst und weigerte sich hinzugehen. Meistens spielte er geduldig allein zu Hause. Mußte er doch irgendwo anders hin, legte er Schal, Mütze und Handschuhe nicht ab, sondern behielt sie in den Händen. Er lächelte verlegen oder sah sich unsicher um, »als ob er Angst hätte, daß ihm jemand in einer Ecke auflauert«, wie das Therapeutenteam festhielt. [57]

In sieben Einzelstunden und acht Gruppensitzungen mit drei weiteren Kindern lernte Klaus, mit anderen Menschen besser umzugehen. Er übte, in einer Gruppe zu erzählen, seine Meinung zu äußern und Freude zu zeigen. Die Therapie hatte Erfolg: Hinterher lief er nicht mehr vor anderen weg, traf sich mit Nachbarskindern und ging regelmäßig in eine Judo-Gruppe.

Psychische Probleme in jungen Jahren sind alles andere als selten – die heile Kinderwelt ist ein Mythos. Amerikanische Psychologen untersuchten 1993 fast 2 000 Schüler zwischen 14 und 18 Jahren. Neun Prozent hatten bereits unter einer Angststörung gelitten, 20 Prozent unter Depressionen. Insgesamt hatten 37 Prozent schon so große Schwierigkeiten gehabt, daß es zu einer psychiatrischen Diagnose reichte. Andere Untersuchungen kamen zu ähnlichen Befunden.

Für viele Schwierigkeiten haben Verhaltenstherapeuten wirksame Behandlungen entwickelt. Sie können beispielsweise helfen, wenn kleine Kinder nicht einschlafen können oder viel länger schreien als normal. Sie können auch eingreifen, wenn Kinder mit fünf Jahren immer noch in die Hose machen.

Manuel beispielsweise passierte das, wenn er mit anderen Kindern draußen spielte. Er fürchtete, die anderen würden ihn auslachen, wenn er zwischendurch nach Hause aufs Klo ginge. In der Therapie ging es vor allem darum, diese Ängste auszuräumen und dem Kind zu mehr Selbstbewußtsein zu verhelfen. Das Problem wurde jedoch auch gezielt angegangen. Manuel verpflichtete sich, jeden Mittag zur Toilette zu gehen, selbst wenn er nicht mußte. So sollte der Stuhlgang allmählich regelmäßiger werden. Seine schmutzige Wäsche mußte der Junge nun selbst säubern. Andererseits schimpfte seine Mutter nicht mehr, wenn etwas in die Hose ging. Blieb er eine Woche lang sauber, gingen seine Eltern mit ihm ins Kino. Vor der Therapie hatte Manuel fast jeden Tag in die Hose gemacht, nun passierte das Malheur nur noch etwa alle zwei Wochen. Nach einem halben Jahr war das Problem gelöst.[58]

Wie gut Verhaltenstherapie Kindern helfen kann, wurde in Hunderten von Studien überprüft. Dabei kam heraus, daß sie mindestens so wirksam ist wie andere Therapieformen, wahrscheinlich sogar wirksamer. Der amerikanische Psychologe Gerald Patterson etwa beschäftigte sich jahrzehntelang mit der Behandlung von besonders aggressiven Kindern. Er konnte nachweisen, daß ihnen Verhaltenstherapie mehr nutzte als diverse familientherapeutische Ansätze. Auch bei der Auswertung von 150 Untersuchungen zu verschiedenen Problemen erwies sich die Verhaltenstherapie als überlegen.[59]

Überaktive Kinder lernen Selbstbeherrschung

Der siebenjährige Florian hat es nicht leicht mit seiner Umwelt – und sie nicht mit ihm. Am Mittagstisch mag er nicht ruhig essen, sondern spielt mit dem Gemüse, trödelt oder läuft im Zimmer herum. In der Schule ist er ständig abgelenkt und zappelt, so daß Buch und Hefte regelmäßig vom Tisch fallen. Um die Anweisungen der Lehrerin kümmert er sich wenig. Hausaufgaben macht er entweder gar nicht oder nur unter ständigem Maulen. Er hat wenig Freunde, weil ihm beim Spielen ständig neue Einfälle kommen, wobei es für ihn keine Rolle spielt, wann er an der Reihe ist. Außerdem schlägt er seine Mitschüler. Er prügelt auch seine zwei Jahre jüngere Schwester Sarah, beschimpft sie und nimmt ihr die Spielsachen weg. Die Klassenlehrerin und der Kinderarzt raten der Mutter übereinstimmend, mit Florian einen Therapeuten aufzusuchen. In der jugendpsychiatrischen Klinik der Universität Köln wird eine hyperkinetische Störung diagnostiziert.[60]

Dieses auch Hyperaktivität genannte Leiden zählt zu den häufigsten psychischen Problemen im Jugendalter. Etwa fünf Prozent der Kinder sind davon betroffen. Im Durchschnitt sitzt also in einer zwanzigköpfigen Schulklasse ein hyperkinetischer Schüler – wenn er sitzt. Obwohl das Problem somit alltäglich ist, gibt es viele Rätsel auf. Warum trifft es beispielsweise mindestens dreimal so viele Jungen wie Mädchen?

Für die Wissenschaft besteht die hyperkinetische Störung aus drei Problemen. Erstens läßt die Aufmerksamkeit der Kinder zu wünschen übrig – bei geistigen Anstrengungen geben sie schnell auf, vor allem wenn sie sie sich nicht selbst ausgesucht haben, sondern etwa von Lehrern auferlegt bekommen haben. Sie huschen von einer Beschäftigung zur nächsten, zurück bleiben schlampig erledigte Hausaufgaben. Zweitens können die Kinder nicht warten. Sie platzen mit einer Antwort heraus, noch bevor die Frage ganz gestellt ist. Sie unterbrechen andere, nehmen ihnen weg, was sie gerade haben wollen. Sie greifen nach der heißen Pfanne auf dem Herd, ohne vorher zu überlegen, ob das nicht gefährlich ist. Drittens neigen sie zur Hyperaktivität, wie ein anderer Name der Störung schon verrät. Die Kinder zappeln auf ihrem Stuhl oder springen auf und laufen herum. Häufig sind sie »schon zur Tür hinaus, bevor sie die Jacke anhaben«, so der auf diese Störung spezialisierte Psychologe Manfred Döpfner.

Natürlich sind die meisten Kinder gelegentlich ungeduldig und unruhig. Deswegen haben sie noch lange keine hyperkinetische Störung. Doch manche verhalten sich große Teile des Tages so.

Kunst des Wartens

Vierjährige Kinder wurden bei einem Experiment vor eine schwere Wahl gestellt: Sie konnten sofort ein Marshmallow in den Mund schieben oder warten, bis der kurz aus dem Raum gegangene Versuchsleiter wiederkam. Er hatte ihnen eine zweite der klebrigen Süßigkeiten versprochen, falls sie durchhalten sollten. Viele der einzeln getesteten Kinder langten sofort zu, andere kapitulierten etwas später vor der Versuchung. Doch einige schlossen die Augen, sangen ein bißchen oder versuchten zu spielen – und blieben standhaft. Sie waren es, die bei einer Nachuntersuchung am Ende ihrer Schulzeit viele Jahre später am besten abschnitten. Sie erwiesen sich als beliebter, unternehmungslustiger und vertrauenswürdiger, ja sie meisterten sogar den in den USA üblichen Hochschuleingangstest besser.

Der Versuch ist schon fast eine Parabel: Zumindest in modernen Gesellschaften bringen es Menschen weiter, die auf greifbare Annehmlichkeiten verzichten und warten können. Genau diese Kunst beherrschen hyperkinetische Kinder nicht – weshalb sie ohne Behandlung schlechte Aussichten haben.

Die hyperkinetische Störung tritt oft zusammen mit sogenannten oppositionellen Verhaltensstörungen auf: Die Kinder benehmen sich, als ob sie das normale Trotzalter nie verlassen hätten. Sie hören nicht auf Eltern und Lehrer, geraten schnell in Wut, ärgern andere. Bei Gleichaltrigen sind sie nicht beliebt, weil sie sich oft aggressiv verhalten.

Hyperkinetische und oppositionelle Verhaltensstörungen beginnen meist früh, etwa mit drei bis fünf Jahren. Häufig spitzt sich die Lage zu, wenn die kleinen Unruhestifter in die Schule kommen. Denn die Pädagogen können sich selten dafür begeistern, daß ein Zögling jeden Gedanken sofort in die Tat umsetzt.

So kindlich das Verhalten der Betroffenen wirken mag – es verschwindet mit den Jahren keineswegs von allein. Kaum ein anderes Kindheitsproblem bleibt so hartnäckig. Wenn sich ein Steppke von drei Jahren hyperkinetisch verhält, tut er dies in der Hälfte der Fälle als Sechsjähriger immer noch. Im Jugendalter nimmt die äußere Unruhe zwar ab, doch die Aufmerksamkeitsstörungen bleiben. Die Halbstarken verhalten sich häufig aggressiv, haben deutlich mehr Drogenprobleme als andere und gleiten in die Kriminalität ab.

Über die Ursachen der Störung herrscht Rätselraten. Den Forschern ist es nicht gelungen, eine eindeutige Wurzel auszumachen, weshalb sie ein »multifaktorielles Geschehen« vermuten. Zwar besteht dem Schweizer Psychiatrieprofessor Hans-Christoph Steinhausen zufolge »kein Zweifel, daß hyperkinetische Störungen letztlich neurobiologisch bedingt sind«.[61] Doch wo der Fehler im Nervensystem stecken könnte, wissen die Experten nicht.

Lange Zeit hatten sie sogenannte minimale Hirnschäden im Verdacht. Diese sollten nach der Theorie vor, während oder nach der Geburt entstehen. Sie seien aber zu klein, um nachgewiesen zu werden. Doch heute hat sich ihre Spur verloren. Wahrscheinlich spielen die geheimnisumwitterten minimalen Hirnschäden für die Störung keine Rolle. Inzwischen diskutieren die Fachleute, daß der für Entscheidungsprozesse wichtige vordere Teil des Gehirns zu schlecht durchblutet sein könnte. Auch der Nerven-Botenstoff Noradrenalin scheint eine Rolle zu spielen.

Die Folgen dieser vermuteten Phänomene liegen ebenfalls im dunkeln. Das Gehirn der Betroffenen scheint eingehende Informationen irgendwie anders zu verarbeiten und das Verhalten anders zu steuern. Doch das sind Spekulationen.

Hyperkinetische und oppositionell-aggressive Auffälligkeiten sind nicht einfach zu behandeln. Nachdem Versuche mit Einzelmethoden wenig überzeugende Resultate brachten, sind Verhaltenstherapeuten dazu übergegangen, ein ganzes Arsenal ihrer Techniken kombiniert einzusetzen. Sie spielen die Macht materieller Belohnungen voll aus. Doch häufig genügt dies nicht, und sie sehen sich gezwungen, vorsichtig aber systematisch unangenehme Maßnahmen zu ergreifen.

Die Therapie versucht, die Betroffenen aus einem Teufelskreis heraus zu holen, der das woher auch immer rührende ursprüngliche Problem verschärft: Weil das Kind Aufforderungen seiner Mutter nicht gleich folgt, wiederholt sie ihre Anweisung in strengerem Ton. Wenn es schließlich doch reagiert, lobt die Mutter es nicht, weil sie sauer ist, daß es so lange gedauert hat und sie sich nun endlich wieder ihrer Arbeit widmen will. Im Endergebnis wird also nur das störrische Verhalten beachtet und damit verstärkt.

Schließlich beginnen die Eltern zu drohen und manövrieren sich damit in eine ausweglose Lage. Wenn das Kind aufgrund des vorigen Lernprozesses weiter stur bleibt, können sie entweder resignieren und verstärken so die Trotzhaltung. Oder sie werden aggressiv und liefern damit ein schlechtes Vorbild. Das Kind ahmt diese – kurzfristig erfolgreiche – Taktik zur Durchsetzung eigener Wünsche prompt nach. Der amerikanische Psychologe Gerald Patterson beobachtete in den Familien ein regelrechtes »Training zur Aggressivität«.

Verhaltenstherapeuten versuchen deshalb oft als erstes, den Familienmitgliedern zu einem ersprießlicheren Umgang miteinander zu verhelfen. Das ist nicht einfach, weil die Eltern vor lauter Ärger die positiven Eigenschaften ihres Kinds kaum mehr sehen. Der Mutter von Florian fielen in der Therapie auf Anhieb fast gar keine guten Seiten ihres Sprößlings ein, worüber sie selbst traurig war. Doch mit etwas therapeutischer Nachhilfe konnte sie schließlich doch ein paar Dinge auf dem dafür vorgesehenen Arbeitsblatt notieren. In der nächsten Stunde kam Florian dazu. Mutter und Sohn sprachen über das, was sie aneinander mochten. Das Lob tat Florian sichtbar gut.

Jeden Abend nahmen sich die Eltern nun ein paar Minuten Zeit und notierten in einem sogenannten »Positiv-Tagebuch«, was am Tag gut oder zumindest besser als sonst gelaufen war. Wenn Florian ins Bett ging, sagten sie ihm das auch. Kritik war dabei nicht erlaubt.

Um die Familie aus dem bedenklichen Kreislauf von ständigen Ermahnungen und Verweigerungsreaktionen herauszuholen, hatte die Therapeutin noch eine andere Übung auf Lager: ungewöhnliche Spielstunden. Das dabei geltende Prinzip ist ganz einfach, aber viele Eltern haben Schwierigkeiten, es einzuhalten: Das Kind bestimmt, was gespielt wird und wie gespielt wird. Sogar bei »Mensch ärgere dich nicht« kann es mittendrin die Regeln ändern. Die Eltern dürfen keine Anweisungen geben und auch nicht nachfragen, was das nun wieder soll. Das schaffen sie selten auf Anhieb, weshalb die Therapeutin es erst eine Viertelstunde mit dem Kind vormacht.

Florians Mutter konnte es am Anfang kaum lassen, ihren

Sohn zurechtzuweisen. Vor allem, daß er nun die Regeln nach Belieben ändern durfte, paßte ihr gar nicht. Die Therapeutin empfahl, fürs erste doch lieber etwas ohne Vorgaben zu machen, etwa malen.

Wenn sie sich an die neue Situation gewöhnt haben, genießen es viele Eltern, ihr Kind endlich einmal nicht als Trotzkopf von Dienst zu erleben.

Nach dieser ersten Bekanntschaft mit den eigenartigen Methoden der Verhaltenstherapie können sie sich leichter auf einen Bruch mit den gewohnten Sitten einlassen: Statt den Filius zu tadeln, wenn er stört, wird er gelobt, wenn er nicht stört. Das in der Therapiestunde sorgfältig abgesprochene Manöver geht etwa so: Zu Hause erklärt der Vater seinem Sohn Max, daß er nun eine Viertelstunde ungestört die Zeitung lesen will, und bespricht mit ihm, daß Max solange mit seinen Legosteinen spielt. Schon nach einer Minute legt er jedoch seine Lektüre aus der Hand und lobt Max, der hoffentlich wenigstens so lange durchgehalten hat, daß er brav in seinem Zimmer bei den Klötzchen geblieben ist. Dann widmet der Vater sich wieder zwei Minuten der Zeitung, bevor er dem Sohn erneut zum ruhigen Verhalten gratuliert. Allmählich werden die Pausen länger. Sollte Max doch stören, wird er ohne viel Aufhebens zurück ins Kinderzimmer eskortiert. Am Schluß hebt der Vater die Fortschritte noch einmal lobend hervor. Soziale Verstärkung heißt dies im Jargon der Therapeuten.

Die Übungen sind Teil des »Therapieprogramms für Kinder mit hyperkinetischem und oppositionellem Problemverhalten« (THOP). Es bündelt die Erfahrungen vor allem angelsächsischer Forschergruppen zur derzeit wohl ausgeklügeltsten deutschen Behandlungsstrategie und wurde an der Jugendpsychiatrischen Klinik der Universität Köln an mehr als hundert Kindern überprüft. Zu Beginn jeder Therapie wird über mehrere Stunden das Problem möglichst genau eingekreist. Der Therapeut unterhält sie nicht nur mit dem Kind und möglichst beiden Eltern, sondern auch mit dem Klassenlehrer. Denn oft verhalten sich hyperkinetische Kinder je nach Situation ganz verschieden. Wenn die Gespräche geführt und viele Fragebögen ausgefüllt worden sind, wird genau festgelegt, welche unerwünschten Verhaltensweisen in der Therapie angegangen werden sollen. Im Fall des achtjährigen Alexander lautete ein Problempunkt im schulischen Bereich etwa: »Steht sehr häufig von seinem Stuhl auf und läuft durch die Klasse.«

Anhand der umfangreichen Diagnostik plante Alexanders Therapeutin die Therapie. THOP besteht aus 20 Bausteinen für die Familie und 16 oft darauf abgestimmten exklusiv für das Kind. Jeder Baustein nimmt mindestens eine der Sitzungen in Anspruch, zu denen die Familien wöchentlich in die Klinik kommen.

Immer schön der Reihe nach

Hyperkinetische Kinder neigen dazu, sich planlos in eine Aufgabe zu stürzen. Sie überlegen nicht vorher, was sie sinnvollerweise als erstes anpacken sollten. Im sogenannten Selbstinstruktionstraining lernen sie, eine Aufgabe in Teilschritte zu zerlegen und diese dann nach und nach auszuführen. Zunächst sprechen sie laut mit, was sie sich vornehmen, später ist das nicht mehr nötig.

In der Therapie signalisieren Zeichnungen die einzelnen Schritte. Auf der ersten hält ein Junge eine Signalkarte mit einem Stoppschild hoch: »Was soll ich tun?« Ausrechnen, wieviel Geld Thomas beim Kauf von Äpfeln zurückbekommt, lautet die Lösung in einer Beispielaufgabe, die das Kind laut wiederholt. Zweiter Schritt: »Wie ist mein Plan.« Zuerst ausrechnen, was die eingekauften zwei Kilo Äpfel gekostet haben. Dann das Ergebnis von den bezahlten zehn Mark abziehen. Dritter Schritt: »Sorgfältig Schritt für Schritt zum Ziel.« Das Kind führt die Rechnungen in der geplanten Reihenfolge aus. Vierter Schritt: »Stop, überprüfen.« Der Preis der gekauften Äpfel und das Restgeld ergeben zusammen die bezahlten zehn Mark. Prima.

Sehr impulsive Kinder profitieren nachweislich von dieser Strategie. Vielen nutzen solche und ähnliche Unterweisungen allerdings wenig, da sie im Prinzip durchaus wissen, wie sie es besser machen würden. Sie tun es nur nicht. Hans Eisert vom Zentralinstitut für seelische Gesundheit in Mannheim spottet, man hätte sie nur zu fragen brauchen, wie ihre Mutter an die Aufgabe herangehen würde. Dann hätte sich gezeigt, »daß das Kind durchaus über die kognitiven Strategien verfügt, die wir ihm gerade mit einigem Aufwand beizubringen trachteten«.[62]

Erst systematische Verstärkung führt dazu, daß das Kind diese Fähigkeiten tatsächlich nutzt.

Auch die Schule wird, wenn möglich, in die Therapie einbezogen. Alexanders Lehrerin war dazu bereit und spielte mit ihm ein ganz besonderes Spiel, hinter dem sich eine lerntheoretische Strategie verbirgt. Behavioristische Forscher haben schon früh festgestellt, daß sich Verhalten oft sehr wirksam steuern läßt, wenn angenehme Dinge weggenommen werden.

Alexanders Lehrerin verwahrte ein Blatt Papier mit gedruckten Gesichtern. Zu Beginn des Spiels hatten die Gesichter keinen Mund. Alle Gesichter, die am Ende der Stunde immer noch keinen hatten, durfte Alexander mit einem lachenden Mund versehen und später in Belohnungen umtauschen, etwa einen Aufkleber oder eine Spielstunde mit der Therapeutin. Doch jedesmal, wenn Alexander mitten in der Stunde von seinem Platz aufstand, zeichnete die Lehrerin einem Gesicht einen traurig nach unten gezogenen Mund ein – das Gesicht gehörte damit ihr.

Alexander war anfangs frustriert, weil er weniger Punkte behalten durfte als erhofft. Doch als die Preise gesenkt wurden und er seine Belohnungen öfter retten konnte, hielt er besser durch und blieb in diesen Stunden länger auf seinem Stuhl sitzen. Die Klassenkameraden hielten ihm bei dem » Wettkampf um lachende Gesichter« mit der Lehrerin die Daumen.

Strategien wie der » Wettkampf um lachende Gesichter« wirken vor allem deshalb so effektiv, weil das eigene Verhalten sofortige milde Konsequenzen hat. Sonst reagieren Autoritätspersonen zwar viel härter, aber erst, wenn ihnen der Geduldsfaden reißt. Doch gerade hyperkinetische Kinder lernen aus schnellen und konsequenten Reaktionen mehr.

Auch zu Hause hatte Alexanders Verhalten nun unmittelbare Folgen. Wenn er sich wie früher ständig mit seinem vierjährigen Bruder stritt, büßte er lachende Gesichter ein. Bald hatte er sich soweit im Griff, daß er auf ein einfacheres und weniger frustrierendes Verstärkersystem umsteigen durfte. Nun konnte er sich zwei Punkte verdienen, wenn er sich einen Tag nicht zankte. Für die Punkte durfte er sich Belohnungen aussuchen.

Bei solchen Verstärkungssystemen können die Kinder wählen. Entweder sie tauschen die am Tag gesammelten Marken abends in eine kleine Belohnung wie eine Gutenachtgeschichte um, oder sie sparen für eine große Belohnung, beispielsweise einen Wochenend-Besuch mit der Familie in einem Freizeitpark. Auch Alexanders kleiner Bruder verstand dieses Grundprinzip und trug seinen Teil zur Streitvermeidung bei.

Werden die Kleinen mit solchen Methoden dressiert wie einst Skinners Tauben? Wenn es so wäre, würde die ganze Anstrengung wenig nutzen. Sobald das Programm abgesetzt wird, würden die Kinder wieder toben und zanken. Solche Verstärkungsstrategien können Verhalten zwar schnell ändern. Doch der Fortschritt dauert nur an, wenn die Eltern darauf auch mit natürlicher Verstärkung antworten – Zuwendung und ehrlich gemeintem Lob. Scheitern sie damit, geht die Sache schief.

Wenn es klappt, werden die materiellen Verstärker im Lauf der Zeit unwichtiger. Die Tarife können gesenkt werden: Die Belohnungen werden seltener, wenn auch vielleicht etwas größer. Oft schläft das System einfach ein.

Natürlich besprechen Verhaltenstherapeuten solche Maßnahmen ausführlich mit den Kindern. Die Preise für Belohnungen werden in der Therapie ausgehandelt, wobei die Kinder oft so hohe Anforderungen an sich selbst stellen, daß die Therapeuten für großzügigere Lösungen plädieren. Denn die Kinder wollen häufig ihr Verhalten ändern, da sie unter den Folgen leiden. Die äußeren Anreize sind eher Hilfsmittel als Zwangsmaßnahmen.

Da ist der Weg zum Selbst-Management-Programm für Kinder nicht mehr weit. Alexander wollte sich besser mit Gleichaltrigen verstehen und deshalb andere auf dem Schulweg weniger ärgern. Deshalb wurde er zu seinem eigenen Detektiv ernannt. Er bekam einen Detektivbogen, in den er täglich eintrug, ob ihm das gelungen war. Materielle Belohnung gab es diesmal keine. Doch die Lehrerin lobte ihn, als sie merkte, daß er sich weniger aggressiv verhielt.

Allerdings reichen Belohnungen nicht immer aus. Manche hyperkinetische Kinder haben über ihre hilflosen Eltern so viel Macht, daß sie mit Wutanfällen ohnehin alles durchsetzen können, was in der Therapie als Belohnung versprochen werden könnte. Wenn nichts anderes mehr hilft, schlagen die Therapeuten deshalb Verstärker-Entzug in Form der sogenannten Auszeit vor. Das Kind wird für kurze Zeit in einen uninteressanten Raum verbannt, die Dauer richtet sich nach der Formel »ein bis zwei Minuten pro Lebensjahr«. Von äußerlich ähnlichen traditionellen Strafaktionen unterscheidet sich die Auszeit durch die Konsequenz, mit der sie angekündigt und durchgezogen wird.

Die Eltern dürfen sie nur verhängen, wenn das Kind trotz zweimaliger Anweisung und Ankündigung der Auszeit einer Aufforderung nicht nachkommt. Dann jedoch wird die Auszeit sofort vollzogen – Bitten, Betteln und angeblicher Harndrang helfen nichts mehr.

Vor dieser Aktion sind nicht nur zerbrechliche Gegenstände in Sicherheit zu bringen, die Eltern sollten sich auch sonst auf harte Auseinandersetzungen einstellen. Das Verfahren belastet das Verhältnis der Eltern zu ihrem Kind stark. In den Wochen, in denen sie zu diesem Mittel greifen, sollten sich die Eltern ihrem Sprößling deshalb besonders intensiv zuwenden, raten die Therapeuten.

Alexander machte dank der verhaltenstherapeutischen Übungen gute Fortschritte. Er stritt seltener mit seinem Bruder und kam mit den Hausaufgaben besser klar. Doch als seine Mutter wieder arbeiten ging und sich weniger um ihn kümmern konnte, nahmen vor allem in der Schule die Probleme erneut zu, und er lief wieder mehr im Unterricht herum. Leicht ablenkbar war er die ganze Zeit geblieben. Die Therapeutin schlug ihm deshalb vor, es mit dem häufig eingesetzten Medikament Ritalin zu versuchen. Alexander wollte erst nicht. Er hatte sich doch bemüht, seine Probleme selbst zu lösen. Doch er probierte es aus und stellte fest, daß er mit dem Medikament leichter erreichen konnte, was er sich vorgenommen hatte.

Beruhigendes Aufputschmittel

Ritalin ist eigentlich ein Aufputschmittel. Wie die Partydroge Ecstasy zählt es zu den Amphetaminen. Doch hyperkinetische Kinder beruhigt die Substanz mit dem chemischen Namen Methylphenidat eigenartigerweise. Das haben zahlreiche Untersuchungen bewiesen. Früher nahm man an, hyperkinetische Kinder reagierten schwächer auf Umweltreize als andere Kinder und seien ständig aktiv, um auf ein normales Erregungsniveau zu kommen. Das Aufputschmittel würde sie soweit aktivieren, daß sie dies nicht mehr nötig hätten. Die Theorie bestätigte sich jedoch nicht, und die Gelehrten spekulieren, warum Ritalin wirkt.

Allerdings verschwindet die Wirkung von Ritalin schnell wieder: Wird es abgesetzt, sind die alten Probleme wieder da. Die Kinder müßten das Medikament also immer weiter nehmen. Zwar sind die Nebenwirkungen von Ritalin offenbar gering, und es macht nicht abhängig. Viele Experten haben jedoch Bedenken, Kindern über Jahre eine Psychodroge zu verschreiben, zumal noch nicht völlig geklärt ist, ob es nicht doch Langzeitrisiken gibt.

Döpfners Kölner Team greift zu Ritalin, wenn reine Psychotherapie versagt. Es zu verweigern sei dann »ein Kunstfehler, wenn alternative Therapien sich als nicht erfolgreich erweisen.« Ritalin kann jedoch nicht alle Probleme der Kinder lösen. Es bringt ihnen nicht bei, wie sie mit Gleichaltrigen besser umgehen können. Deshalb sollte es mit Verhaltenstherapie kombiniert werden.

Ein Medikament statt mütterliche Zuwendung? Der Einsatz von Ritalin ist umstritten (siehe Kasten). Das Team der Kölner Jugendpsychiatrie versucht zunächst auf Psychopharmaka zu verzichten und rät nur etwa zehn Prozent der Kinder zu Ritalin. »Vollblut-Hyperkinetiker« mit sehr starken Symptomen bekommen es gleich zu Anfang, so der leitende Psychologe Manfred Döpfner. Der Rest wird erst einmal nur mit THOP verhaltenstherapeutisch behandelt. Bei zwei Dritteln wirkt das Programm so gut, daß die Kinder auf das Medikament verzichten können. Ein Drittel bekommt es später doch.

Florian brauchte kein Ritalin. Er machte seine Hausaufgaben und zankte nicht mehr so oft mit seiner Schwester. In der Schule störte er weniger, weswegen er nicht in eine Sonderschule versetzt werden mußte, was die Lehrerin befürchtet hatte.

Mit Verhaltenstherapie und Medikamenten können die Kölner gut die Hälfte der Kinder heilen: Ein halbes Jahr nach der Behandlung ist nach den ersten Ergebnissen ihrer großen Studie mehr als jedes zweite nicht mehr hyperkinetisch. Bei vielen anderen hat sich die Problematik immerhin gebessert. Wie lange der Erfolg anhält, muß sich noch zeigen. Klar ist schon jetzt, daß zumindest ein Teil der Kinder auch nach der Behandlung weiter Therapie braucht, wenn auch meist nicht jede Woche. Oft reichen einige Sitzungen in Krisensituationen.

Eine amerikanischen Studie verfolgte über neun Jahre den Lebensweg von hyperkinetischen Kindern und konnte zeigen, daß sich mit Verhaltenstherapie sogar die Kriminalitätsrate senken ließ. Während 22 Prozent der ausschließlich mit Ritalin behandelten Kindern später straffällig wurden, waren es bei einer Kombinationstherapie acht Prozent. Allerdings mußte die Verhaltenstherapie über zwei Jahre fortgesetzt werden, um ihre Wirkung voll zu entfalten.

Letztlich bleibt freilich eine Gruppe von hyperkinetischen Kindern, die oft in schwierigen Familienverhältnissen leben, bei denen alle Therapie nicht zu helfen scheint. »Da hat man das Gefühl, man kann tun, was man will«, seufzt Döpfner.

Wie Kinder Depressionen überwinden können

Ralf ist erst acht, hat aber bereits einen Aufenthalt in der geschlossenen Psychiatrie hinter sich, nachdem er mehrmals aus offenen Abteilungen weggelaufen war. Viel geholfen hat die Behandlung nicht. Er ist immer noch unglücklich, hält sich für völlig überflüssig, schaut nur nach unten und rennt weg, wenn er im Sportunterricht mitturnen soll. Markus verbrachte sein erstes Schuljahr zur Hälfte unter der Schulbank und lernte ganze drei Buchstaben. Auch er hat stationäre Behandlungen hinter sich. Es gilt schon als Erfolg, daß er jetzt manchmal lacht. Das ist immerhin mehr als man von Karsten in der fünften Klasse sagen kann. Er läuft immer nur mit ernstem Gesicht und hängenden Schultern durch die Welt.

Alle drei Kinder gehen in dieselbe Schule in einem kleinen niedersächsischen Ort. Alle drei sind depressiv. Schwermütige Kinder? Noch vor kurzem bezweifelten selbst Experten, daß es das überhaupt gibt. »Wer hat vor fünf Jahren über Depressionen bei Zehnjährigen nachgedacht – kein Mensch«, sagt der Psychologieprofessor Franz Petermann von der Universität Bremen. Doch Untersuchungen seines Teams an bisher 900 Bremer Schülern belegen: 19 Prozent der Kinder und Jugendlichen leiden an mehr oder weniger schweren Depressionen. Zu einem ähnlichen Befund kam Professor Günter Esser von der Universität Potsdam in Mannheim. Fünf Prozent der 18Jährigen waren laut seiner Studie so schwer depressiv, daß sie psychotherapeutisch behandelt werden müßten.

Depressionen haben gerade bei Minderjährigen in den letzten Jahren um sich gegriffen. Professor Hans-Ulrich Wittchen vom Münchner Max-Planck-Institut für Psychiatrie konstatierte bereits 1994 eine Zunahme von fast »epidemischem Charakter«.[63] 1997 hat er bei seiner Langzeitstudie mit 3 000 Jugendlichen »schon wieder eine etwas höhere Erkrankungshäufigkeit gefunden« – drei Prozent mehr als noch 1991. Ähnliche Trends beobachten Wissenschaftler in vielen Ländern. Selbst in Schanghai diagnostizierten sie jedes zehnte Grundschulkind als depressiv. In den USA behandeln Ärzte schon Fünfjährige mit dem Antidepressivum Prozac, Jugendliche mitunter sogar mit Elektroschocks.

Die Depressionen der Kinder können dramatische Formen annehmen: Schwer Betroffene besuchen die Schule nicht mehr, liegen meist im Bett, reden kaum mehr mit anderen. Einige gehen nicht einmal mehr zur Toilette. Manche quälen sich mit Gedanken, was für einen Sinn ihr Leben noch hat. Andere entwickeln Wahnideen wie die, sie könnten am Tod eines anderen Menschen schuld sein.

Depressive Kinder laufen außerdem mehr als andere Gefahr, legalen oder illegalen Drogen zu verfallen. Das ergab eine Untersuchung an 470 Berliner Gymnasiasten.

Oft werden die Probleme der Kids jedoch überhaupt nicht erkannt. Denn keineswegs alle Betroffenen sitzen traurig herum oder zeigen andere klassische Symptome. »Manche verstecken ihr Gefühl von Hoffnungslosigkeit und Wertlosigkeit hinter einer Maske von Reizbarkeit, Aggression, Hyperaktivität und schlechtem Benehmen«, so Marilyn Sargent vom amerikanischen Institut für geistige Gesundheit NIMH. Eher noch schwerer läßt sich die seelische Störung bei Jugendlichen ausmachen, da schwierige Phasen auch Teil der normalen Entwicklung sind. Ernst wird es der Expertin zufolge, wenn sich das Verhalten dauerhaft ändert, ein Jugendlicher beispielsweise auch nach Wochen noch nicht ansprechbar ist.

Übersehene Depressionen aber sind gefährlich. Sie bringen nicht nur schlechte Schulnoten mit sich, sondern sind bei Heranwachsenden der stärkste Risikofaktor für Selbstmord. Die Krankheit verschwindet mit den Jahren keineswegs von selbst, sondern verfolgt später die Erwachsenen.

Wie kommt es, daß die seit Jahrtausenden bekannte Seelenkrankheit in den letzten Jahren ständig zugenommen hat? Und warum werden ihre Opfer immer jünger? Erbfaktoren, die manche Menschen empfindlicher für die Störung machen als andere, scheiden als Erklärung aus. So schnell ändern sich die Gene nicht. Der Depressionsexperte Professor Manfred Wolfersdort vom Bezirkskrankenhaus Bayreuth ist überzeugt, daß die Ursachen in der modernen Gesellschaft liegen. »Es gibt sicher depressions- und suizidalitätsfördernde Kulturen«, diagnostizierte er in der Zeitschrift *Psychologie heute*: Die deutsche gehört für ihn dazu, weil sie im Vergleich zu traditionellen Gesellschaften »sehr viel stärker die Entstehung von Ohnmachts- und Hilflosigkeitsgefühlen« fördere.

Das Gefühl der Hilflosigkeit ist moderner psychologischer Theorie zufolge ein wichtiger Auslöser der Depression. Es entsteht, wenn jemand nicht sicher sein kann, daß seine Bemühungen einigermaßen zuverlässig zum gewünschten Erfolg führen. In genau dieser Situation befinden sich heute Jugendliche. Auch wer sich anstrengt, weiß nicht, ob er einen Arbeitsplatz findet. 88 Prozent sehen in der steigenden Arbeitslosenzahl ein »Problem, das die persönliche Zukunft stark beeinträchtigen wird«, ergab die 1997 erschienene *Shell-Jugendstudie*. Die Gefahr, aufs falsche Pferd zu setzen, ist groß. Max-Planck-Forscher Wittchen hat sich die Empfehlungen der offiziellen Berufsberater angesehen, die früher über lange Zeit verläßlich blieben. »Jetzt ändern die sich alle zwei Jahre«, konstatiert er. »Ja, da machste was, und dann?« Gleichzeitig hätten die Heranwachsenden jedoch »ein ganzes Feuerwerk von Möglichkeiten vor Augen«, was sie theoretisch alles machen und erreichen könnten – bloß wie? »Noch nie gab es eine Generation, die einem so unglaublichen Druck ausgesetzt war wie diese«, folgert Wittchen.

Der beginnt schon früh. Eltern drängen Söhne und Töchter zu einem möglichst hohen Schulabschluß, doch die Sprößlinge wissen, daß der ihnen möglicherweise nichts nutzt. Und die Schule ist keineswegs ihre einzige Verpflichtung. Schon Fünfjährige haben die Woche verplant mit Sport, Flötenstunden und sollen womöglich erste Erfahrungen am Computer sammeln, beobachtet Psychologe Petermann. Er organisiert bereits Antistreß-Trainings für Kinder – doch häufig haben die Kleinen dafür kaum noch einen Termin frei.

Die Psychologieprofessorin Renate de Jong-Meyer von der Universität Münster vermutet ebenfalls in der Kluft zwischen Verheißung und Verwirklichungschancen den Grund für die vermehrten Depressionen. Sie sieht »mehr Wahlmöglichkeiten«, aber auch »mehr Versagensmöglichkeiten«. Das gilt nicht nur für die Arbeitswelt und den Weg dahin, sondern genauso für private Beziehungen. Heranwachsende haben die Wahl zwischen vielen Cliquen und Jugendkulturen, doch wer nicht die richtigen Klamotten und Accessoires mitbringt, findet nur schwer Anschluß. »Die Kriterien sind, glaube ich, härter geworden«, sagt die Ärztin Marianne Klein, die in der Jugendpsychiatrie des Mannheimer Zentralinstituts für seelische Gesundheit arbeitet.

Auch Liebesbeziehungen sind komplizierter geworden. Niemand muß mehr jung und auf ewig heiraten, doch diese Freiheit hat ihren Preis. Viele erleben hilflos, wie ihre großen Hoffnungen durch Trennung oder Scheidung ihr Ende finden. Die Kinder aus gescheiterten Partnerschaften erfahren früh, daß auf Beziehungen kein Verlaß ist – was ihr Risiko erhöht, depressiv zu werden.

Andererseits lassen sich auch unsichere Zeiten ohne seelische Schäden überstehen. Gesund gebliebene Kinder und Jugendliche schaffen das von Natur aus, anderen versuchen Therapeuten dabei zu helfen. Lehrstellen und Freunde haben sie zwar nicht zu vergeben. Aber oft können sie wenigstens verhindern, daß die Heranwachsenden sich selbst für jeden Mißerfolg verantwortlich machen, ihn als Zeichen für endgültiges Scheitern nehmen und sich deswegen in Resignation zurückziehen.

Verhaltenstherapeuten setzen dabei auf die gleichen Behandlungsmethoden, die sich auch bei Erwachsenen bewährt haben. Oft fangen sie damit an, verzweifelte Kids dabei zu unterstützen, wieder Freude am Leben zu finden. Sie bringen sie dazu, etwas zu unternehmen, etwa Tischtennis zu spielen oder ins Café zu gehen. »Selbst ans Fernsehen müssen sich manche erst wieder gewöhnen«, berichtet Psychiaterin Klein. Auch Zeitung lesen kann auf dem Programm stehen – so läßt sich die Konzentration üben.

Dann knöpfen sie sich ungünstige Gedanken vor. Sie versuchen, den Kindern eine weniger pessimistische Sicht der Welt und von sich selber zu vermitteln. Die kleinen Patienten befinden sich oft in einem Teufelskreis: Sie trauen sich nicht zu, Kontakte zu anderen Kindern aufzunehmen, und finden deshalb keine Freunde. Dies verstärkt wiederum die Selbstzweifel. »Wenn Dich jemand auslacht, bist Du noch keine Flasche«, macht Psychologe Petermann seinen Patienten klar.

Beim Training der sozialen Fertigkeiten stehen praktische Übungen auf dem Programm. Da diskutieren Kinder etwa, wie man Anschluß an eine Gruppe findet, und probieren es dann im Rollenspiel.

Die Behandlung kann zumindest in nicht allzu schweren Fällen kurz sein. Mit etwa sieben Stunden Einzeltherapie und sieben Stunden in der Gruppe »kann man schon relativ viel machen«, sagt Psychologe Petermann.

Die Therapie hilft. 80 Prozent ihrer jungen Patienten geht es auch noch ein halbes Jahr nach der Behandlung deutlich besser als vorher, 15 Prozent sind sogar geheilt, schätzt Marianne Klein. Etwa ein Drittel wird allerdings später irgendwann wieder eine depressive Episode durchleben.

Fokus

Soll man nicht immer gleich die ganze Familie behandeln?

Bei deutschen Psychologen ist die Familientherapie eines der beliebtesten Verfahren. Ihre Anhänger halten nichts davon, nur denjenigen zu behandeln, der ein Problem hat. Egal ob der Patient unter Schmerzen leidet oder Drogen nimmt, sie wollen, daß die ganze Familie in Therapie kommt (wozu diese freilich in der Praxis oft nicht bereit ist). Denn sie sehen die Familie als ein System, in dem sich alle Mitglieder gegenseitig beeinflussen. Auch ein Krankheitssymptom ist für sie nur innerhalb des Gesamtsystems zu verstehen. Um das System zu analysieren, benutzen sie gerne Modelle aus der Kybernetik. Diese Wissenschaft beschäftigt sich beispielsweise mit Computern, bei denen sich technische Einheiten gegenseitig beeinflussen.

Verhaltenstherapeuten sind vorsichtiger als ihre systemisch orientierten Kollegen, wenn es um die Rolle der Familie bei der Entstehung psychischer Probleme geht. Denn häufig ließ sich der Einfluß der Familie bei der Entstehung von Krankheiten nicht belegen. So wurde behauptet, Kinder bekämen Neurodermitis, wenn sich die Eltern ihnen gegenüber feindselig verhielten. Die Forschung zeigt jedoch, daß Eltern ihre Kinder erst dann anders behandeln, wenn sie schon länger unter Neurodermitis leiden – ungeduldige Reaktionen sind also eine Folge des mit der Krankheit verbundenen Stresses und nicht die Ursache.

Doch auch in der Theorie der Verhaltenstherapeuten spielen die Angehörigen eine wichtige Rolle. Oft sind sie es, die ein problematisches Verhalten unbeabsichtigt verstärken und so verschlimmern. Kümmern sich der Ehemann und die Kinder nur dann um die Ehefrau und Mutter, wenn sie über Schmerzen klagt, so fördert dies die Qualen womöglich. Der Therapeut überlegt dann zusammen mit der Familie, wie sie die Frau auch dann unterstützen können, wenn ihr nichts weh tut. Das hilft ihr, die Schmerzen weniger wichtig zu nehmen.

Besonders bedeutsam ist der Blick auf die Familie natürlich bei Kindern, da diese von ihr abhängig sind. Wenn ein Kind Probleme hat, kann das an der Erziehung liegen. Möglicherweise kriselt es auch in der Ehe der Eltern, und das Kind entwickelt deshalb Unsicherheiten und Ängste. Oder es leidet unter der Aggressivität von Geschwistern. Solche Zusammenhänge stellen sich heraus, wenn der Therapeut in der sogenannten Verhaltensanalyse überprüft, was den Kummer des Patienten auslöst.

In solchen Fällen wäre es Unsinn, etwa Aufmerksamkeitsprobleme des Kindes einfach nur mit starrem Blick auf das Kind zu behandeln. Allerdings warnt der Experte Manfred Döpfner vor dem Glauben, »zunächst müßten alle weiteren Familienprobleme und die psychischen Probleme anderer Mitglieder bearbeitet sein«, bevor der Therapeut auf das Problem des Kindes eingehen dürfte. Denn wenn dessen Schwierigkeiten abnehmen, verbessert sich oft auch die Situation in der Familie, die ebenfalls unter den Problemen leidet.

Trotzdem ist es oft sinnvoll, auch mit den Eltern zu arbeiten, wenn ein Kind Probleme hat. In einigen Studien zeigte sich, daß es oft sogar noch besser ist, gleich die ganze Familie mit in die Therapie einzubeziehen.

Allerdings findet Verhaltenstherapie selten die ganze Zeit im Kreis der Familie statt. Oft kommt ein Mitglied regelmäßig zur Einzeltherapie, und weitere werden gelegentlich einbezogen. Wenn sie verstehen, worum es in der Therapie geht, sind sie oft bereit, den Veränderungsprozeß zu unterstützen. Andernfalls kann das ganze Unternehmen an ihrem Widerstand scheitern.

In anderen Fällen halten Verhaltenstherapeuten die Angehörigen allerdings bewußt aus der Therapie heraus. Wenn der Patient Schwierigkeiten hat, selbstsicher aufzutreten, ist es ihrer Ansicht nach für ihn sinnvoller, in einer Gruppe mit Fremden zu üben. Sobald er seine Meinung selbstbewußt äußern kann, sind die Eltern, die ihm vorher immer die Richtung vorgaben, mit einer neuen Situation konfrontiert. Oft sind sie nun erst bereit, sich auf Veränderungen einzulassen. Vorher hatten sie ja keine Probleme mit dem schüchternen Patienten.

Wäre es besser, die Familien immer zusammen zu behandeln,

wie die Anhänger der systemischen Familientherapie glauben? Wissenschaftliche Ergebnisse sprechen nicht dafür. Der Therapieforscher Klaus Grawe hält Familientherapie bislang für relativ schlecht untersucht und die mit ihr erzielten Ergebnisse für mäßig. Demgegenüber glaubt sein amerikanischer Kollege William Shadish: »Die Paar- und Familientherapie kann berechtigterweise zufrieden sein mit der wissenschaftlichen Qualität, mit der ihre Wirksamkeit überprüft wurde.« Der merkwürdige Kontrast hängt damit zusammen, daß Grawe einen Großteil der von Shadish ausgewerteten 71 Studien für wenig aussagekräftig hält. Doch auch Shadish kommt zu dem Schluß, daß Familientherapie im Durchschnitt nicht besser hilft als Einzeltherapie. Vor allem bei Verhaltensstörungen von Kindern war sie sogar unterlegen.[53]

Andererseits gibt es auch Probleme wie Drogenmißbrauch, bei denen es offenbar meistens nützlich ist, wenn sich die ganze Familie einer Therapie unterzieht. Shadish und Duncan Stanton faßten 15 Studien zusammen, in denen zumeist systemische Familientherapie mit Einzelbehandlungen und Gruppensitzungen verglichen wurde. Die Familientherapie brachte bessere Erfolge.

Auch Alkoholikern nützt es, wenn ihre Angehörigen von den Therapeuten einbezogen werden. Vor allem sorgen die Verwandten oft dafür, daß der Trinker überhaupt zur Behandlung geht. Während der eigentlichen Therapie können sie nur wenig helfen, wie eine Auswertung von 21 Untersuchungen ergab. Doch wenn die Familien an Vorbeugungsprogrammen beteiligt werden, können sie anschließend Rückfälle verhindern helfen.[64]

Verhaltenstherapeutische Kliniken laden deshalb oft die Angehörigen ihrer Alkoholpatienten ein, beispielsweise am Wochenende. Manchmal muß der Lebenspartner sogar schon bei der Anmeldung schriftlich versprechen, daß er kommen wird. Wenn die Familienmitglieder etwa am Samstag vormittag zu Besuch kommen, erhalten sie Informationen über Alkoholismus und seine Behandlung. Sie erfahren, wie sie sich am besten verhalten sollten: Es ist wichtig, sich nicht als Therapeut betätigen zu wollen, sondern den Patienten zu unterstützen – vor allem, wenn er statt Trinken neuen Beschäftigungen und Hobbys nachgeht. Sie sollten nicht versuchen, ihn durch ständige Überwachung vom Alkohol fernzuhalten – er muß die Verantwortung für sich selbst übernehmen.

7.

Verhaltenstherapie als Schule der Kommunikation

Verhaltenstherapie kann Ehen retten

Die Paare waren glücklich, denn sie hatten gerade geheiratet oder ihre Hochzeit stand kurz bevor. Den wenigsten wäre es in den Sinn gekommen, daß sie ihre Beziehung verbessern müßten. Doch zur katholischen Trauung gehörte die Teilnahme an einem Ehevorbereitungskurs. Und so trafen sie eine scheinbar unwichtige Entscheidung zwischen zwei Angeboten. Die einen Paare meldeten sich zu einem sogenannten Brautwochenende an, bei dem in traditioneller Weise Gespräche über die Beziehungen auf dem Programm standen. Die anderen wählten EPL. Diese drei Buchstaben stehen für »Ein Partnerschaftliches Lernprogramm«. Dahinter verbirgt sich ein verhaltenstherapeutisches Training, das erst vor wenigen Jahren entwickelt wurde.

Die Wahl zwischen den beiden Alternativen erwies sich als entscheidend für das Schicksal vieler dieser Ehen. Von den Paaren, die an dem traditionellen Kurs teilgenommen hatten, waren fünf Jahre später 38 Prozent geschieden oder hatten sich getrennt – ein normaler Wert für eine deutsche Großstadt wie München, in der die meisten Eheleute lebten. Doch bei den Paaren, die das EPL absolviert hatten, gingen nur 14 Prozent der Ehen in die Brüche. Das heißt: EPL konnte fast zwei von drei Ehen vor dem Scheitern bewahren, die ohne dieses Training auseinandergegangen wären, wie das Los der anderen Paare zeigte.[65]

Kann das Ergebnis einfach ein Zufall sein? Das ist unwahrscheinlich. Denn ihm liegt die weltweit größte Untersuchung zum Erfolg solcher Ehevorbereitungstrainings zugrunde. Psychologen des Münchner Instituts für Forschung und Ausbildung in Kommunikationstherapie hatten das Eheglück von 57 Paaren fünf Jahre lang verfolgt. Immer wieder füllten die Teilnehmer Fragebogen aus und ließen Gespräche im Psychologielabor mit einer Videokamera aufzeichnen. So erfuhren die untersuchenden Psychologen viel darüber, wie sie sich in ihrer Beziehung fühlten und wie sie agierten. Doch das spektakulärste Ergebnis des aufwendigen Projekts lautete am Ende: Es läßt sich statistisch nachweisen, daß das Training die Zahl der Trennungen und Scheidungen tatsächlich verringerte.

Dieser Erfolg steht nicht allein. EPL wurde nach einem amerikanischen Vorbild entwickelt, dem Premarital Relationship Enhancement Programm (PREP) von Howard Markman. Sein Team belegte, daß sich die Effekte von PREP noch nach zwölf Jahren zeigten. Die Scheidungsrate der Teilnehmer betrug 19 Prozent, die der Vergleichspaare 28 Prozent.

Was ist das Geheimnis des deutschen Programms und seines amerikanischen Vorläufers? Beide dauern nur wenige Abende oder ein einziges Wochenende. Wie können sie in so kurzer Zeit Paare befähigen, noch Jahre später eine erfolgreiche Beziehung zu führen, während andere längst geschieden sind? Um christliche Wunder handelt es sich zumindest nicht. Zwar hat in Deutschland die katholische Kirche EPL populär gemacht, doch seine Entstehung verdankt es Kurt Hahlweg, heute Psychologieprofessor in Braunschweig, und dem PREP-Erfinder Markman – einem Atheisten und einem Juden, wie sich ein deutscher Psychologieprofessor amüsierte.

Markman ging in einer Langzeitstudie der Frage nach, was Paare falsch machen, die Jahre später unglücklich zusammenleben oder sich trennen. Dabei stellte sich heraus: Entscheidend ist die Kommunikation der beiden. Gefährlich wird es beispielsweise, wenn die Männer Konflikten ausweichen oder dazu neigen, sie eskalieren zu lassen. Bei solchen Eskalationen kritisieren und beschuldigen sich die Partner wechselseitig. In glücklichen Beziehungen schaffen es die Partner, nach spätestens vier Runden Schlagabtausch wieder zu konstruktiven Äußerungen zurückzufinden, wie Hahlweg in einer deutschen Untersuchung nachwies. Paare mit mittelprächtigen Ehen brauchen acht Runden, während solche in zerrütteten Beziehungen aus der Eskalationsspirale überhaupt nicht mehr herauskommen.

Allein solche Kommunikationsmerkmale machten in Hahlwegs Studie den Unterschied zwischen glücklichen und unglücklichen Paaren aus. Das Alter der Partner spielte keine Rolle, auch nicht ein eventueller Altersunterschied. Einkommen, Schulbildung und Beruf bedeuteten nichts. Es kam nur darauf an, wie die beiden miteinander umgingen. In guten Beziehungen sprachen die Partner öfter über ihre eigenen Gedanken, äußerten ihre Gefühle häufiger und zeigten vor allem, daß sie den anderen schätzten und seine Worte verstanden.

PREP und EPL bauen auf diesen Erkenntnissen auf. Die Autoren des EPL fassen sie in zehn einfache Regeln zusammen, fünf für das Zuhören und fünf für das Sprechen (siehe Kasten »Reden und Zuhören«). Ausführlich beschrieben sind sie in dem Buch *Wie redest Du mit mir?* von Joachim Engl und Franz Thurmaier, die das Programm zusammen mit Hahlweg entwickelt haben.[66]

Der Sprecher ist beispielsweise gehalten, seine Gedanken und Gefühle in der Ich-Form zu äußern und sich nicht hinter anderen oder scheinbaren Naturgesetzlichkeiten zu verstecken. Statt zu verkünden: »Es ist einfach eine Tatsache, daß sich Beziehungen im Laufe der Jahre verändern«, soll der Partner beschreiben, wie es ihm mit seiner Beziehung geht. Das aber vermeiden viele. »Je nach Übung und Begabung der jeweiligen Sprecher werden diese Fehler zu kleinen Meisterwerken der Verschleierung der eigenen Person ausgebaut«, beobachteten Thurmaier und Engl. Solche Killerphrasen haben bedenkliche Folgen. Sie verhindern ein Gespräch über Unzufriedenheiten, der eine Partner kann auf die Wünsche des anderen schon deshalb nicht eingehen, weil er sie nie erfährt. Derartige Einsichten sind nicht originell, doch das behaupten die Autoren auch nicht. »Die Regeln sind ja alle altbekannt, das ist nicht der Witz«, sagt Hahlweg. »Der Witz ist das Training.«

Reden und Zuhören

Regeln zum Sprechen

1. Offen sprechen
Sagen Sie offen, was sie bewegt. Vermeiden Sie Vorwürfe, schildern Sie vielmehr einfach, womit Sie sich unwohl fühlen.

2. Sagen Sie »Ich«
So bleiben Sie bei Ihren eigenen Gefühlen. »Du«-Sätze beinhalten meist Angriffe und führen zu Gegenattacken.

3. Bleiben Sie bei konkreten Situationen
Ihr Partner versteht so besser, was Sie meinen. Wenn Sie Verallgemeinerungen wie »nie« und »immer« verwenden, werden ihm wahrscheinlich sofort Gegenbeispiele einfallen.

4. Sprechen Sie konkretes Verhalten an
So vermeiden Sie es, den Partner insgesamt etwa für langweilig oder unfähig zu erklären. Denn dann müßte er sich als Person verteidigen – wahrscheinlich wird er sich nicht völlig ändern wollen. Über ein einzelnes Verhalten wird er dagegen mit sich reden lassen.

5. Bleiben Sie beim Thema.
Alte Probleme wieder aufzuwärmen, führt nur zu neuem Streit. Die Lösung der gegenwärtigen Schwierigkeiten wird erschwert.

Regeln zum Zuhören

1. Zeigen Sie, daß Sie zuhören
Wenden Sie sich dem Partner zu und halten Sie Blickkontakt. Sie können auch durch Nicken signalisieren, daß Sie folgen. Eine andere Möglichkeit sind Ermutigungen wie »Ich würde gerne mehr darüber hören«.

2. Fassen Sie zusammen
Wiederholen Sie mit ihren eigenen Worten, was der Partner gesagt hat. So merkt er, ob alles richtig bei Ihnen angekommen ist und kann Mißverständnisse korrigieren.

3. Fragen Sie offen
Der andere muß so antworten können, wie er es will. Schlecht ist es, wenn er sich erst gegen Unterstellungen wehren muß, etwa: »Lag das an Deiner Unsicherheit?«.

4. Loben Sie gutes Gesprächsverhalten
Wenn Ihr Partner sich an die Regeln hält, können Sie das ruhig erwähnen. Beispiel: »Es freut mich sehr, daß Du das so offen gesagt hast.«

5. Sagen Sie, wie Sie seine Worte empfinden
Wenn Sie mit den Äußerungen Ihres Partners nicht einverstanden sind, schildern Sie, wie es Ihnen dabei geht. Sie könnten sagen: »Ich bin verblüfft, daß Du das so siehst.« Sagen Sie nicht: »Das ist ja völlig falsch.« Selbstverständlich ist auch Zustimmung erlaubt.

Das also ist das simple Geheimnis, das über Glück oder Unglück einer Ehe entscheiden kann: Eine Handvoll altbekannter Merksätze, die nach allen Regeln der Kunst eingeübt werden. In sechs zweieinhalbstündigen Sitzungen lernen die Paare diese Regeln und üben, sie zu befolgen. Meist kommen vier Paare zu einem Kurs und werden von zwei Kursleitern intensiv betreut. Die Paare üben einzeln, oft unterstützt von einem Kursleiter.

Selbst wenn eine Ehe schon kurz vor dem Scheitern steht, kann eine solche Schulung noch helfen. Am Braunschweiger Institut der Christoph-Dornier-Stiftung trainierten Kurt Hahlweg und seine Mitarbeiterin Brigitte Schröder mit EPL-Methoden ein Ehepaar, das diese Therapie als letzte Chance für seine schwer kriselnde Beziehung sah. Das Training dauerte nur anderthalb Tage, dazu kamen ein halber Tag für die Vorbesprechung und ein halber Tag für die Nachbereitung sechs Monate später. Das dabei entstandene Video demonstriert, wie konsequent EPL-Trainer Paaren einen neuen Stil des Kommunizierens beibringen.

Ralf und Karin Jähn, beide Mitte dreißig, arbeiten gemeinsam auf ihrem Bauernhof. Eine frühere Ehetherapie ist bereits gescheitert und hat für ihre Kommunikation offensichtlich wenig gebracht. Beim Erstgespräch sitzt Ralf Jähn mit verschränkten Armen da und tut so, als ob es ihn nichts anginge, wenn seine Frau von ihrem Reitunfall erzählt. Erst als sie ihm heftige Vorwürfe macht, weil er ihr nicht geholfen habe, als sie hilflos am Boden lag, wehrt er sich: Sie habe doch damals gesagt, er solle sie in Ruhe lassen. Karin Jähn fängt an zu weinen.

Die Trainer lassen sich nicht in Versuchung führen, diesen schweren Konflikt zu bearbeiten. Statt dessen beginnen sie damit, die neuen Kommunikationsregeln einzuführen. Sie erarbeiten sie gemeinsam mit den beiden anhand eines Films, in dem ein anderes Paar beim Ehekrach die Fetzen fliegen läßt. Es ist nicht schwer zu erkennen, was die beiden falsch machen und so auf die Regeln zu kommen. Ein neuer Film zeigt, wie es aussieht, wenn sich beide an die Regeln halten. Danach werden die Grundsätze gelungener Kommunikation schriftlich ausgeteilt.

Die Therapeuten lassen das Paar mit einer relativ einfachen Aufgabe anfangen. Die Rollen sind klar verteilt: Die Frau soll sprechen und bekommt dazu ein Blatt mit den Sprecherregeln. Der Mann erhält das Blatt für Zuhörer und soll durch Wiederholen und Nachfragen sicherstellen, daß er seine Frau genau verstanden hat. Das Thema ist einigermaßen unverfänglich: Wie ich mir einen idealen Urlaubstag vorstelle. Karin Jähn malt sich aus, wie sie mit ihrem Mann wandern geht.

Ralf Jähn wiederholt nur kurz und widerspricht dann gleich: An Bewegung fehle es in ihren Urlauben doch nicht. Therapeut Hahlweg souffliert ihm leise, ohne Kritik in der Stimme: »Nicht werten«. Ralf Jähn versucht also auftragsgemäß, durch Nachfragen herauszufinden, was seine Frau genau meint. Tatsächlich erfährt er mehr. Karin Jähn wünscht sich solche gemeinsamen Wanderungen vor allem, weil sie dabei ein Gefühl der Zweisamkeit empfindet. Ralf Jähn will gleich nachfragen, wird aber instruiert, erst einmal zusammenzufassen, was seine Frau gesagt hat. Das tut er, aber nur um gleich darauf mit einem Plädoyer gegen Gewaltmärsche zu beginnen.

»Wir machen einen Schnitt«, unterbricht Hahlweg und verteilt Lob: Frau Jähn hat »ganz prima« konkret gesagt, was sie schön fände. Herr Jähn hat gut zugehört und auch zweimal eine Frage gestellt. Keiner der beiden wird getadelt. Die Verhaltenstherapeuten halten sich an die Erkenntnisse der Lernpsychologie: Als Strafe empfundene Rückmeldungen verändern Verhalten nicht dauerhaft, positiv erlebte Reaktionen dagegen fördern das so verstärkte Verhalten. Deshalb geizt das Therapeutenteam nicht mit Anerkennung, wenn Ralf Jähn auch nur ein bißchen zusammenfaßt und nachfragt. »Wir verstärken gnadenlos alles, was sie richtig machen«, beschreibt Brigitte Schröder das Vorgehen nicht ohne Selbstironie.

Die Therapeuten coachen auch. Als Ralf Jähn wieder einmal das Zusammenfassen vergißt, spricht die Psychologin ihm vor: »Du hast gesagt …« und er vollendet den Satz. Aber er neigt immer noch dazu, gleich einen eigenen Kommentar abzugeben, bevor er alles wiederholt hat. Die Therapeuten lassen es ihm nicht durchgehen. Denn nur das Wiederholen garantiert, daß er richtig wahrnimmt, was seine Frau schon die ganze Zeit hervorhebt: Sie wünscht sich gemeinsame Wanderungen, die auch ihm Spaß machen. » … daß ich Spaß daran habe«, wiederholt Ralf Jähn ergeben. Die Partner müssen das Gesagte wiederholen, bis sie den anderen richtig verstanden haben. Notfalls »wie ein Papagei«, sagt Hahlweg.

Diese Technik hilft. Das erfahren die Jähns, als sie sich schließlich das heikle Thema des Reitunfalls vornehmen. Ralf Jähn hat das Wort und schildert, wie er das Unglück erlebt hat. Frau Jähn muß dreimal ansetzen, bis sie seine Sicht richtig wiedergeben kann: Er wußte, daß sie schon öfter vom Pferd gefallen war, ohne sich dabei zu verletzen. Als er versuchte, ihr aufzuhelfen und sie »Geh weg« rief, ging er. Er verstand nicht, daß sie einfach fürchtete, sein Versuch, ihr aufzuhelfen, könnte innere Verletzungen verschlimmern.

Anschließend erzählt Karin Jähn den Unfall aus ihrer Sicht. Es gelingt ihr nicht auf Anhieb, dabei auf Vorwürfe gegen ihren Mann zu verzichten. »Wie ging es ihnen?«, erinnert Brigitte Schröder an die Regel, bei den eigenen Empfindungen zu bleiben. Nun berichtet Karin Jähn, wie sie ihn Panik geriet. Sie fürchtete, diesmal könnte sie schwer verletzt sein. »Oh Gott, du hast Kinder«, schoß ihr durch den Kopf. Als ihr Mann sich wieder seiner Arbeit zuwandte, fühlte sie sich »furchtbar allein gelassen«. Sie kam sich vor, wie ein Arbeitstier, das nicht mehr wichtig ist, wenn es nicht arbeitet. »Ich hätte mir gewünscht, daß Du bei mir ausharrst.«

Ihre Gefühle so als Wunsch statt als Vorwurf zu formulieren, hat sie in der Therapie gelernt. Ihr Mann setzt trotzdem an, sich zu rechtfertigen. Die Therapeuten hindern ihn daran. So erzählt er, was in ihm vorgeht: »Jetzt fühle ich mich schon ein bißchen verantwortungslos.« Er habe allerdings die Ernsthaftigkeit des Unfalls nicht erkennen können. Seine Frau gibt ihn richtig wieder. Nun hat sie verstanden, warum er scheinbar herzlos reagiert hat, und kann sein Bedauern akzeptieren.

Die Kommunikation der beiden hat sich sichtbar verbessert. Karin Jähn überschüttet ihren Mann nicht mehr mit Vorwürfen, er blockt nicht mehr mit verschränkten Armen alle Versuche ab, ihn zu erreichen. Als die beiden ein halbes Jahr später ihre Therapeuten noch einmal besuchen, bringen sie eine Überraschung mit . »Ihre Therapie hat ein tolles Ergebnis«, freut sich Frau Jähn. Sie erwartet ein Kind und der Termin der

Empfängnis »paßt genau auf den letzten Termin« der Therapie.

Kann man Liebe wirklich lernen? Arnold Lazarus, Ehespezialist und Vordenker der Verhaltenstherapie, ist davon überzeugt. »So manche Ehe und Partnerschaft könnte harmonischer, liebevoller und vernünftiger gelebt werden, wenn es bei uns tatsächlich genauso selbstverständlich, wie es Fahrschulen gibt, auch ›Eheschulen‹ gäbe«, behauptet er in seinem Buch *Fallstricke der Liebe.*

Aber müßte in solchen Eheschulen nicht viel komplizierterer Stoff auf dem Lehrplan stehen? Die meisten deutschen Eheberater und Therapeuten operieren mit verwickelten psychoanalytischen Konzepten. Sie glauben beispielsweise, daß Partner sich gegenseitig gewählt haben, weil sie nach Freuds Theorie von der sexuellen Entwicklung auf derselben Stufe stehengeblieben sind und sich deshalb unbewußt ergänzen. Doch solche Annahmen sind unbewiesen, und die Erfolge der auf ihnen aufbauenden Paartherapien blieben bisher weitgehend unbelegt.

Beim Partnertraining EPL geht es nur um die Art der Kommunikation, nicht um die Inhalte oder dahinter stehende Motive. EPL-Experte Engl: »Ein Berater kann nachfragen, wenn ein Partner den Wunsch äußert, daß der andere bei einer Party ständig neben ihm steht, warum er glaubt, daß das notwendig ist. Wir machen das nicht.« Vermissen die Paare solche Deutungen?

Christine und Michael Stief aus dem bayerischen Weilheim haben schon im Sommer 1992 kurz nach ihrer Heirat das EPL absolviert. Christine Stief fand es angenehm, daß die Trainer »wirklich nur rein kommunikationstechnisch interveniert haben«. Dadurch hatte sie das Gefühl, »man kann jetzt wirklich über Ansichten und Sachen reden, die ganz haarsträubend oder fürchterlich oder sonst was sind – es interessiert die gar nicht. Die interessiert nur, wie die Kommunikation abläuft.«

Trotzdem oder deswegen entdeckten sie und ihr Mann, beide studierte Kommunikationswissenschaftler, mit EPL ungeahnte Hintergründe. Die beiden hatten ein »Aha-Erlebnis«, als sie

sich in einer Übung über das Thema Urlaub unterhalten muß-
ten. Michael Stief erwähnte, daß er gerne einmal auf eine grie-
chische Insel fahren würde. Dieser Wunsch war seiner Frau
nicht neu. Aber sie hatte nie weiter nachgefragt, wenn er ihn er-
wähnte. Nun hörte sie genauer hin, fragte nach und faßte zu-
sammen. So erfuhr sie zum ersten Mal, daß die griechische In-
sel für ihn ein mit Erinnerungen verbundener Traum war. Bei
ihren bisherigen normalen Urlaubsdiskussionen hatte er dies
nie erwähnt, und deshalb waren sie auch nie dorthin gefahren.
Sie glaubten zwar, sich richtig zu verstehen, aber sie taten es
nicht. »Das ist ja die große Täuschung, die dann beim EPL
häufig auffliegt«, erkannte Michael Stief. Seine Frau war ver-
blüfft von der »ganz neuen Tiefe« bei diesem scheinbar bana-
len Gespräch über Urlaubsziele.

Die EPL-Trainer erwarten keineswegs, daß ihre Schützlinge
sich künftig Tag und Nacht strikt nach den gelernten Regeln
unterhalten. Aber von Zeit zu Zeit praktizieren die Paare das
Geübte. Manche richten einen wöchentlichen Eheabend ein
oder planen regelmäßige Spaziergänge, bei denen sie sich intensiv unterhalten und dabei das Gelernte anwenden. Vor allem
aber erinnern sie sich daran, sobald es kritisch wird. Michael
Stief benutzt das Wissen, um konfliktgeladene Situationen zu
entschärfen: »An so ein paar Sachen erinnert man sich einfach.« Das läßt sich sogar nachweisen. Als die Paare der EPL-
Studie fünf Jahre nach ihrem kurzem Training untersucht wurden, konnten sie vor einer Videokamera immer noch nach
dessen Vorschriften kommunizieren.

Nicht einmal die Trainer pflegen permanent diesen Kommu-
nikationsstil. »Ich rede nicht ständig nach allen Regeln der
Kunst«, berichtet Thurmaier. »Ich bin auch kein besserer
Mensch geworden, aber ich kann besser entscheiden: Will ich
jetzt streiten, meiner Partnerin weh tun, oder will ich ein Problem lösen?«

EPL-Training befähigt die Paare aber nicht nur, durch Ver-
meidung von allzu großen Krächen die Ehe irgendwie zusam-
menzuhalten. Sie sind tatsächlich auch glücklicher miteinander,

wie sich bei der Auswertung der Fragebogen herausstellte, die sie und die nicht trainierten Paare nach fünf Jahren ausfüllten. Selbst bei der Kinderzahl machte sich EPL bemerkbar. 81 Prozent der Teilnehmer waren inzwischen Eltern geworden, gegenüber 62 Prozent in der Vergleichsgruppe.

Wie kann ein so kurzes Training einen solchen Einfluß auf das Leben der Teilnehmer haben? Offenbar setzt es an einer entscheidenden Stelle an. Der Erfolg spricht dafür, daß jene Sozialpsychologen recht haben, die mit schlichten Kosten-Nutzen-Rechnungen erklären, daß menschliche Beziehungen halten oder in die Brüche gehen. Solche Gefühlsmathematik bildet die theoretischen Grundlagen des EPL. Diese Denkschule nähert sich dem Phänomen Liebe ohne jede Romantik in den Begriffen der Lerntheorie: Ein Partner kann nett zu dem anderen sein, ihn verwöhnen, auf seine Wünsche eingehen – so verstärkt er den anderen. Oder er ist unfreundlich, kümmert sich nicht um den anderen, geht nicht auf seine Wünsche ein – er bestraft ihn. Je mehr Verstärkungen, desto stabiler ist die Beziehung, je mehr Bestrafungen, desto gefährdeter. Ein Partner verläßt den anderen, wenn er sich bei einem anderen ein günstigeres Verhältnis von Verstärkungen und Bestrafungen erhofft. Der Eheforscher John Gottman vergleicht Beziehungen mit einem Girokonto: Wird zuwenig eingezahlt und zuviel abgehoben, droht die Scheidung. Nachdem er jahrzehntelang Ehen studiert hat, schätzt er: Auf jede negative Reaktion müssen mindestens fünf positive kommen, wenn die Beziehung halten soll.

Vor allem vier negative Verhaltensweisen ruinieren laut Gottman eine Beziehung. Er nennt sie die apokalyptischen Reiter: Kritik, Verachtung, Abwehr, Abblocken. EPL-Trainer und verhaltenstherapeutische Eheterapeuten versuchen gezielt, diese Unglücksbringer fernzuhalten und statt dessen positive und offene Unterhaltungen zu fördern.

Die EPL-Studie zeigt, daß bessere Kommunikation in guten Zeiten kaum Einfluß darauf hat, wie wohl die Partner sich in ihrer Ehe fühlen. Doch wenn sie mit problematischen Lebenssituationen fertig werden müssen, ändert sich das: Nun verschlechtern vor allem nicht-verbale negative Signale wie demonstratives Wegschauen oder ein anklagender Tonfall die Beziehung schnell.

EPL-Techniken wie systematisches Nachfragen können zumindest verhindern, daß ein Partner Äußerungen des anderen als Kritik oder Angriff auffaßt, wenn sie gar nicht so gemeint waren. Haben sich solche Denkmuster erst einmal eingeschliffen, hat der Partner keine Chance mehr. Selbst wenn er Blumen mitbringt, verrät das nun in den Augen des anderen nur noch seine bösen Absichten. »Dann werden die Rosen zur Strategie«, sagt Engl. Aus einer solchen Interpretationsfalle finden die Beteiligten selbst kaum mehr einen Ausweg. »Meist ist das dann der Moment, wo sich Paare trennen«, so Engl.

Aber selbst scheinbar harmlose Gespräche können sich zu einem ordentlichen Ehekrach hochschaukeln. Christine und Michael Stief diskutierten bei ihrem EPL-Semimar über Romantik. Dabei stellte sich heraus, daß Michael Stief von Romantik wenig hielt, während sie Christine Stief sehr wichtig war. »Ich habe gedacht, das darf ja wohl nicht wahr sein«, erinnert sich Christine Stief. »Wenn wir nicht im Seminar gewesen wären, hätte das einen fürchterlichen Streit gegeben.« Statt dessen rissen sie sich zusammen und erforschten, was der andere eigentlich mit Romantik meinte. Am Ende stellte sich heraus, daß sie nur das Wort unterschiedlich verstanden, sich in der Sache aber durchaus einig waren. »Da bin ich dann wirklich sehr beeindruckt rausgegangen«, staunt Michael Stief noch heute.

Wenn Paare nicht aufpassen, geraten sie leicht in einen sogenannten Zwangsprozeß. Verhaltenstherapeuten beschreiben dieses Phänomen so: Der Mann nörgelt beispielsweise hartnäckig, bis seine Frau ihm endlich das Bier zum Fernsehsessel bringt, obwohl sie das eigentlich nicht einsieht. Schließlich erfüllt sie ihm um des lieben Friedens willen seinen Wunsch. Doch damit belohnt sie seine Nörgelei. Er wird dieses Methode nun öfter einsetzen und damit zunächst auch erreichen, was er will. Weil seine Frau den Erfolg sieht, greift auch sie bald zu diesem anscheinend probaten Mittel. So ruinieren sie über kurz oder lang ihre Ehe.

Doch warum beginnen Menschen überhaupt, solche fatalen Verhaltensweisen an den Tag zu legen? Die Antwort der EPL-Psychologen ist einfach: Wir lernen diesen Umgangsstil. Engl: »Die Eltern sagen mir als Kind, was ich zu tun und zu lassen habe und später sagen es mir dann auch die Lehrer, und damit hört der Unterricht quasi auf.« Partnerschaftlicher Umgang steht nicht auf dem Lehrplan. Für die bis vor gar nicht so langer Zeit üblichen patriarchalischen Ehen war er auch nicht nötig.

Heute allerdings ist mangelnde Kommunikationsfähigkeit riskant. Forscher konnten nachweisen, daß selbst bei glücklichen Jungverheirateten das Immunsystem schlechter funktioniert, wenn sie sich destruktiv kritisieren. Dauerhafter Ehestreß kann zu einer ganzen Reihe von psychischen Problemen führen – von Depressionen bis zu Verhaltensstörungen der Kinder.

Dieser fatalen Entwicklung läßt sich am wirkungsvollsten entgegenwirken, wenn die Partner noch keine zerstörerischen Umgangsformen in jahrelangem Ehekrieg perfektioniert haben. Dennoch sind Ehevorbereitungstrainings in Deutschland weit weniger verbreitet als etwa in den USA. Zwar gibt es inzwischen in den deutschsprachigen Ländern über 1 200 ausgebildete EPL-Trainer, meist Mitglieder katholischer Gemeinden mit sozialen Berufen. Sie haben mehrere zehntausend Heiratswillige trainiert – doch das ist nur ein Bruchteil der jährlich über 400 000 deutschen Brautpaare. Die meisten sehen keinen Anlaß, die 1 500 Mark zu investieren, die das Wochenende etwa bei der Christoph-Dornier-Stiftung in Braunschweig kostet. Viele kirchliche Anbieter subventionieren das Programm, so daß die Teilnehmer nur noch 150 Mark aufbringen müssen – mehr will kaum ein Paar bezahlen.

Allerdings wird EPL außerhalb der Kirche auch kaum angeboten. Viele Psychologen mögen solche festgelegten Programme nicht, da sie ihnen kaum Möglichkeiten lassen, ihre therapeutischen Fähigkeiten kreativ einzusetzen. Manche Paartherapeuten sind sogar völlig gegen Ehevorbereitungskurse: Sie brächten die Paare um die Chance, an Krisen zu wachsen. Die EPL-Befürworter halten dieses Argument schon deshalb für abwegig, weil das Programm Ehekrisen nicht verhindert, sondern die Trainierten allenfalls befähigt, sie zu lösen. »Paare haben ein Recht auf solche wirksamen vorbeugenden Hilfestellungen«, argumentiert Psychologe Thurmaier. »Ihnen diese zu verweigern, in der Meinung, man würde sie sonst um wertvolle Krisenerfahrungen betrügen, erscheint angesichts der Probleme, denen Partnerschaften heute ausgesetzt sind, als purer Zynismus.«

Kommunikationstraining für psychisch schwer Erkrankte

Horst Lipp war Anfang zwanzig, als er das Gefühl bekam, »wahnsinnig zu werden«. Schon vorher hatte er sich müde und innerlich leer gefühlt. Nun suchten ihn auch noch Angstattacken heim, wobei er zwischendurch plötzlich immer wieder ganz euphorisch war. Er begann Stimmen zu hören, die »Aids, Aids« riefen. Nach einem Autounfall entwickelte er die Überzeugung, Strahlen aus dem All würden seinen Körper beeinflussen. Sein Gehirn kam ihm auseinander gewachsen vor. Die Lungen hatten sich verdoppelt, und die Hoden verflüssigt. Er hatte keine Lust mehr zu arbeiten, machte viele Fehler und verlor bald seine Stelle.[67] Schließlich kam er in ein psychiatrisches Krankenhaus. Die Diagnose: Schizophrenie.

Schizophrenie ist jene schwere Geisteskrankheit, die Nichtfachleute in der Regel meinen, wenn sie von »Wahnsinn« sprechen. Der Schweizer Psychiater Eugen Bleuler gab ihr 1911 den griechischen Namen, der wörtlich »Geistesspaltung« bedeutet. Deshalb glauben viele Menschen heute irrtümlich, Schizophrene litten unter einem gespaltenen Ich. Doch Schizophrene bilden sich nicht ein, mehrere Personen in einem Kopf zu sein. (Dieses Phänomen gibt es auch. Fachleute nennen es Multiple Persönlichkeit und streiten, wie real solche Mehrfachexistenzen sind.) Bleuler meinte etwas anderes: Bei Schizophrenen zerfallen die Denkprozesse, die Gefühle trennen sich von den Gedanken, und die Kranken verlieren zeitweise den Kontakt zur Realität.

Viele von ihnen entwickeln Wahnideen. Oft fühlen sie sich verleumdet, bedroht und verfolgt. Sie beziehen Ereignisse auf sich, die nichts mit ihnen zu tun haben. So glaubte ein Kranker beispielsweise, ein Wetterumschlag sei ein Zeichen für ihn, seine Stelle zu wechseln. Manche wähnen, sie seien historische Herrscher oder Retter der Welt.

Halluzinationen suchen sie heim. Viele hören Stimmen, andere spüren imaginäre Insekten auf ihrer Haut krabbeln, wieder andere werden von Gerüchen verfolgt, etwa von Rauch oder Verwesung.

Beim Denken machen Schizophrene Fehler. Sie springen ohne Logik von einem Thema zum nächsten, ohne die Absurditäten zu bemerken. Auch die Gefühle, die sie zeigen, wirken oft paradox. Die Erkrankten lächeln, wenn sie etwas Trauriges berichten oder eine schlimme Nachricht erfahren. Allerdings läßt sich oft nicht sagen, worauf sich die unpassenden Emotionen wirklich beziehen. Möglicherweise gilt das Lächeln einer schizophrenen Frau bei der Nachricht vom Unfall ihres Mannes einer ganz anderen Botschaft, die sie gerade halluziniert.

Woher kommen diese oft bizarren Symptome? Das Gehirn eines Schizophrenen hat Probleme, Informationen richtig zu verarbeiten. Das scheint der Kern der Störung zu sein. Offenbar funktionieren die Filter schlecht, mit denen Gesunde unter den vielen Reizen, die ständig auf uns einströmen, die wichtigen heraussuchen. Schizophrene dagegen werden von der Informationsfülle überflutet und können deshalb oft nicht mehr sinnvoll reagieren. Einfache Aufgaben bewältigen sie noch einigermaßen, doch wenn die Anforderungen höher werden, machen sie Fehler.

Der Grund könnte in der Chemie des Gehirns liegen. Dort werden Informationen mit Hilfe chemischer Botenstoffe von einer Nervenzelle zur anderen übertragen. Einer dieser Botenstoffe, das Dopamin, spielt eine wichtige Rolle bei der Steuerung der Aufmerksamkeit. Bei der Autopsie verstorbener Schizophrener stellte sich heraus, daß ihre Nervenzellen für den Boten Dopamin ungewöhnlich viele Empfangsmechanismen aufwiesen, sogenannte Rezeptoren. Daraus läßt sich schließen, daß die Zellen im Gehirn Schizophrener auf Dopamin stärker reagieren als normal. Es ist deshalb plausibel, daß zu viele Informationen weitergegeben werden. Auch die Wirkung wichtiger Schizophreniemedikamente läßt sich so erklären: Sie blockieren Dopaminrezeptoren.

Allerdings greifen moderne Arzneien auch noch an anderen Stellen ein, wie überhaupt keineswegs alle Forschungsergebnisse zur Dopamintheorie passen. Dennoch haben Medikamente die Aussichten Schizophrener enorm verbessert. Als der Psychiater Emil Kraepelin um die Jahrhundertwende die Symptome der Schizophrenie zum ersten Mal beschrieb, prophezeite er bloßen 13 Prozent der Patienten eine auch nur zeitweilige Besserung. Moderne Studien bestätigen ihn: 80 Prozent der Schizophrenen werden ohne Medikamente spätestens nach zwei Jahren wieder krank. Medikamente können über diesen Zeitraum wenigstens die Hälfte vor einem Rückfall bewahren.

Psychiatriekritiker haben behauptet, daß Schizophrene in ihrer eigenen Wirklichkeit leben, die objektiv nicht irrealer sei als die sogenannter normaler Menschen. Schizophrenie sei nur ein Etikett für eine andere, möglicherweise mißliebige Sicht der Welt. Dagegen spricht, daß Schizophrenie in völlig verschiedenen Kulturen der Welt etwa gleich oft auftritt: Überall leidet etwa ein Prozent der Bevölkerung unter dieser Erkrankung. Vor allem mit Zwillingsstudien haben Forscher nachgewiesen, daß das Risiko schizophren zu werden, vererbt wird. »Wenn Schizophrenie ein Mythos ist, ist sie ein Mythos mit starker genetischer Komponente«, höhnte ein Forscher. Nur so läßt sich erklären, warum der Bruder oder die Schwester eines eineiigen schizophrenen Zwillings mit einer Wahrscheinlichkeit von 50 Prozent ebenfalls erkrankt. Denn das Risiko eines zweieiigen Zwillings, der nicht das gleiche Erbgut hat, liegt niedriger.

Deshalb glauben die Wissenschaftler heute zwar, daß es ein angeborenes Risiko gibt, schizophren zu werden. Doch ob und wann es tatsächlich eintritt, hängt von der Situation ab, in der jemand lebt. Der eine Zwilling hat trotz einer Veranlagung zu dieser Krankheit Glück, trifft auf günstige Umstände und bleibt sein Leben lang gesund. Sein Bruder mit den gleichen Anlagen erkrankt. Warum? Die Antwort könnte Überforderung und Streß heißen. Ganz entscheidend ist dabei offenbar, wie der Schizophrene und seine Familienangehörigen miteinander umgehen. Hier versuchen Therapeuten einzugreifen.

Wenn ein Mensch schizophren wurde, stand lange für nicht wenige Psychologen der Schuldige fest: Die Mutter. Die psychoanalytisch orientierte Therapeutin Frieda Fromm-Reichmann erfand 1948 die »schizophrenogene Mutter«. Diese gibt sich aufopfernd, ist in Wirklichkeit jedoch kalt. Sie benutzt ihre Kinder nur, um ihre eigenen Bedürfnisse zu befriedigen. Weil sie liebevoll wirkt, ihre Kinder aber im Grunde ablehnt, werden diese verwirrt und schließlich schizophren.

Ähnlich argumentierte ein Forscherteam um den Anthropologen Gregory Bateson, dessen Ansatz in Deutschland vor allem durch den Buchautor Paul Watzlawick bekannt wurde. Diese Denkschule perfektionierte die Hypothese widersprüchlicher Kommunikation zur Theorie der Doppelbindung. Die Forscher illustrieren ihre Idee am Beispiel eines jungen Schizophrenen, der in der Klinik Besuch von seiner Mutter bekam. Er freute sich, sie zu sehen und legte ihr den Arm um die Schultern. Doch sie reagierte völlig steif. Als er jedoch seinen Arm zurückzog, fragte sie: »Liebst Du mich nicht mehr?«. Er wurde rot, worauf sie sagte: »Liebling, Deine Gefühle dürfen Dir doch nicht peinlich sein.« Egal, wie er reagierte – er konnte es ihr nie recht machen. Selbstverständlich durfte er ihr widersprüchliches Verhalten auch nicht ansprechen.

Vielen Therapeuten leuchtete der Ansatz von Bateson spontan ein. Doch er wurde nie belegt. Die Verfechter der Theorie behaupteten zwar, sie hätten sogar in Briefen der Eltern Schizophrener Doppelbindungen gefunden. Aber in einer Studie waren sie nicht in der Lage, die Briefe von Eltern Schizophrener von anderen zu unterscheiden – ja, sie waren sich noch nicht einmal einig, welche Briefe überhaupt Doppelbindungen enthielten und welche nicht.

Auch die verwandte Idee der »schizophrenogenen Mutter« wurde nie belegt. Wissenschaftler halten beide Erklärungen heute für falsch. Welche grundlosen Selbstvorwürfe diese vorschnellen Schuldzuweisungen bei den Eltern Schizophrener ausgelöst haben, läßt sich nur ahnen. Ob die auf diesen Ansätzen aufbauenden Therapien helfen, ist fraglich. Es wurde jedenfalls nie bewiesen.

Dennoch, die Familie spielt für Schizophrene eine entscheidende Rolle. In den sechziger Jahren verfolgten englische Forscher das Schicksal von Patienten nach ihrer Entlassung aus der Psychiatrie. Sie interviewten die Ehepartner und die Angehörigen und machten dabei eine frappierende Entdeckung: Anhand dieser Gespräche konnten sie vorhersagen, welche Schizophrenen bald wieder in die Klinik eingewiesen werden würden und welche nicht. Der entscheidende Faktor war der Grad der Emotionalität des Gesagten (»expressed emotion«). Dabei kam es vor allem auf die Zahl negativer Äußerungen an. Das zeigte sich, als die Forscher die Gespräche auf Tonband aufnahmen und zählten, wie oft die Angehörigen Mißbilligung, Ärger oder gar generelle Ablehnung gegenüber dem Patienten zeigten.

Doch auch pausenlose aufgeregte Fürsorge erwies sich als fatal, wenn beispielsweise die Mutter aus Angst um ihren Sohn nicht schlafen konnte, oder die Frau erklärte: »Ich tue alles für ihn, wenn es ihm nur gut geht.« Dabei werteten die Wissenschaftler nicht nur aus, was gesagt wurde, sondern auch, wie es gesagt wurde. Auch ein ärgerlicher Tonfall erwies sich als schlechtes Zeichen.

Als die Forscher am Ende zusammenzählten und so einen Wert für die Emotionalität ermittelten, bekamen sie ein dramatisches Ergebnis: War dieser Wert hoch, mußten 58 Prozent der Patienten wieder in die Psychiatrie. War er niedrig, waren es nur 23 Prozent. Dieser Befund wurde in mehr als zwei Dutzend Studien von Polen bis Indien überprüft – mit nahezu identischen Ergebnissen.

Womöglich hätte sich der Einfluß der Umgebung sogar noch deutlicher gezeigt, wenn sich die Wissenschaftler die Familien mit niedrigen Emotionalitätswerten genauer angesehen hätten. Denn bei manchen verbargen sich dahinter nicht Freundlichkeit und Toleranz. Sie waren vielmehr gleichgültig und hatten resigniert. Auch dies ist ein Risikofaktor, wie sich später herausstellte.

Der Unterschied zwischen Familien mit hoher und niedriger Emotionalität zeigte sich auch, als das Kommunikationsverhalten mit der gleichen Beobachtungsmethode gemessen wurde, die Hahlweg und seine Kollegen bei Ehepaaren verwenden (siehe voriges Kapitel »Verhaltenstherapie kann Ehen retten«): In hochemotionalen Familien ließen die Mitglieder Konflikte eskalieren, genau wie zerstrittene Paare. Im Durchschnitt gaben sie erst nach 17 aufeinanderfolgenden Anschuldigungen und Vorwürfen auf, niedrig emotionale Familien fanden dagegen nach sieben Attacken wieder einen versöhnlicheren Ton – so das Ergebnis einer Studie.

Wenn die Kommunikation, die Schizophrene so streßt, daß sie wieder in die Anstalt müssen, ähnlich abläuft wie ein normaler Ehekrach, liegt es nahe, sie mit der gleichen Methode anzugehen. Forschergruppen in mehreren Ländern haben deshalb in Familien Schizophrener Kommunikationstrainings erprobt. Mit großem Erfolg: Bekamen die Patienten nur Medikamente, mußten 70 Prozent der Entlassenen binnen zwei Jahren zurück in die Klinik. Trainierten die Familien jedoch zusätzlich einen besseren Umgang untereinander, sank die Rückfallrate auf 25 Prozent. Die Patienten zeigten weniger Schizophreniesymptome und kamen mit anderen Menschen besser zurecht. Überhaupt erwies sich die Situation der Familie als weniger belastet.

Aus diesen Studien darf nicht der Schluß gezogen werden, daß die Familien doch die Schuld an der Entstehung der Schizophrenie trügen. Wie immer die Krankheit auch entstanden sein mag: Es ist schwierig, mit Menschen zurecht zu kommen, die die Welt völlig anders erleben und sich oft nicht so verhalten können, wie wir es von anderen erwarten. Die Forschungsergebnisse zeigen, daß Schizophrene keineswegs nur unfreundliche und aggressive Äußerungen ihrer Angehörigen einstecken müssen. Sie verhalten sich selbst nicht anders. Wenn sich derartige Kommunikationsmuster erst einmal eingeschliffen haben, sind alle Beteiligten in ihren gefangen.

Solche Konflikte verursachen Streß, dem die Schizophrenen wegen ihrer teilweise angeborenen Verwundbarkeit am wenigsten gewachsen sind. In Studien zeigte sich, daß ihr Streßniveau genau dann besonders hoch liegt, wenn sie es mit hochemotionalen Angehörigen zu tun haben. Sind sie mit weniger emotionalen Familienmitgliedern zusammen, liegt der Streßpegel dagegen niedriger. Das läßt sich mit Hilfe von Meßinstrumenten demonstrieren, die auf körperliche Erregung reagieren.

Kommunikationstraining aber kann den Grad der in der Familie vorherrschenden Emotionalität senken. In den Familien, in denen das am besten klappt, können die Patienten weiter außerhalb der Psychiatrie leben – in den anderen nicht. Das belegen die Statistiken der Forscher.

Nur 25 Sitzungen dauert das Training, das oft über das weitere Schicksal eines schizophrenen Patienten entscheidet. So oft kamen jedenfalls die Therapeuten des Münchener Max-Planck-Instituts für Psychiatrie zu den Familien nach Hause, in die gerade einer ihrer Patienten nach einem Klinikaufenthalt zurückgekehrt war. Im ersten Vierteljahr machten sie jede Woche einen Besuch, dann seltener, bis ein Jahr vorbei war. 51 Patienten und 73 Angehörige machten mit. Mit ihrer Hilfe wollten die Münchener Forscher Anfang der neunziger Jahre das im Ausland bereits erfolgreiche Kommunikationstraining auch in Deutschland überprüfen.

Am Anfang dieses Trainings steht eine Informationsphase. Der Therapeut erarbeitet mit der Familie, was heute über Schizophrenie bekannt ist. Er versucht, den Patienten dabei als Experten in eigener Sache zu gewinnen. Denn er kann am besten berichten, was es bedeutet, schizophren zu sein. Oft verstehen die Angehörigen nun erstmals seine Reaktionen. Die familiäre Arbeitsgruppe spricht auch über Frühwarnzeichen. Schizophrene Schübe kündigen sich häufig schon Tage oder Wochen vorher an. Der Patient findet beispielsweise keine Ruhe mehr, ist reizbar oder schläft schlecht. Die Familie legt fest, was in solchen Fällen zu tun ist – etwa rechtzeitig den Arzt aufsuchen. Der kann dann eventuell die Medikamentendosis erhöhen. Denn die Patienten bekommen die ganze Zeit die bei dieser Krankheit unverzichtbaren Mittel weiter.

Bei der Information legt der Therapeut großen Wert darauf, daß er »nicht darauf abzielt, aus einer ›kaputten‹ eine ›normale‹, sondern vielmehr aus einer ›normalen‹ eine ›besonders effektiv funktionierende‹ Familie zu machen, damit sie krankheitsbedingte Probleme besser bewältigen und Streßbelastungen für den Patienten abfangen kann«, wie Studienleiter Hahlweg hervorhebt.

Beim eigentlichen Kommunikationstraining stehen dieselben Regeln im Mittelpunkt, die heiratswilligen Paaren auf EPL-Kursen beigebracht werden. Vor allem das Äußern negativer Gefühle wird geübt, weil dies in den Familien Schizophrener ja oft mißlingt und fatale Folgen hat.

Familie Bretz hat da ihre Schwierigkeiten. Als der Therapeut Vater Gerd Bretz um ein Beispiel dafür bittet, was ihm am Verhalten seiner Tochter nicht paßt, legt er gleich los: »*Letzte Woche Donnerstag war so eine Situation. Sie ging zuerst lange im Zimmer auf und ab und stand dann in der Ecke und starrte in die Luft. Das kann einen ja ganz krank machen. Und außerdem sieht ihr Zimmer aus wie eine Müllhalde, und putzen könnte sie auch mal wieder.*«[52]

Der Therapeut bittet ihn, beim Starren in die Luft zu bleiben und seiner Tochter zu erklären, was das in ihm auslöst. Nun klingt es bei Herrn Bretz schon ganz anders: »*Wenn Du ständig hin und her läufst wie am Donnerstag und dann lange ins Nichts guckst, regt mich das richtig auf und es macht mir auch Angst. Da möchte ich am liebsten weggehen. Ich wäre sehr erleichtert, wenn wir dagegen etwas tun könnten. Hast Du eine Idee?*«

Auf Nachfrage des Therapeuten bestätigt Tochter Christa Bretz, daß ihr Vater sich an die Gesprächsregeln gehalten hat. Er hat sie angeschaut und mit fester Stimme gesprochen. Dann will sie sich gleich verteidigen – »*aber ich bin oft so unruhig*« *–, doch der Therapeut besteht darauf, daß sie erst wiederholt, was ihr Vater gesagt hat. Erst als der Therapeut dann noch dem Vater lobend bestätigt hat, daß seine Beiträge genau den Regeln entsprachen, darf die Tochter ihre Ansicht sagen. Sie berichtet, daß ihr gar nicht bewußt war, wie lange sie in die Luft gestarrt hat. Als Alternative schlägt sie vor, zusammen in den Park zu gehen.*

Nicht immer ergibt sich Abhilfe so spontan. Deshalb bringen die Therapeuten den Familien bei, wie sie in sogenannten Problemlösegesprächen Auswege aus verfahrenen Situationen finden können. Bei dieser Technik wird das Problem in sechs exakt vorgeschriebenen Schritten angepackt.

Im ersten trägt die Familie zusammen, worin die Schwierigkeit genau besteht und wer dabei welche Interessen hat.

Bei Familie Frey möchte der Vater gerne wieder einmal mit seiner Frau in Urlaub fahren. Doch er fürchtet, daß der 23jährige schizophrene Sohn während dieser zwei Wochen den sorgfältig gepflegten Garten verkommen lassen könnte. Der Sohn dagegen hat Angst, der Vater könnte ihm wie beim letzten Mal Vorwürfe machen, als er den Rasen bei seiner Rückkehr nicht ordentlich gemäht fand. Die Mutter würde gerne in Urlaub fahren, will jedoch vor allem keinen Streit.[52]

Bis alle Beteiligten ihre Sicht der Dinge vorgetragen haben, können schon einmal zwei Stunden vergehen. Denn sie müssen so lange wiederholen und nachfragen, bis jeder jeden richtig verstanden hat. Ein vorher bestimmter Protokollführer zeichnet alles auf.

Er protokolliert auch die Lösungsvorschläge, die im nächsten Schritt gesammelt werden, einer Art Brainstorming. Familie Frey fällt alles mögliche ein: Der Vater verreist alleine, und die Mutter paßt zu Hause auf, die Nachbarn kümmern sich um den Garten, der Garten könnte ruhig etwas verwildern, der Patient bekommt vorher genau erklärt, was er zu tun hat.

Erst wenn alle Vorschläge gesammelt sind, dürfen die Teilnehmer sie diskutieren. Zunächst bewertet jeder jeden Vorschlag, der Protokollführer notiert Plus- und Minuszeichen. So wird klar, wer was akzeptieren könnte und wo vielleicht Kompromißmöglichkeiten liegen. Der Vater möchte beispielsweise mit seiner Frau verreisen und würde dafür etwas Wildwuchs im Garten in Kauf nehmen. Der Patient würde sich durchaus um den Garten kümmern, hat aber Angst, etwas falsch zu machen. Andererseits reizt es ihn auch, so etwas selbständiger zu werden. Letzteres ist ganz im Sinne der Mutter, die nun doch sehr hofft, mitfahren zu können.

Im vierten Schritt werden anhand der Bewertungen die besten Lösungen ausgewählt. Was auch nur für einen inakzeptabel ist, scheidet aus. Der Vater wird also beispielsweise nicht alleine in Urlaub fahren. Erst im fünften Schritt legt die Familie nun fest, was geschieht. Exakt wird protokolliert, wer wann was tun wird. Der Sohn weiß nun genau, wie er den Garten behandeln muß, damit ihm am Ende niemand Vorwürfe macht.

Bei der Überprüfung hinterher, dem sechsten Schritt, zeigten sich die Vorteile des Verfahrens. Der Patient war gut zurechtgekommen, über einige Kleinigkeiten sahen die gutgelaunt heimgekehrten Eltern hinweg. Die Mutter hatte absprachegemäß nicht zwischendurch zu Hause angerufen, obwohl ihr das schwer fiel. Nun freute sie sich, daß ihr Sohn auch so klargekommen war. Er seinerseits war froh, daß er so seine Selbständigkeit hatte unter Beweis stellen können.

Natürlich lassen sich nicht alle Probleme mit diesem Schema lösen. In Familien tauchen manchmal auch Schwierigkeiten mit schwer zu überwindenden Interessensgegensätzen auf. Doch das unterscheidet sie schließlich nicht von anderen Menschen.

Auch die Münchener Studie bestätigte die enorme Wirkung des Kommunikationstrainings. Nur vier Prozent der Patienten wurden in den anderthalb Jahren nach ihrer Entlassung aus der Psychiatrie dort wieder eingewiesen – angesichts der sonst bekannt hohen Rückfallziffern ein sehr guter Wert.

Allerdings ist noch nicht geklärt, wie lange die Wirkung der Behandlung anhält. In einer amerikanischen Studie konnten die Forscher nachweisen, daß sich die trainierten Familien auch noch zwei Jahre später konstruktiver als die Vergleichsgruppe unterhielten. Andere Wissenschaftler fanden dagegen Hinweise darauf, daß Rückfälle der Patienten nicht auf Dauer verhindert werden, sondern nur hinausgezögert. Aber auch das wäre schon ein Erfolg.

Fokus

Kurieren Verhaltenstherapeuten nur am Symptom?

Als der scharfzüngige Professor Robyn Dawes Mitte der sechziger Jahre als noch junger Psychologe mit zwei Professoren der Universität von Michigan diskutierte, wunderte er sich. Die beiden Eminenzen beobachteten skeptisch den Versuch, mit verhaltenstherapeutischen Techniken Psychiatriepatienten von schweren Symptomen zu befreien. Dawes hoffte, daß die Patienten auf diese Weise zum Beispiel von der Impotenz befreit werden könnten, unter der viele litten. Doch seine älteren Kollegen belehrten ihn, es komme überhaupt nicht darauf an, ob die Anstaltsinsassen impotent seien oder nicht. Wichtig sei allein die Bedeutung der Impotenz für einen Patienten. Die aber könne nur in einer langen psychoanalytischen Therapie gefunden werden. Sich selbst zu verstehen, fanden die beiden erfahrenen Fachleute viel wichtiger, als das Problem loszuwerden.[35]

Auch nach Meinung von Professor Eugen Mahler aus Morschen müssen Psychoanalytiker vor allem die »Krankheit und die Hintergründe schrittweise erkennen und mit dem Patienten verstehen lernen«, so könne das Symptom schließlich verschwinden. »Die Heilung ist dann als Beiprodukt des psychoanalytischen Prozesses zustande gekommen und, offen gestanden, sie interessiert uns direkt ja auch gar nicht so sehr wie die Gesamtzusammenhänge.«[68]

Die Mehrheit der Psychoanalytiker würde das Wohlergehen ihrer Patienten vielleicht nicht ganz so nonchalant betrachten. Aber Freud und seine Erben haben immer propagiert: Ängste, psychosomatische Beschwerden und andere Auffälligkeiten sind nur äußere Anzeichen tiefer liegender Konflikte, die aus der Kindheit herrühren. Diese Konflikte müssen gelöst werden. Werden lediglich die Symptome beseitigt, zeigen sich bald neue – es kommt zur sogenannten Symptomverschiebung.

Verhaltenstherapeuten dagegen setzen oft direkt beim Symptom an. Müssen ihre Patienten also damit rechnen, bald neue

Probleme zu bekommen? Solche Bedenken gehören zu den Standardargumenten gegen die Verhaltenstherapie.

Doch Untersuchungen bestätigen die Befürchtungen nicht. Beispielsweise gingen Verhaltenstherapeuten direkt das Problem von Patienten an, die an den Nägeln kauten. Sie übten mit ihnen, die Fäuste zu ballen oder etwas festzuhalten, wenn sie der Impuls zum Nägelkauen überkam. Über 90 Prozent der Betroffenen wurden so ihre lästige Angewohnheit los – eine Symptomverschiebung war nicht auszumachen.

Ängste behandeln Verhaltenstherapeuten, indem sie die Patienten dazu bringen, sich direkt mit dem zu konfrontieren, was sie fürchten. Das kann in der Phantasie geschehen wie bei der systematischen Desensibilisierung oder im wirklichen Leben, etwa auf einem Kirchturm und im überfüllten Kaufhaus (siehe Kapitel »Den Teufelskreis der Angst durchbrechen: Die Konfrontation«). Die allermeisten Patienten verlieren so nicht nur dauerhaft ihre Angst – bei Nachuntersuchungen bis zu fünf Jahre später stellte sich heraus, daß sie auch weniger an Depressionen, Alkoholismus und anderen psychischen Beschwerden litten. Sie entwickelten also nicht nur keine neuen Symptome, sondern hatten auch in anderen Bereichen weniger Probleme.

Wenn man nicht in psychoanalytischen Kategorien denkt, leuchtet das ein: Wo immer die Ängste ursprünglich hergekommen sein mögen – wenn sie weg sind, entfällt ein Grund für Depressionen, und die Patienten brauchen auch nicht mehr zu versuchen, die Angst in Alkohol aufzulösen.

Diese Entwarnungsmeldungen sind durchaus repräsentativ. Der Verhaltenstherapeut Nicolas Hoffmann stellt fest: »Es gibt in der gesamten Fachliteratur keine Hinweise, daß verhaltenstherapeutisch behandelte Symptome wie Ängste oder Zwänge automatisch an anderer Stelle wieder auftreten oder durch andere Symptome ersetzt werden.«[69]

Für manche Verhaltenstherapeuten war das immer eine bare Selbstverständlichkeit. Hans Jürgen Eysenck, einer der Gründerväter, hielt das psychoanalytische Konzept für unsinnig und erklärte 1960 schlicht: »Es gibt keine Neurose, die hinter dem

Symptom liegt, sondern nur das Symptom selbst. Werde das Symptom los, und du hast die Neurose beseitigt.«

Teodoro Ayllon versuchte in den sechziger Jahren sogar den Beweis anzutreten, daß er Symptome nach Belieben auftreten und verschwinden lassen könne – wobei er sich wenig um die Würde einer ihm anvertrauten schizophrenen Psychiatriepatientin kümmerte. Um sein Credo zu belegen, daß Verhalten nur von Belohnungen abhängt, verstärkten Krankenschwestern in seinem Auftrag die Frau monatelang mit Zigaretten dafür, daß sie wie unter Zwang einen Besen festhielt. Nach der Dressur riefen sie zwei ahnungslose Psychiater, die prompt in die Falle tappten und den Besen tiefsinnig als Kindersatz und als Phallussymbol interpretierten.[70]

Doch auch in der Verhaltenstherapie sind die Zeiten vorbei, in denen manche ihrer Vertreter jedes Symptom für sich allein betrachteten und es ohne Rücksicht auf die übrige Situation des Patienten angingen. Verhaltenstherapeuten suchen zwar nicht nach symbolischen Bedeutungen eines Symptoms, aber sie prüfen genau, welche Rolle es im Leben des Patienten spielt. Danach richtet sich die Behandlung.

Deshalb beging jener angehende Therapeut einen Kunstfehler, der die Prüfungsangst eines Studenten schlicht mit Hilfe von systematischer Desensibilisierung zu beseitigen suchte. Der Student verlor zwar die Angst, bekam aber immer noch schlechte Noten. Schließlich empfahl der Ausbilder des Nachwuchstherapeuten, doch einmal nachzufragen, ob der Student überhaupt für seine Prüfungen lernte. Das tat er nicht – er sorgte sich um die Gesundheit seiner Mutter und nahm sich deshalb nicht die Zeit zu lernen. In der Therapie ging es nun darum, wie der Student mit der Angst vor dem Tod seiner Mutter umgehen könnte.

Ob es genügt, ein Symptom gezielt anzugehen, hängt von der Analyse der Umstände im Einzelfall ab. Beispiel Alkoholismus: Wenn jemand trinkt, um das Elend zu vergessen, in das er sich durch sein Trinken bringt, ist ihm schon viel geholfen, wenn er dank einer Therapie nicht mehr trinkt. Die Behandlung würde in diesem Fall hauptsächlich auf das Symptom Alkoholmißbrauch zielen.

Die meisten Alkoholiker haben aber noch andere Probleme: Vielleicht trinkt jemand, weil er glaubt, nur so Kontakt zu anderen Menschen finden zu können. Dann müßte er in der Therapie üben, auch nüchtern auf andere zuzugehen. Trotzdem würde ein Verhaltenstherapeut gleichzeitig gezielt beim Trinken ansetzen. Selbst wenn es ursprünglich ein Folgeproblem der Menschenscheu gewesen sein mag, hat es sich doch inzwischen verselbständigt. Die Sucht nach Alkohol verschwindet nicht von alleine, nur weil der ursprüngliche Grund für den Griff zur Flasche nicht mehr existiert.

Es wäre auch sinnlos, einen Jungen, der ständig seine kleine Schwester ärgert, einfach durch Nichtbeachtung zu strafen. Wenn er sich so vor allem die Aufmerksamkeit seiner Eltern sichern will, würde er das zwar wahrscheinlich schnell lassen, sobald sie ihn ignorieren. Doch höchstwahrscheinlich würde ihm bald etwas Neues einfallen, damit sich die Eltern mit ihm beschäftigen. Das wäre dann eine Art Symptomverschiebung. Sie läßt sich nur vermeiden, wenn der Therapeut sicherstellt, daß der Knabe anders zu der erhofften Zuwendung kommt. Vielleicht vereinbart der Therapeut mit den Eltern, daß sie sich generell mehr um den Jungen kümmern – vor allem, wenn er nett mit seinem Schwesterchen spielt.

Trotz aller Umsicht läßt sich nie ausschließen, daß Patienten neue Probleme entwickeln. Um zu sehen, was die Therapie wirklich gebracht hat, untersuchen die Verhaltenstherapeuten der Dornier-Stiftung deshalb fünf Jahre später ihre früheren Kunden noch einmal. Sie fragen nicht nur nach psychischen Störungen, sondern erkundigen sich auch danach, welche Medikamente die Ex-Patienten schlucken, ob sie wieder arbeiten können und wie sie mit ihrem Partner zurecht kommen. Dabei stellte sich beispielsweise heraus, daß nach fünf Jahren jeder dritte frühere Angstpatient in einer Beziehungskrise steckte. »Wenn ich jetzt Analytiker wäre«, kommentiert Dornier-Chef Wolfgang Fiegenbaum, »dann würde ich natürlich sagen, aha, da haben wir's wieder: Partnerschaftsprobleme sind sozusagen der neue Ausfluß desselben Übels, es ist nur am Symptom herumexperimentiert worden.«

Weil bei der Dornier-Stiftung aber Verhaltenstherapeuten sitzen, sahen sie nach, wie sich die Beziehungen von Menschen entwickeln, die nie durch psychische Probleme auffällig geworden waren und keine Therapie gemacht hatten: Auch bei ihnen befand sich nach fünf Jahren jeder dritte in einer Beziehungskrise.

Die Moral: Wenn jemand nach einer Therapie wieder einmal in Schwierigkeiten gerät, ist dies noch kein Beleg für Symptomverschiebung. Es gehört einfach zu den Risiken des Lebens. Eine psychologische Behandlung kann diese nicht aus der Welt schaffen.

8.

Verhaltenstherapie als Antwort auf körperliche Symptome

Psychologen kontra Krankheiten

Wer an Migräne leidet, lehrte im Jahre 1734 ein gewisser Junkerius, sei ein Mensch voll stiller und unterdrückter Wut, auf lateinisch: »Ira, imprimis tacita et supressa«. Diese kennzeichnete seiner Meinung nach die Persönlichkeit der Opfer starker Kopfschmerzen. Im zwanzigsten Jahrhundert sind viele Gelehrte nicht viel weiter. Noch heute verkünden sie, Migränepatienten würden krank, weil sie als Perfektionisten Feindseligkeit und Aggressivität unterdrückten.

Solche simplen Theorien erwiesen sich als fragwürdig, sobald Forscher sie überprüften. Trotzdem spukt die Vorstellung, daß falsches Denken und Fühlen auf geheimnisvolle Weise körperlich krank machen könnte, noch immer in vielen Köpfen. Zahlreiche Tumorpatienten glauben, selbst Krebs könne so entstehen – für diese Überzeugung gibt es aber keinen Beleg.

Die Auswahl an obskuren traditionellen Theorien ist groß. Wenn ein Neurodermitispatient die heftige juckende Haut kratzt, interpretieren die einen Forscher dies als Selbstbestrafung, während andere glauben, es verschaffe ihm sexuelle Befriedigung. Dergleichen Spekulationen finden ihre Anhänger in den Reihen der Psychoanalytiker, die an phantasievolles Denken gewohnt sind. Die Erben Freuds dominieren in Deutschland die psychosomatischen Stationen der Krankenhäuser. Dort landen die Patienten, bei denen die Ärzte seelische Ursachen für körperliche Erkrankungen vermuten.

In Wirklichkeit sind die Zusammenhänge zwischen Psyche und Körper gleichzeitig komplizierter und schlichter. Komplizierter: Psychische Phänomene wie Streß beeinflussen das Immunsystem und entscheiden so über den Ausbruch von Krankheiten mit. Wie das allerdings geschieht, verstehen die Wissenschaftler erst in Anfängen – aber jedenfalls nicht als eine Art magische Wirkung irgendeiner psychischen Energie auf Organe, wie es sich altgediente Psychosomatiker vorstellen. Schlichter: Viele Krankheiten hängen stark vom alltäglichen Verhalten des einzelnen ab.

Wer viel und falsch ißt, treibt damit seinen Blutdruck in die Höhe und mit ihm das Risiko für zahlreiche Erkrankungen von Herz und Kreislauf bis zu Diabetes. Doch dafür, wie sich jemand ernährt, sind nicht zuletzt psychologische Faktoren verantwortlich: Kann er sich beim Anblick der Sahnetorte beherrschen? Will er das überhaupt?

Ob der Blutdruck nach oben schnellt, liegt auch daran, wie jemand mit alltäglichem Ärger umgeht. Läßt er sich von Streß unterkriegen, weil er schnell den Mut verliert und sich nicht mehr als Herr des eigenen Lebens fühlt? Oder packt er schwierige Probleme ruhig und zuversichtlich an?

An solchen Punkten können Verhaltenstherapeuten eingreifen. Streßbewältigung beispielsweise läßt sich lernen. Patienten der Universitätsklinik Bonn übten in acht Sitzungen, Alltagsbelastungen nicht überzubewerten, nicht unnötig aggressiv zu reagieren und sich in Streßsituationen zu entspannen. So gelang es ihnen, ihren überhöhten Blutdruck auf normale Werte zu senken. Das klappte nicht nur in der Klinik, sondern auch am Arbeitsplatz, wie sich bei der Kontrolle einen Monat nach Therapieende zeigte.[71] Ein großer Vergleich von 77 Studien ergab 1994: Psychologische Therapie kann den Blutdruck genauso wirksam senken wie Medikamente.

Solche Behandlungen gibt es für viele Krankheiten. Verhaltenstherapeuten und Ärzte haben sie gemeinsam entwickelt und so eine neue Disziplin geschaffen, die Erkenntnisse aus Psychologie und Medizin kombiniert: die Verhaltensmedizin. Asthmatiker lernen mit ihrer Hilfe nicht nur, die Sprühflasche mit ihrem Medikament richtig zu bedienen. Sie erfahren auch, wie sie besser mit ihrer Angst umgehen können, bei einem Anfall zu ersticken. Der Erfolg ist meßbar. Nach einem zwanzigstündigen Training leiden die Patienten seltener unter Husten und Atemnot, sie brauchen weniger Medikamente, müssen nicht mehr sooft in eine Klinik und werden seltener krank geschrieben.

Alte Menschen, die die Kontrolle über ihre Blase verloren haben, können diese Fähigkeit in speziellen Trainings wieder erwerben. Schlaflosen verhilft die Verhaltensmedizin zu Ruhe. Sie bekommen den Rat, sich nur noch ins Bett zu legen, wenn sie wirklich schlafen wollen. So lernt der Körper diesen Ort mit Nachtruhe zu assoziieren und nicht mit Essen oder Lesen. Die Patienten erfahren, wie sie das quälende Kreisen der Gedanken verhindern können, wenn sie im Bett liegen: Sie entspannen sich und konzentrieren sich auf ein Bild der Muße, etwa einen Baum im Wandel der Jahreszeiten. Wer diese Rezepte befolgt, liegt – das zeigen Studien – nur noch etwa halb so lange wach.[72]

Selbst wenn Psychotherapie an der eigentlichen Krankheit nichts zu ändern vermag, kann sie die psychischen Folgen lindern. Viele Patienten verfallen in Depressionen, wenn sie eine todverheißende Diagnose gestellt bekommen. Dies läßt sich verhindern, wie ein Projekt mit vom Aidsvirus Infizierten bewies. Verhaltenstherapeutische Methoden ersparten ihnen wenigstens die Depressionen.

Krebs: Was Psychotherapie kann

Vielen Krebspatienten wird übel, wenn sie sich zur medizinischen Behandlung begeben. Denn die Arznei und die Strahlen greifen nicht nur den Tumor an, sondern belasten auch das gesunde Gewebe schwer. Sobald der Körper die Prozedur kennt, reagiert er reflexhaft auf die bevorstehende Attacke. Oft müssen sich die Patienten übergeben, obwohl der Arzt noch gar nichts unternommen hat. Die Erwartung genügt schon. Solche vorweggenommenen Reaktionen lassen sich nicht mit Medikamenten gegen Übelkeit bekämpfen. Helfen können nur psychologische Methoden. Sie lindern das Gefühl der Übelkeit – auch noch nach der Behandlung.

Andere Folgen der Krankheit lassen sich ebenfalls verhaltensmedizinisch angehen. Krebspatienten stehen oft große Ängste aus, leiden unter starker Anspannung und verfallen in Depressionen. Manche Kliniken bieten deshalb eine kurze Psychotherapie an. Gewöhnlich nehmen acht Patienten an einer ungefähr zehn Sitzungen dauernden Behandlung teil. Dabei erfahren sie nicht nur, wie Krebs entsteht und was die Ärzte dagegen tun. Sie lernen auch, gegen den Streß anzugehen, den er mit sich bringt. Es gilt, kritische Situationen im Berufs- oder Privatleben rechtzeitig zu erkennen und sich nicht von ihnen überwältigen zu lassen. Dabei können Entspannungstechniken helfen, wozu meist die Methode von Jacobson gelehrt wird.

Manche Therapeuten raten zu Vorstellungsübungen: Die Patienten sollen in ihrer Phantasie die Abwehrzelle ihres Körpers den Tumor angreifen lassen. Solche imaginativen Techniken dienen heute meist dazu, Angstphantasien zu ersetzen. Doch ursprünglich wurden sie propagiert, um das Krebsgeschwür direkt zu bekämpfen.

Läßt sich wucherndes Gewebe durch richtiges Denken stoppen? Die Idee, daß der bloße Gedanke an kämpfende Abwehrzellen diese auf der Stelle den Tumor angreifen läßt, paßt kaum zur modernen Medizin. Andererseits weiß man heute, daß das Immunsystem schlechter funktioniert, wenn jemand hilflos und verzweifelt ist. Indirekt könnten psychologische Methoden also doch Einfluß auf den Verlauf der Krankheit nehmen. In einigen

Untersuchungen wurden die Killer-Zellen des Immunsystems aktiver und die Zahl der weißen Blutkörperchen stieg, wenn Krebspatienten regelmäßig Entspannungstechniken und Phantasieübungen nutzten.[73]

Und manchmal lebten die Behandelten tatsächlich länger. In einer Studie waren von 34 Patienten mit neu diagnostizierten bösartigen Melanomen sechs Jahre später nur drei gestorben. In der Kontrollgruppe, die keine psychologischen Techniken verwendete, waren es zehn. Bei einem anderen Versuch besuchten Frauen mit Brustkrebs, der bereits Metastasen bildete, ein Jahr lang jede Woche eine Gruppensitzung. Die Patientinnen sprachen offen besonders über ihre Gefühle, unterstützen sich gegenseitig und arbeiteten an Lösungen für ihre Probleme. Jahre später stellte sich bei der Auswertung heraus: Die Teilnehmerinnen lebten im Durchschnitt noch drei Jahre, während Frauen ohne diese Unterstützung schon nach anderthalb Jahren starben.

Allerdings gibt es bisher nur wenige solche Studien. Erst wenn mehr Daten vorliegen, wird sich sagen lassen, ob Psychotherapie wirklich das Leben von Krebspatienten verlängern kann. Bis dahin »haben die Ergebnisse als vorläufig zu gelten«, resümieren Peter Herschbach und Monika Keller vom Institut für Psychosomatische Medizin der Technischen Universität München.

Neurodermitis: Das Kratzen stoppen

Wer an Neurodermitis leidet, scheint dazu verdammt, sein Leiden selbst zu verschlimmern. Die Haut juckt so unerträglich, daß die Betroffenen scheinbar kaum anders können, als sich zu kratzen. Doch dadurch läßt der oft kaum erträgliche Reiz nur vorübergehend nach. Später juckt die malträtierte Haut nur noch mehr. Um so heftiger kratzen die Opfer der Krankheit weiter.

Am schlimmsten kribbeln meist Hände, Arme und Beine sowie der Hals. Neurodermitis ist eine der häufigsten Erkrankungen der Körperhülle: Drei Millionen Deutsche würden oft am liebsten aus der Haut fahren. Sie macht die Patienten reizbar, raubt ihnen den Schlaf und stört ihre Konzentrationsfähigkeit, manchmal so sehr, daß sie nicht mehr arbeiten können.

Die Mediziner kennen die Ursache der Qualen nicht genau. Offenbar werden manche Menschen mit einem Immunsystem geboren, das übereifrig auf allergieauslösende Stoffe reagiert. Als Kinder vertragen sie häufig Eier und Milch schlecht, manchmal auch Fisch, Mehl, Obst oder Nüsse. Doch nur bei jedem zehnten erwachsenen Neurodermitiker lassen sich solche Nahrungsallergien feststellen.

Viele Kranke kratzen sich in stressigen Situationen besonders heftig. Um solches Streßkratzen zu vermeiden, kann ein Entspannungstraining helfen – wer es beherrscht, verfügt in aufregenden Lebenslagen über eine gesunde Alternative. In verhaltenstherapeutischen Neurodermitis-Programmen lernen die Teilnehmer deshalb oft die Methode der progressiven Muskelentspannung. Von Streß verursachter Juckreiz läßt sich so bekämpfen.

Doch es gibt auch andere Situationen, die bei vielen zum Kratzen führen. Der Anblick von wunden Stellen kann ebenso dazu reizen wie der leichte Zugang zur Haut beim Ausziehen und im Bad. Oft machen sich die Finger bei solchen Gelegenheiten fast von selbst an der Körperoberfläche zu schaffen. Die blanke Haut ist zum klassisch konditionierten Auslöser für das Kratzen geworden – wie die Glocke für den Speichelfluß des Pawlowschen Hundes.

Das fatale Verhalten hat sich zum Automatismus entwickelt, die Betroffenen merken es kaum mehr. Deshalb empfehlen Verhaltenstherapeuten ein Kratztagebuch, in dem der Patient genau notiert, wann und wo sich die Finger selbständig machen.

Dann kann er daran gehen, die Kontrolle zurückzugewinnen. Er versucht nun, den Kratzimpuls möglichst früh zu erkennen. Wenn er ihn bemerkt, stoppt er sich selbst: Halt, nicht kratzen. Er stellt sich vor, welche Folgen die Attacken für die Haut hätten. Eine Minute lang drückt er mit der Hand fest auf die juckende Stelle – so läßt sich der Juckreiz übertönen. Dann versucht er, mit Hilfe einer Entspannungstechnik wieder Ruhe einkehren zu lassen.

Erwachsene Neurodermitiker können diese Technik ebenso wie die Entspannung in einem zwölfstündigen Gruppenprogramm lernen, das ein Team von Psychologen und Medizinern für diese Krankheit entwickelt hat.[74] Wer es schafft, sich in bislang riskanten Situationen nicht zu kratzen, darf sich selbst eine vorher ausgesuchte Belohnung zukommen lassen.

Für Kinder gibt es mit »Fühl mal« ein ähnliches Programm von einer anderen Forschergruppe.[75] Die jungen Kranken experimentieren mit verschiedenen Stopp-Techniken, die sie einsetzen können, wenn es anfängt zu jucken. Viele entscheiden sich am Ende dafür, in dieser Situation schnell einen kalten Lappen auf die Stelle zu legen. Andere cremen das Hautgebiet ein. Zunächst erproben sie diese Methode an ausgewählten Hautpartien. Nach und nach wird dann der ganze Körper zur »kratzfreien Zone« erklärt.

Beide Programme kombinieren verschiedene Behandlungselemente. Sie vermitteln möglichst kurzweilig Wissen über die Krankheit und was dabei zu beachten ist. Die Kinder und der Therapeut spielen etwa eine Talkshow, bei der Dermatologieprofessor Ekzemius und die Ernährungsberaterin Hirse Dinkel gute Ratschläge zum besten geben.

Heikle Situationen mit anderen üben die Kranken in Rollenspielen. Dabei erproben sie verschiedene Strategien. Regina ist in einer Übung an Doktor Salbig geraten, der gleich nach der Begrüßung verkündet: »Da müssen wir mal eine stärkere Salbe verordnen.« Regina fragt so beharrlich nach, daß der eilige Arzt doch erst untersucht, ob ihre starken Beschwerden nicht vielleicht daher rühren, daß sie auf Hausstaubmilben allergisch reagiert.

Ein anderes Mädchen muß im Spiel auf den Vorschlag ihrer neuen Freundin reagieren, im Kaufhaus Kosmetika ausprobieren zu gehen. Das wäre für ihre Haut nicht gut. Soll sie statt dessen schnell einen Kinobesuch vorschlagen oder lieber offen über ihr Problem reden? Sie diskutiert die verschiedenen Möglichkeiten mit der Gruppe und probiert sie aus.

Die Erwachsenen üben in ihrem Programm, selbstsicher Auskunft zu geben, wenn ein Bekannter fragt, warum ihre Haut so komisch aussieht, statt stotternd Ausflüchte zu erfinden.

In den letzten Jahren haben Wissenschaftler nachgewiesen, daß solche verhaltenstherapeutische Programme den Verlauf der Krankheit günstig beeinflussen können. Wenn Kinder während eines sechswöchigen Klinikaufenthalts bei »Fühl mal« mitmachten, kratzten sie bei der Entlassung weniger. Statt dessen kühlten sie die juckenden Stellen oder cremten sie ein, wie sie es in der Therapie gelernt hatten. Die Neurodermitis ging dadurch zurück. Offen bleibt allerdings, ob der Erfolg anhält.

Bei Erwachsenen ist dies so. Zwei Jahre nach dem kurzen Programm ging es ihrer Haut deutlich besser als vorher und sie brauchten weniger Kortison. Eine Vergleichsgruppe, die routinemäßig von Dermatologen behandelt wurde, sparte vergleichsweise wenig Kortison ein. Vor allem jedoch besserte sich der Zustand ihrer Haut nicht.

Diabetes: Messer, Gabel, Spritze

Manche Kinder müssen sich siebenmal am Tag selbst stechen. Denn sie leiden an Diabetes vom sogenannten Typ I. Ihr Körper produziert nicht genügend Insulin, das für den Zuckerabbau zuständige Hormon. Dreimal am Tag nehmen sie deshalb eine Blutprobe, um den Zuckergehalt zu messen. Je nachdem, wie das Ergebnis ausfällt, spritzen sie mehr oder weniger Insulin – viermal am Tag. »Das sind minimal, ohne zusätzlich erforderliche Kontrollen, 2 555 Einstiche pro Jahr«, rechnen die Expertinnen Ulrike Petermann und Cecilia Ahmoi Essau vor.[76] Bei einer anderen Form der Behandlung kommen die jugendlichen Patienten mit zwei täglichen »Selbstverletzungen« aus, wie die Expertinnen formulieren. Der Preis dafür ist ein streng geregelter Tagesablauf: Die Kinder müssen genau siebenmal am Tag zu festgelegten Zeiten sorgfältig ausgewähltes Essen zu sich nehmen.

Vor allem wenn sie mit Gleichaltrigen zusammen sind, ist es den jugendlichen Patienten peinlich, mit dem Glockenschlag den Proviant auszupacken oder die Spritze zu zücken. Auch in Restaurants oder auf Reisen passen ihnen die Vorschläge der Ärzte überhaupt nicht.

Für viele ist die Diagnose Diabetes ein Schock: 30 Prozent denken den Ergebnissen einer Studie zufolge an Selbstmord, fast die Hälfte spielen jahrelang mit diesem Gedanken. Manche bringen sich wirklich um – meist, indem sie sich eine falsche Menge Insulin spritzen.

Wer sich nicht an die strengen medizinischen Regeln hält, trägt ein hohes Risiko. Kleine Blutgefäße, die Kapillare, verzuckern allmählich. Am häufigsten wirkt sich dies auf die Augen aus. Wenn es zu Schäden im Augenhintergrund kommt, sind Sehbehinderungen oder gar Blindheit die Folge.

Solche Konsequenzen drohen auch Patienten, die erst später an Diabetes erkranken. Der sogenannte Typ II wird zwar Altersdiabetes genannt, tritt aber meist nicht im Greisenalter auf, sondern schon zwischen 40 und 60 Jahren. In Industrieländern leiden ungefähr vier Prozent der Bevölkerung an dieser häufigen Form – Tendenz steigend. 80 Prozent der Betroffenen sind zu dick, und das ist kein Zufall. Wenn jemand lange Zeit zuviel ißt, produziert der Körper mehr Insulin, um all die Kohlenhydrate abzubauen. Doch unglücklicherweise setzt ein Gegenmechanismus ein: Das Insulin wirkt schwächer als vorher, weil ein Teil der Rezeptoren für Insulin verschwindet, die das Signal für den Zuckerabbau weiterleiten. Wenn sich ihre Zahl verringert, wird mehr Insulin gebraucht. Dem ist der Organismus von vielen Menschen aber nicht gewachsen. Er produziert zwar weiter eine normale Insulinmenge, aber nicht genug für die Überbelastung.

Nicht wenige Betroffene greifen in dieser Situation zu insulinstimulierenden Tabletten, doch die bewirken meist eine »Verschlimmbesserung«, wie es Norbert Hermanns und Bernhard Kulzer von der Diabetes-Akademie in Bad Mergentheim ausdrücken.[77] Das zusätzliche Insulin macht hungrig, die Erkrankten essen mehr und erhöhen ihr riskantes Übergewicht noch.

Statt dessen müßten sie Diät halten, doch damit tun sie sich genauso schwer wie die jüngeren Diabetiker mit den ihnen von den Ärzten auferlegten Lebensregeln. Sie werden ein Opfer des Phänomens, das Psychologen das Paradoxon der Selbstkontrolle nennen. Es tritt immer dann auf, wenn ein langfristig nützliches Verhalten kurzfristig negative Konsequenzen hat – wie das Spritzen oder der Verzicht auf gutes Essen. Doch Schäden, die in ferner Zukunft vermieden werden, haben keinen großen Einfluß auf das momentane Verhalten. Das ist eine der Grundregeln der Lernpsychologie.

Diese schlichte Einsicht hat sich noch kaum zu den Ärzten herumgesprochen. Zusammen mit Ernährungsberaterinnen halten sie den Patienten Vorträge, daß sie in Zukunft Maß halten sollen. Das leuchtet den Diabetikern durchaus ein. In einer Untersuchung gaben die meisten an, Abnehmen und Diät seien in ihrer Situation wichtig. Doch eine ganze Reihe von Studien beweisen, daß zwei Drittel aller erwachsenen Diabetiker ihre Ernährungsvorschriften nicht einhalten. In der auf Rehabilitation spezialisierten Saale-Klinik wurden 232 Kranke vier Wochen lang geschult. Ihre Blutzuckerwerte besserten sich daraufhin vorübergehend, doch nach einem Jahr waren sie wieder auf der alten Höhe. Ähnliche Schulungsprogramme für junge Diabetiker helfen ebenfalls nur ein paar Monate.

Erfolgreicher sind dagegen Behandlungen, die Rücksicht auf die Gesetze der menschlichen Psychologie nehmen. Im Rahmen einer Studie begaben sich 110 ältere Diabetiker zu einem verhaltenstherapeutischen Programm für vier Woche in eine Klinik. In kleinen Gruppen sollten sie lernen, mit Hilfe von Selbstmanagement vernünftig zu essen. Der Speiseplan sah eine mäßig strenge Diät vor, denn Radikalkuren hält kaum jemand lange durch.

Die Teilnehmer begannen, mit Urinproben ihren Blutzuckerspiegel zu messen. Sie wogen sich regelmäßig und trugen ihr Gewicht in ein Schaubild ein. Auf die motivierende Wirkung der allmählich besser werdenden Werte verließen sich die Therapeuten allerdings nicht. Sie baten die Patienten, sich zu überlegen, welche Vorteile ihnen weniger Essen direkt bringen könnte, und diese in einem Formular zu notieren. Vielleicht würde der Teilnehmer attraktiver aussehen und sich besser bewegen können? So wird das Abnehmen zu einem auch emotional erstrebenswerten Ziel. Viele ältere Diabetiker assoziieren eine schlanke Figur nämlich eher mit Hunger und Kriegszeiten und sind deshalb denkbar schlecht motiviert.

Da in der Verhaltenstherapie erst einmal das Verhalten registriert wird, notieren die Patienten genau, was sie essen. Aufgeschrieben wird »alles, was Ihnen durch den Mund geht«, so die Anweisung auf dem Ernährungsprotokollbogen. Denn oft merken die Teilnehmer gar nicht bewußt, was für Kalorienbomben sie beim Kaffeekränzchen futtern oder wieviele Erdnüsse sie sich beim Fernsehen in den Mund schieben.

In solchen Situationen gilt es dann in Zukunft vorsichtig zu sein. Die Patienten geben sich Regeln – eine Liste mit Mustern stellt der Therapeut zur Verfügung. Ein Teilnehmer könnte sich beispielsweise vornehmen, in Zukunft nur noch zwei Bier beim Stammtisch zu trinken. Nach dem Essen wird er die Reste gleich beiseite räumen, um nicht später in Versuchung zu kommen. Wenn ihm beim Stadtbummel aus einer Bäckerei der Duft frischer Brötchen in die Nase steigt, wird er lieber gleich weitergehen.

Wer seine guten Vorsätze einhält, muß belohnt werden. Der Therapeut und die Gruppe loben ihn, doch der Teilnehmer soll sich auch selbst etwas Gutes tun. In einem Formular hält er fest, was er sich gönnen wird, falls er in einem Monat das für diesen Zeitpunkt festgelegte Gewichtsziel erreicht hat. Auch nach zwei oder drei Monaten ist bei Erfolg eine Verstärkung fällig.

Gleichzeitig bereitet der Therapeut aber auch auf Rückfälle vor. Irgendwann werden die meisten Teilnehmer schwach.

Dann ist es wichtig, nicht alle Anstrengungen für gescheitert zu halten, sondern die vorher besprochenen Maßnahmen zu ergreifen und sich beispielsweise an einen Freund zu wenden. Zum Schluß verpflichten sich die Teilnehmer schriftlich, dem Therapeuten alle paar Monate mitzuteilen, ob sie soviel Gewicht abgenommen haben, wie sie sich ebenfalls schriftlich vorgenommen haben.

Die Chancen stehen nicht schlecht. Beim Test des Programms ein halbes Jahr später wogen die Teilnehmer durchschnittlich 7,7 Kilo weniger. Eine Vergleichsgruppe, die zur gleichen Zeit eine klassische Patientenschulung durchlaufen hatte, brachte es nur auf 4,8 Kilo. Der Blutzucker sank um 2,5 Prozent, doppelt so stark wie bei der Schulungsgruppe.

Auch ohne Krankenhausaufenthalt können Diabetiker mit Verhaltenstherapie etwas für ihre Gesundheit tun. Eigens ausgebildete Arzthelferinnen leiteten in den Praxen vier zweistündige Kurseinheiten. Ein Jahr nach dem Programm brachten die Probanden durchschnittlich immerhin noch 2,7 Kilo weniger auf die Waage, nur noch halb so viele griffen zu Anti-Diabetes-Pillen. Bei der Vergleichsgruppe, die nur gute Ratschläge bekommen hatte, war nach einem Jahr keine Wirkung mehr festzustellen.[78]

Jugendliche Diabetiker haben von verhaltenstherapeutischen Programmen ebenfalls mehr als von konventionellen Schulungen. Für sie ist es wichtig, trotz des strengen Gesundheitsregimes die Freude am Leben nicht zu verlieren und sich im Umgang mit Gleichaltrigen nicht verunsichern zu lassen. Deshalb lernen sie nicht nur vernünftig zu essen und sich richtig zu spritzen. Sie erfahren auch, daß Diabetes kein Dauerschonprogramm für Kranke bedeutet. Bei stationären Aufenthalten stehen die gleichen Aktivitäten auf dem Programm, die gesunde Kinder in Ferienprogrammen erleben. In Rollenspielen lernen sie, wie sie mit Hänseleien von anderen umgehen können, wenn sie beispielsweise die Spritze zücken.

Solche Übungen stärken nicht nur das Selbstbewußtsein und verhelfen zu mehr Lebensfreude. Mehrere Untersuchungen beweisen: Wenn Kinder an einem Verhaltenstherapieprogramm teilnehmen, entwickelten sich ihre Blutzuckerwerte hinterher günstiger als bei anderen, die in einer herkömmlichen Patientenschulung nur mit medizinischen Informationen versorgt werden.

Mit Schmerzen besser leben

Als die Schmerzen vor acht Jahren begannen, waren sie noch nicht weiter dramatisch. Heike Loth taten eben Rücken und Kopf weh. Doch bald irrte die heute 42jährige Verwaltungsangestellte von Arzt zu Arzt, um Linderung zu finden. Nun durchzuckten die Schmerzen sie, als ob der Zahnarzt mit dem Bohrer einen Nerv nach dem anderen treffen würde. Sie pochten im Kopf, und Heike Loth hielt krampfhaft still, damit sie nicht noch stärker wurden.

Sie bekam starke Schmerzmittel. Von denen wurde ihr schlecht, doch die Schmerzen blieben. Erst nach fünf Jahren fanden die Mediziner mit Hilfe der aufwendigen Magnetresonanz-Tomographie einen Grund für die Qualen: einen Halswirbelsäulenschaden. Heike Loths Hoffnung, daß ihr Leiden nun geheilt werden könnte, trog. Eine Operation war nicht möglich. Eine Ärztin versuchte mit Spritzen, die Nerven zu blockieren, aber die Schmerzen wurden nur schlimmer.

Die Angestellte wurde immer wieder krank geschrieben, bis sie ihre Stelle vor drei Jahren schließlich aufgab und zu Hause bei ihrem Mann und ihrer 17jährigen Tochter blieb. Doch auch das Privatleben gestaltete sich schwierig. Einladungen von Freundinnen sagte sie ab, weil sie Angst hatte, vor lauter Schmerzen doch nicht hingehen zu können.

Jeder zwölfte Deutsche leidet an chronischen Schmerzen, das sind sechs Millionen. Anderthalb Millionen müssen die Qualen täglich erdulden.[79]

Zu den häufigsten Plagen gehören Kopfschmerzen. Fast drei Viertel der Bevölkerung haben zumindest gelegentlich welche –

weltweit. »Soweit wir wissen, gibt es keine geographischen Gebiete mit hoher Kopfschmerzprävalenz und keine glücklichen Täler, zu denen Kopfschmerz keinen Zutritt hat«, resümierte der Forscher John Edmeads, nachdem er Statistiken aus zahlreichen Ländern gesichtet hatte.

Wenn der Schmerz drückt und preßt und nicht mit dem Pulsschlag variiert, deutet dies auf Spannungskopfschmerz. Meist bleibt er mittelstark und macht sich gleichzeitig in beiden Kopfhälften bemerkbar. Zwei Prozent der Männer und drei Prozent der Frauen haben chronisch mit Spannungskopfschmerzen zu kämpfen.

Bei Migräne sind Frauen doppelt so häufig betroffen wie Männer. Sie tritt verschiedenen Studien zufolge bei zwei bis sechs Prozent der Bevölkerung auf. Bei manchen Erkrankten kündigt eine sogenannte Aura die Anfälle an: Vorübergehend haben sie Sprech- oder Sehstörungen. Dann folgen mittel bis extrem starke pulsierende Schmerzen im Kopf. Die Anfälle dauern von vier Stunden bis zu drei Tagen.

Rückenschmerzen sind ebenso häufig wie Kopfschmerzen. Quer durch die Industrienationen suchen sie 75 Prozent der Menschen irgendwann heim. Meist bleiben sie schwach. In neun von zehn Fällen genügt es, den Rücken zu entlasten und vielleicht eine Schmerztablette zu nehmen, um die Beschwerden wieder loszuwerden. Doch mitunter kehren sie wieder und bleiben länger. Dann kann es schnell ernst werden. Nur 40 Prozent der Patienten, die länger als sechs Wochen krankgeschrieben werden, kehren wieder ins Arbeitsleben zurück. Wer erst einmal ein Jahr daniederliegt, dem bleibt nur eine Chance von 15 Prozent, noch einmal berufstätig zu sein. Mittlerweile hat fast jede zweite Rehabilitationsmaßnahme in deutschen Kliniken das Ziel, einen Rückenkranken wieder fit für den Job zu machen. Doch der Versuch scheitert häufig.

Rückenbeschwerden machen mehr Männer in Deutschland arbeitsunfähig als irgendeine andere Krankheit. Die Zahl der Betroffenen ist in den letzten Jahren stetig gestiegen. Die Zunahme »läßt sich bisher medizinisch nicht befriedigend erklären«, konstatiert der Experte Michael Pfingsten.[80]

Das ist nicht verwunderlich. Denn die Ärzte verstehen bisher kaum, woher chronische Schmerzen kommen. Die Zusammenhänge sind verwickelt. Beispiel Rücken: Wer sich nach vorne beugt, macht eine scheinbar einfache Bewegung. Doch in den Segmenten der Wirbelsäule verschieben sich Gelenke, Bandscheiben und andere Teile auf komplizierte Weise gegeneinander. Ein Segment kann bis zu 72 unterschiedliche Bewegungsabläufe ausführen. Es ist deshalb schwer zu durchschauen, welche Folgen es für den Ablauf hat, wenn beispielsweise die Bandscheibe abgenutzt ist.

Warum es weh tut, bleibt erst recht rätselhaft. Zwar finden die Ärzte meist Veränderungen der Wirbelsäule, wenn sie Patienten mit Rückenschmerzen untersuchen. Doch solche Degenerationserscheinungen lassen sich auch bei Menschen nachweisen, denen nichts weh tut. Was auf dem Röntgenbild zu sehen ist, hängt kaum mit dem zusammen, was die Patienten berichten.

Auch Kopfschmerzen machen den Experten Probleme. In 90 Prozent der Fälle haben sie es mit sogenannten idiopathischen Kopfschmerzen zu tun, die sich nicht auf nachweisbare krankhafte Veränderungen zurückführen lassen. Die Wissenschaftler glauben heute, daß die Blutgefäße des Gehirns eine wichtige Rolle bei der Migräne spielen. Einer klassischen Theorie zufolge entsteht der Schmerz, wenn sie zu weit gedehnt werden. Dabei scheint der Nerven-Botenstoff Serotonin beteiligt zu sein. Doch die genauen Zusammenhänge sind unklar. Darüber, wie Spannungskopfschmerzen entstehen, ist sogar noch weniger bekannt.

Eines aber ist heute klar: Chronische Schmerzen sind kein rein körperliches Phänomen. Wie stark jemand leidet, hängt entscheidend von psychischen Faktoren ab. Das stellten Forscher beispielsweise fest, als sie Patienten untersuchten, die an Rückenschmerzen litten oder an Chronischer Polyarthritis, einer Form von Rheuma. Sie fanden, daß es keineswegs den körperlich am stärksten Erkrankten am schlechtesten ging. Es kam vielmehr darauf an, wie die Patienten mit ihrer Krankheit umgingen. Manche glaubten, hilflos den Schmerzen ausgeliefert zu sein. Sie litten stark. Andere versuchten, sich von den Schmerzen nicht unterkriegen zu lassen. Sie klagten weniger und waren auch weniger behindert.

In einer anderen Studie stellte sich heraus, daß bei der Firma Boeing nicht etwa die Arbeiter mit den anstrengendsten Tätigkeiten Rückenschmerzen bekamen. Den Ausschlag gab wieder ein subjektiver Faktor: Schmerzen entwickelte, wer seine Arbeit nicht mochte – ob sie schwer war oder nicht.

Es ist nicht einfach, dem Schmerz Paroli zu bieten. Viele schaffen es nicht – und leiden zusätzlich unter den Folgen der Schmerzen. Sie schlafen schlecht, werden reizbar, verlieren den Appetit und haben keine Freude mehr an Sex. Sie denken nur noch an ihre Schmerzen und verlieren ihre Bekannten und Freunde, weil sie sich nicht mehr um sie kümmern. So gibt es schließlich immer weniger, was sie auf andere Gedanken bringen könnte. Manche verfallen in einen »Dauerzustand von Apathie und Resignation«, resümiert Professor Heinz-Dieter Basler, der an der Universität Marburg Medizinische Psychologie lehrt.[81]

Cocktails gegen Schmerzmittelsucht

Viele Patienten versuchen, ihre Schmerzen mit Hilfe von Medikamenten loszuwerden. Doch wer zuviel oder die falschen Mittel nimmt, kann abhängig werden. Die Schmerzen bleiben nicht nur – die Pillen lösen sogar zusätzliche aus. Oft verschreiben Ärzte untaugliche Medikamente, wie Unterlagen der Ulmer Schmerzambulanz beweisen.

Bei schwerer Abhängigkeit müssen die Betroffenen zum Entzug in eine Klinik. Nicht immer werden die Medikamente dort schlagartig abgesetzt. Manche Patienten bekommen täglich einen »Schmerz-Cocktail« serviert, in dem der Wirkstoff nach und nach reduziert wird. Allerdings weiß der Patient nicht, wieviel Schmerzmittel noch darin enthalten ist.

Diese Methode stammt aus der für ihre Pionierleistungen bekannten Schmerzklinik im amerikanischen Seattle. Von dort kommt auch eine Idee, um Abhängigkeit zu vermeiden: Die Medikamente werden immer zur selben Zeit verabreicht und nicht erst dann, wenn der Schmerz dazu zwingt. Denn nur wenn der Patient erlebt, daß die Arznei den Schmerz reduziert, wird er süchtig nach ihr.

Wenn Schmerztherapie helfen soll, muß sie die Kranken aus diesem Teufelskreis herausholen. Immer mehr Ärzte arbeiten dabei inzwischen mit Psychologen zusammen. Letztere haben Gruppenprogramme ausgearbeitet, in denen Patienten in einem Dutzend Sitzungen lernen, mit ihren Schmerzen zu leben. Mehrere deutsche Universitäten entwickelten beispielsweise ein 1995 veröffentlichtes Programm für Kopf- und Rückenschmerzpatienten.[81]

Ziel dieses Programm ist nicht, die Schmerzen völlig zu beseitigen – das würde kaum gelingen. Es geht darum, wieder aktiv zu werden – auch körperlich. Lange Zeit rieten Ärzte bei chronischen Schmerzen zur Schonung. Heute wissen sie es besser. »Längere Bettruhe ist die wirkungsvollste bekannte Methode, ein schweres Nichtgebrauchs-Syndrom hervorzurufen«, lästerte ein Forscher. Die Muskeln schwinden, die Knochen werden dünner. Körperliche Betätigung verhindert dies und hilft auch gegen das Gefühl, behindert zu sein. Wieviel Bewegung zuträglich ist, hängt vom Schmerz ab: »Let the pain guide«, lehren amerikanische Wissenschaftler. Ganz vermeiden solle man den Schmerz aber nicht, sonst erreiche man nichts: »No Pain, no gain.«

Das richtige Maß legen die Ärzte für ihre Patienten fest. Die Psychologen helfen dabei, sich an diese Vorgaben zu halten. Sie informieren in der Gruppe nicht nur theoretisch über die nötige körperliche Betätigung, sondern fordern schon in der ersten Therapiestunde zu Lockerungsübungen auf: »Tun Sie einfach das, was Sie jetzt im Moment gut tun können.« Später stehen Gymnastikübungen auf dem Programm.

Die Patienten lernen, darauf zu achten, in welchen Situationen der Schmerz kommt. Es kommt darauf an, rechtzeitig zu merken, wann sie ihre Muskeln anspannen – etwa in stressigen Situationen. Verspannungen führen zu Schmerzen, die ihrerseits wieder zu weiterer Anspannung führen. Mit Entspannungstechniken läßt sich dieser Ablauf unterbrechen. Dafür hat sich die progressive Muskelentspannung nach Edmund Jacobson bewährt.

Fortgeschrittene Patienten greifen zur Ampelübung – sie geht so schnell, daß sie sogar im Auto während der Rotlicht-Phase praktiziert werden kann. Bei ihr genügt ein sogenanntes Ruhewort zur Entspannung. Auf dieses Ruhewort haben sich die Patienten vorher so oft in entspanntem Zustand konzentriert, daß der Körper es automatisch mit Entspannung verbindet. Diese Schnellentspannung muß oft geübt werden, damit sie wie von alleine klappt. Deshalb kleben die Teilnehmer zu Hause etwa auf den Staubsauger, die Kaffeemaschine und den Garderobenständer rote Punkte und entspannen sich immer, wenn ihr Blick darauf fällt.

Biofeedback: Maschinen helfen auch nicht besser

Wer etwas gegen seine Kopfschmerzen tun möchte, kann sich an einen Computer anschließen lassen. Ein Sensor am Kopf mißt, wie stark der Stirnmuskel angespannt ist. Das Ergebnis wird auf dem Bildschirm angezeigt. Der Patient bekommt also eine Aktivität seines eigenen Körpers zurückgemeldet, weshalb das Verfahren Biofeedback heißt. Mit seiner Hilfe läßt sich lernen, den Muskel gezielt anzuspannen und zu entspannen.

Der Aufwand beeindruckt viele Patienten, doch die Ergebnisse sind weniger dramatisch. Biofeedback hat keine besseren Erfolgsquoten als die althergebrachte progressive Muskelentspannung. Auch die Kombination beider Verfahren verbessert das Ergebnis nicht. Allerdings scheint einigen Patienten eher die progressive Muskelentspannung zu liegen, während andere besser auf Biofeedback ansprechen.

In der Theorie wirkt Biofeedback, indem es die Muskelspannung senkt. Doch erstaunlicherweise läßt der Schmerz keineswegs bei den Patienten am meisten nach, denen dies meßbar am besten gelingt. Die größten Erfolge erzielen vielmehr die Patienten, die überdurchschnittlich davon überzeugt sind, mit dem Gerät ihre Muskelaktivität kontrollieren zu können. Offenbar hilft hier der Glaube. Womöglich ist Biofeedback nicht mehr als ein Hightech-Placebo.

Ablenkungsübungen lassen den Schmerz in den Hintergrund treten. Die Patienten entspannen sich und stellen sich zu den Worten des Gruppenleiters intensiv einen Baum vor: Wie weit seine Wurzeln in die Erde ragen und ihm Halt geben. Wie er mit den Wurzeln Wasser aufnimmt und in Nährflüssigkeit verwandelt. Wie er im Winter dem Schnee und der Kälte trotzt.[82] Später lernen sie, eigene Phantasiereisen zu unternehmen.

Auch ganz alltägliche Aktivitäten taugen zur Ablenkung. Die Teilnehmer der Gruppe sammeln zunächst Ideen: einen Stadtbummel unternehmen, ein spannendes Buch lesen, im Garten arbeiten, telefonieren, ein gemütliches Bad nehmen oder schwimmen gehen. Sie bekommen die Hausaufgabe, auch wirklich etwas aus dieser Liste umzusetzen. Schmerzpatienten neigen zur Passivität, weshalb etwas Nachhilfe von außen gut sein kann. Wenn eine Teilnehmerin sich vornimmt, am Mittwoch auszugehen, erklärt eine andere sich bereit, am Donnerstag nachzufragen, was aus dem Plan geworden ist. Motto: »Überlasse Deinen Genuß nicht allein dem Zufall.«

Viele Patienten machen sich das Leben zusätzlich schwer, indem sie immer wieder über ihre traurige Lage grübeln. Sich mit der Krankheit auseinanderzusetzen ist sinnvoll, doch Selbstmitleid und Pessimismus schaden. Schnell entwickeln sich sogenannte Gedankenlawinen: Wenn sie beim Treppensteigen starke Schmerzen verspürte, dachte eine Patientin: Wie lange läßt sich diese Wohnung noch halten? Muß ich mit meinem Mann vielleicht sogar ins Altersheim? Bedeutet das nicht unseren Ruin.[82]

In der Verhaltenstherapie erproben die Patienten neue Denkweisen. Wenn sich die Gruppenmitglieder schon besser kennen, können sie Gedankenduelle ausfechten. Ein Teilnehmer konfrontiert einen anderen mit all den Gedanken, mit denen der sich normalerweise das Leben selbst zur Hölle macht. Dieser hat die Aufgabe, mit besseren Alternativen zu kontern. Der negative Gedanke lautet etwa: »Das hört ja nie mehr auf.« Darauf entgegnet er: »Der Schmerz wird mich nicht den ganzen Tag beherrschen.« Oder: »Dieser Schmerz macht mich zum Versager.« Alternative: »Ich muß jetzt mit diesem Schmerz nicht hundertprozentig funktionieren.«

Tückischerweise können solche Perfektionsansprüche noch tiefer in den Schmerz treiben. Viele Patienten trauen sich nur dann auszuruhen, wenn sie starke Schmerzen haben. Auch lassen manche Familien und Arbeitgeber ihnen keinen anderen Ausweg. Doch so wird Schmerz belohnt und damit verstärkt. Versicherungen können eine ähnlich fatale Wirkung haben: Sie zahlen nur dann eine Erwerbsunfähigkeitsrente, wenn die Schmerzen bleiben. Einigen Studien zufolge haben Schmerzpatienten schlechtere Heilungschancen, wenn ihr Rentenantrag läuft.

Schmerz bietet also Vorteile, wenn auch um einen hohen Preis. Verhaltenstherapeutisch orientierte Psychologen fragen deshalb: Wenn eine gute Fee plötzlich alle Schmerzen wegzaubern würde – was wären die Nachteile? Vielleicht stellt sich heraus, daß ein Patient nicht wüßte, wie er dann zusätzliche Arbeit im Büro abwehren sollte. Oder eine Mutter hätte in der Familie überhaupt keine ruhige Minute mehr. Dann muß überlegt werden, wie sich berechtigte Anliegen auch ohne die Hilfe der Schmerzen erreichen lassen.

Es gibt allerdings Patienten, die sich so mit der Krankenrolle arrangiert haben, daß sie nicht bereit sind, auf ihre Vorzüge zu verzichten. Der amerikanische Experte Richard Sternbach spricht von »Schmerzspielen«, mit denen solche Menschen ihre Familien und ihre Ärzte manipulieren. Ihnen kann es passieren, daß sie am Ende einer Therapie ein zynisches Diplom überreicht bekommen. Es bescheinigt ihnen, ewige Schmerzpatienten zu sein, die den Anstrengungen der besten Spezialisten erfolgreich getrotzt haben.

In der Regel hilft Therapie jedoch. Auch Heike Loth hat es genutzt, daß sie sich anfangs mit starken Schmerzen zu einer Frankfurter Psychologin schleppte.

Früher versuchte sie, bei der Arbeit und im Haushalt perfekt zu funktionieren und scheiterte gerade deshalb. Bei einer Schmerzattacke steigerte sie sich in die Angst hinein, den Anforderungen nicht mehr gerecht werden zu können: »Dadurch habe ich den Schmerz noch höher getrieben«, erinnert sie sich.

Dank der Therapie kommen die Schmerzen heute seltener. Sie kann wieder arbeiten, was vorher zwei Jahre lang unmöglich war. Heike Loth hat sich damit abgefunden, daß gelegentlicher Schmerz »zu mir gehört«. Doch sie weiß, daß sie ihn »auch beeinflussen kann«. Bei ihrem letzten großen Schmerzanfall vor zwei Wochen legte sie sich ins Bett und machte sich keine Gedanken über die unerledigte Arbeit. Sie blieb bis zum nächsten Nachmittag einfach liegen und konnte am nächsten Tag wieder ins Büro.

Dort lächelt sie nun nicht immer nur, sondern sagt schon mal: »Heute geht es mir nicht gut.« Zu ihrem Erstaunen akzeptieren die Kollegen dies, der Chef nimmt sogar schon mal persönlich die Post mit. Wenn der Streß zu groß wird, geht sie zur Toilette und macht eine Entspannungsübung, um dann ruhig an den Schreibtisch zurückzukehren.

Wird es ihr zu Hause zuviel, geht sie mit dem Hund spazieren oder spielt am Computer. Schmerzen drängt sie mit angenehmen Vorstellungen in den Hintergrund. Sie blättert in ihrem Stapel Reiseprospekte und träumt sich in ferne Länder. »Willst du schon wieder fort?«, fragt ihr Mann dann.

Eine große Auswertung von 65 Studien mit an unterschiedlichen Schmerzarten Leidenden ergab: 75 Prozent der Behandelten ging es nach der Therapie besser als den Patienten von Kontrollgruppen, die nur medizinisch oder gar nicht betreut worden waren. Sie kehrten doppelt so häufig an ihren Arbeitsplatz zurück wie die anderen. Viele Teilnehmer nahmen weniger Medikamente und mußten seltener zum Arzt. Bei Nachkontrollen zeigte sich, daß die Besserungen anhielten.[83]

Heike Loth trat im September eine neue Stelle an. Stolz berichtet sie, daß der Schmerz sie bis zum Jahresende nur zwei Tage von der Arbeit abhielt. Erst zu Beginn des neuen Jahres mußte sie ein paar Tage länger weg bleiben. Fröhlich rief sie im Amt an: »Ich habe was ganz Normales, ich habe die Grippe.«

Stottern: Wenn die Zunge plötzlich wieder gehorcht

Im Jahr 1837 traute sich der zehnjährige Nils Hertzberg, der im Westen Norwegens lebte, kaum mehr durch eine Tür zu gehen. Dahinter lauerte oft ein Bediensteter der Familie, um ihm einen nassen Lappen ins Gesicht zu patschen oder einen rohen Fisch um die Ohren zu schlagen. So versuchten wohlmeinende Hausgenossen, den kleinen Jungen von seinem Stottern zu befreien. Das hatte er sich angeblich durch einen Sturz in den Kartoffelkeller zugezogen. Die Norweger glaubten damals, ein neuer Schock könnte die Wirkungen des alten aufheben. Als das nicht klappte, trat der Junge eine abenteuerliche Reise in die vier Tage entfernte Hauptstadt Christiana an, das heutige Oslo. Seine Familie hatte die Annonce eines dort als Stottertherapeut gastierenden Deutschen namens Bansmann gelesen, der

*sich selbst einen Doktortitel verliehen hatte. Bansmann versuchte die Sprachstörung zu kurieren, indem er eine ganze
Schar jugendlicher Patienten in seinem Hotelzimmer gleichzeitig laut lesen lies. Dabei sollten sie erst gründlich Luft holen
und dann mit tiefer Stimme sprechen. Außerdem waren sie gehalten, ihre Worte mit einem h-Laut einzuleiten. Als Nils sich
auf den langen Heimweg machte, hatte sich sein Sprechen immerhin gebessert.*[84]

Wenn ein Stotterer heute sein Leiden lindern will, steht ihm
noch immer eine Odyssee von einem mehr oder weniger seriösen Heiler zum nächsten bevor. Die meisten erwachsenen Stotterer haben schon mehrere Therapien hinter sich, und ihre Probleme sind immer noch da. Doch sie erleben auch Erfolge.

*Hubert wurde schon als Kind mit Elektro-Akupunktur traktiert, verbrachte zwei Jahre in einem Sprachheilinternat, ging in
logopädische Behandlung und besuchte sogar in den Ferien
Sprachheilkurse. Als Erwachsener übte er bei einem Psychologen das Sprechen im Takt eines Metronoms. Es nützte alles
nicht viel. Im Supermarkt traute er sich immer noch nicht, an
der Fleischtheke nach der gewünschten Wurst zu fragen, sondern griff zu Abgepacktem. Einen Termin im Sekretariat der
Universität, an der er Gartenbau studierte, verschob Hubert
bis zum letzten Tag und stand dann dort mit hochrotem Kopf.
Er brachte kein Wort heraus und konnte sein Anliegen nur mit
Zettel und Bleistift vorbringen. In Vorlesungen konnte er sich
nicht konzentrieren, weil ihm nicht aus dem Kopf ging, daß er
als Stotterer sowieso keine Berufschancen hätte. Ein namhafter
deutscher Therapeut lehnte ihn als hoffnungslosen Fall ab.*

*In seiner Verzweiflung fuhr er Ende 1989 bis nach Australien, um dort ein intensives dreimonatiges Sprechprogramm zu
absolvieren. Der Erfolg schien frappierend. »Es ist wie ein Gefühl der Wiedergeburt«, erinnert sich Hubert. Den ersten
Hamburger, den er flüssig bestellte, hat er nie vergessen. Er
konnte fließend nach Hause telefonieren. Doch schon zehn Tage nach seiner Rückkehr stotterte er wie vorher. Der Druck der*

190

hohen Erwartungen seiner Freude und der Streß des Alltags war zu groß, vermutet Hubert. Erst seit er in Deutschland andere Stotterer kennengelernt hat, die ähnliche Programme wie das australische absolviert haben, und mit ihnen regelmäßig übt, ist sein kapriziöses Sprechvermögen zurückgekehrt. Mehrmals im Jahr verbringt er einige Tage bei solchen Treffen.

Diese Woche ist er auf den Jugendhof Dörnberg bei Kassel gekommen. Zehn Stotterer im Alter zwischen vierzehn und vierzig haben sich in der Einrichtung mit Jugendherbergsambiente eingefunden und trainieren ihre Sprechweise, während draußen Regenschauer auf das ländliche Refugium niedergehen. Die Teilnehmer haben vor etwa einem Jahr die Kasseler Stottertherapie mitgemacht, die der Arzt Alexander Wolff von Gudenberg an der Gesamthochschule Kassel entwickelt hat. Wolff von Gudenberg, der von allen nur Alex genannt wird, stottert selbst. Dem freundlichen 40Jährigen im Pullover und mit Bergstiefeln an den Füßen fehlt jeder ärztliche Habitus. Doch er besteht auf einem harten Trainingsprogramm. Sprechübungen auf den Stuben und in der Gruppe reichen nicht. Die Stotterer sollen gerade in Situationen, vor denen sie Angst haben, den Mund aufmachen. Deshalb hat Wolff von Gudenberg alle Bekannten, die er in der Gegend auftreiben konnte, für Donnerstag nachmittag als Publikum in die Aula des Jugendhofs bestellt. Die Teilnehmer der Therapie sollen sich vor ihnen auf die Bühne stellen und reden – der Alptraum eines Stotterers. Nach den vorbereiteten Auftritten werden sich die Teilnehmer am Ende einzeln den Fragen des Publikums stellen. »Kreuzverhör«, heißt dieser Punkt im Programm.

Bernhard hat die Moderation übernommen. Er spricht etwas langsamer, als er es eigentlich kann, verheddert sich mit dem Mikrofonkabel und verliert kurz den Faden, so daß er noch einmal von vorne anfangen muß. Er läuft nervös auf und ab, doch er stottert nicht. Norbert hält den Anwesenden mit sonorer Stimme einen kurzen Vortrag über die Therapie – auch er kommt nicht ins Schleudern. Nun kündigt Conférencier Bernhard eine besondere Attraktion an. Ein Text muß vorgelesen werden, was für Stotterer ein Problem ist, weil sie bei schwierigen Worten nicht schnell auf einfachere ausweichen können. Diese Manöver beherrschen viele Stotterer perfekt, doch nun wird es nichts nützen. »Den Text habe ich soeben von unserem vereidigten Sachverständigen erhalten, jetzt fehlt nur noch der Delinquent«, moderiert Jurastudent Bernhard maliziös.

Diese Rolle ist Elke zugefallen, die Schwierigkeiten mit ihrem eigenen Nachnamen hat. Glücklicherweise verfügt sie über einen Doppelnamen und benutzt oft einfach die leichtere Hälfte. Auf der Bühne muß sie ohne solche Tricks klarkommen. Ihre Stimme klingt etwas zart und spiegelt wenig vom Inhalt der Kurzgeschichte wieder, doch sie bleibt flüssig.

Anschließend zeigt sich Ulrich, der früher zeitweise kein Wort herausbekam, sogar einem gespielten Bewerbungsgespräch gewachsen. Er gerät nicht einmal aus dem Konzept, als Elke ihn in der Rolle der Personalchefin direkt nach seiner Sprechweise fragt. Die fällt durch viele kurze Pausen auf, die aber nicht weiter stören, sondern Ulrich zu einer sympathischen Bedächtigkeit verhelfen.

Keiner gerät während der Vorstellung richtig ins Stottern. Der im Publikum sitzende Psychologieprofessor Harald Euler ist angetan. Er begleitet die Stottertherapie wissenschaftlich. Eines wundert ihn bei der anschließenden Befragung aber doch. »Von allen Klienten, die ich heute abend gehört habe, spricht der Alexander Wolff von Gudenberg mit am schlechtesten.« »Das liegt daran, daß er zuwenig übt«, erläutert Norbert, der gerade wieder auf der Bühne steht und lässig Fragen beantwortet.

Diese scheinbar banale Erklärung führt zu einem der vielen Rätsel des Stotterns: Schon mit wenigen Übungen oder obskuren Therapien läßt es sich für einige Zeit beseitigen – aber selbst mit großen Anstrengungen nur schwer auf Dauer loswerden. Verblüffender noch: Stotterer können fließend sprechen. Sie stolpern weniger oder gar nicht, wenn sie ihren Dialekt benutzen, mit Kindern oder Tieren reden, anderen nachsprechen oder singen. Selbst wenn sie stottern, tun sie dies keineswegs in jedem Satz. »Die größten Anteile seiner Rede stottert der Stotternde im allgemeinen eben nicht!«, konstatieren der Psychologieprofessor Peter Fiedler und die Psychologin Renate Standop in ihrem Lehrbuch »Stottern«.[85] Manche Stotterer werden große Redner, wie der antike Rhetorikmeister Demosthenes oder Winston Churchill. Doch selbst dann können Spuren zurückbleiben. Churchill schaffte einen Satz manchmal nur mit Anlauf. »HmmmmmmmEngland will never surrender«, beschwor er während des Zweiten Weltkriegs in einer Radioübertragung den Kampfgeist der Nation.

Und warum stolpern Stotterer beim Vorlesen immer wieder an den gleichen Stellen eines Textes? Warum gibt es viermal mehr Stotterer als Stottererinnen? Warum verschwindet die Sprachstörung, wenn der Stotterer per Kopfhörer mit einem so lauten Rauschen versorgt wird, daß es fast die Schmerzgrenze erreicht?

Psychoanalytiker erklärten das Stottern zur neurotischen Reaktion, die wahlweise mit oralen oder analen Fixierungen zusammenhängen sollte. Stotterer unterdrückten unbewußt das Sprechen. »Jede dieser psychoanalytischen Aussagen wurde untersucht und für falsch befunden«, resümiert der Oldenburger Psychologieprofessor Horst Kern knapp die Forschung dazu.[86] Stotterer sind nicht neurotischer als andere. Die jahrelange Suche nach Persönlichkeitsmerkmalen, die das Problem verursachen könnten, verlief auch sonst ergebnislos.

Heute beherrschen zwei andere Denkweisen die Diskussion: Der Nicht-Vermeidungs-Ansatz und die Lerntheoretiker, die mit gezielten Programmen direkt an der Sprache feilen.

Den Vertretern des Nicht-Vermeidungs-Ansatzes zufolge können Stotterer nicht fließend sprechen, weil sie ja wissen, daß sie stottern und Angst davor haben. Könnte der Stotternde vergessen, daß er stottert, so würde er nicht mehr stottern. So aber fürchtet er die Kontrolle über die Sprache zu verlieren und verliert sie gerade deswegen. Der Sprachbehindertenpädagoge Axel Weber, der 20 Jahre lang stark gestottert hat, beschreibt die extreme Anspannung so: »Wer sich Jahrzehnte hindurch mit einer schweren Symptomatik durchs das Leben preßt, wer

Schweißausbrüche, Gedankenchaos und den Muskelkater des Nichtgesagten kennt, wer sich abquält und vergewaltigt, wem das Leben in der Kehle stecken bleibt, erlebt das Stottern als Zerstörung.«[87] Doch wie geraten Menschen in diesen Teufelskreis? Eine Theorie macht die Eltern verantwortlich: Sie würden normales Stammeln für Stottern halten und das Kind dadurch verunsichern.

Wenn aber die Angst vor dem Stottern das Stottern erst erzeugt, gibt es eine paradoxe Kur: Sich möglichst wenig darum kümmern und einfach drauflos reden: »Nicht vermeiden – Stottern zeigen«, heißt der Slogan des ursprünglich amerikanischen Ansatzes in der deutschen Version des Berliner Therapeuten Wolfgang Wendlandt.[88] Es gilt, einen spielerischen Umgang mit dem eigenen Stottern zu erlernen, sogar absichtlich zu stottern, um ihm die Dramatik zu nehmen. Diese bereits in der ersten Hälfte des Jahrhunderts entwickelten Ideen spielen heute noch eine große Rolle in der Therapie.

Zwischendurch fielen ihre Vertreter allerdings in Ungnade, denn sie können keine vollständige Heilung versprechen. Ihr Ziel ist der »gut angepaßte Stotterer«, der immer noch etwas stammelt, aber dank eines größeren Selbstbewußtseins nicht mehr so darunter leidet. Anfang der sechziger Jahre wurde in den USA eine auch heute einflußreiche Gegenbewegung modern: Stottern wurde nun direkt behandelt. In ausgefeilten Lernprogrammen wurden korrekte Lautäußerungen mit Belohnungen verstärkt. Diese Programme waren »die Antwort auf alle Gebete. Zumindest sah es damals so aus«, beschreibt Armin Kuhr von der Medizinischen Hochschule Hannover die Stimmung.[89]

Die Grundidee: Stotterer benutzen eine falsche Sprechtechnik und müssen die richtige neu lernen, am besten in kleinen Schritten. Die Schöpfer der Programme konnten nachweisen, daß dies tatsächlich funktioniert. Doch auch ihre Erfolge blieben beschränkt. »Jetzt bin ich über ein gutes Dutzend Jahre im Geschäft mit der Sprachflüssigkeit«, notierte William Perkins selbstkritisch. »Wir haben so viel Ärger damit, den Erfolg aufrechtzuerhalten wie alle anderen. Ich hatte angenommen, könnten wir unsere Leute nur lange genug flüssig halten, dann würde diese Fähigkeit schließlich automatisch funktionieren. Nicht einmal ist dies geschehen.«

Nicht nur Perkins hat den Glauben an sichere Heilmethoden verloren. Zwar tingeln genügend Wunderheiler durch die Talkshows, die mit ihren Patentrezepten Stottern in zehn Tagen kurieren wollen. »Es gibt ganz gemeine, verführerische Konzepte«, warnt Wendlandt. Doch seriöse Therapeuten wie er geben zu, daß eine solide Behandlung meist lange dauert und verschiedene Techniken erfordert.

Das Sprechen falsch gelernt?

Die Ursachen des Stotterns sind komplizierter, als es sich die Theoretiker lange träumen ließen. Forscher haben immer mehr Indizien gefunden, die auf neurologische Probleme als Mitursache deuten. In den sechziger Jahren machten Neurochirurgen eine merkwürdige Entdeckung. Sie mußten aus Gründen, die nichts mit dem Stottern zu tun hatten, bei vier Patienten das Sprachzentrum in der rechten Gehirnhälfte zerstören. Hinterher stotterten die Operierten auf einmal nicht mehr. Offenbar kamen sie besser klar, wenn nur ihr linkes Sprachzentrum aktiv war.

Als es amerikanischen Wissenschaftlern 1996 gelang, mit Hilfe der sogenannten Positronen-Emissions-Tomographie zu untersuchen, welche Gehirnzentren beim Sprechen aktiviert werden, zeigte sich: Beim Stottern waren Zentren in der rechten Gehirnhälfte zu stark beschäftigt, andere in der linken dagegen zu schwach.

Heute spricht viel dafür, daß bei Stotternden nicht klar ist, welche Gehirnhälfte Sprachprozesse steuern soll, weshalb Verwirrung entsteht. Stotter-Experte Fiedler vermutet, daß die Betroffenen wegen dieses Chaos nicht eindeutig fühlen können, was der Sprechapparat macht. Deshalb versuchten sie, ihre Sprechmuskeln nicht nach Gefühl, sondern über das Hören zu kontrollieren. Für Kinder ist dies laut Fiedler normal. Doch sobald sie nicht mehr einfach vor sich hin plappern, sondern auf den Inhalt achten, reicht die Kapazität ihrer Aufmerksamkeit für diese akustische Kontrolle nicht mehr. Nun müssen sie lernen, ihre Sprache automatisch über das Gefühl für die Sprechmuskeln zu steuern. In dieser Umstellungszeit kommt es zum sogenannten Entwicklungsstottern: Die Kinder wiederholen Silben, was kein Grund zur Sorge ist. Werden sie aber von ihren Eltern korrigiert, versuchen sie krampfhaft weiter per Hörkontrolle zu sprechen – und stottern gerade dadurch.

Fiedlers spekulative Theorie vereint Ideen von Vertretern des Nicht-Vermeidens und Verfechtern der Lernprogramme: Der Ausgangspunkt, daß Stottern durch zu strenge Beachtung der Sprache des Kindes entsteht, paßt gut zu den Nicht-Vermeidungs-Ansätzen. Die Schlußfolgerung, daß so falsch gesteuertes Sprechen entsteht, spricht jedoch auch für gezieltes Üben wie in den Lernprogrammen erprobt. Gute Therapien vereinen oft tatsächlich Elemente aus beiden, früher verfeindeten Richtungen.

Bei Wolff von Gudenbergs Kasseler Stottertherapie lernen die Teilnehmer gewissermaßen neu sprechen. Morgens sitzt die Gruppe im Kreis und unterhält sich in extrem verlangsamter Geschwindigkeit. Anfangs wird jede Silbe zwei Sekunden ausgedehnt – zehnmal so lange wie normal. Die sorgfältig intonierten Silben hallen im dunklen Kellerübungsraum wieder und klingen wie sakrale Formeln in der Kirche. Leise ticken die Stoppuhren, mit denen die Teilnehmer das Tempo kontrollieren.

Die Zeitlupe macht es möglich, bewußt wahrzunehmen, wie sich die Sprache anfühlt und sie so allmählich über die Körperwahrnehmung zu steuern. Das ist eines der wichtigsten Lernziele.

Selbst der stärkste Stotterer kommt bei dieser Geschwindigkeit nie ins Stocken. Diese Erfahrung hat Bernhard überzeugt, nachdem er der Therapie am Anfang sehr skeptisch gegenüberstand. Zu Beginn des dreiwöchigen Intensivprogramms sprechen die Teilnehmer tagelang so. Allmählich gehen sie dann zu einem schnelleren Tempo über. Schließlich erreichen sie eine normale Geschwindigkeit. Doch auch später im Alltag müssen sie immer mal wieder einen Gang zurückschalten, sobald die Situation stressig wird. Jurastudent Bernhard trägt deshalb an der Universität seine Referate besonders langsam vor, damit er nicht vor Aufregung ins Stottern gerät. Er arbeitet mit einem Sicherheitsbereich, wie dies in der Gruppe heißt: Je brenzliger die Lage, desto mehr bleibt er vorsichtshalber unter dem Tempo, das er eigentlich beherrscht. Leicht fällt ihm das nicht, denn dann hört jeder, daß er anders spricht.

Wer ihn kennt, erkennt dies selbst dann, wenn er ein normales Sprechtempo benutzt. Denn auch dann ist die Sprache nicht natürlich, obwohl sie fast so klingt. Die gelernte Sprechtechnik verlangt, immer mit gedehnten Silben zu sprechen. Obwohl es kaum auffällt, finden manche Stotterer dies so unnatürlich, daß sie lieber weiter stammeln, zumal noch weitere Vorgaben zu beachten sind. So muß die Stimme bei jedem Laut weich einsetzen: Ein sanft beginnendes aaaaah verhindert ein holpriges a-a-a-ah.

Um diese Technik zu lernen, spielt der Computer eine zentrale Rolle. Bei der Intensivphase zu Beginn sprechen die Teilnehmer zwei Wochen lang viele Stunden täglich in ein Mikrophon. Zu Hause müssen sie das Training fortsetzen. »Es ist wie ein Instrument, das man erlernt«, vergleicht Wolff von Gudenberg, »man muß halt jeden Tag seine Fingerübungen machen, um es nicht zu verlernen.« Hubert hat seinen tragbaren Rechner auf den Jugendhof mitgebracht und in seinem Zimmer auf dem Tisch plaziert. »Aaaaaah«, singt er in das mit dem Computer verbundene Mikrophon. Das Notebook setzt den Ton in eine grüne Kurve auf dem Bildschirm um, die mit dem Ton steigt und fällt. Bei den ersten Versuchen weist sie arge Zacken auf, doch als Hubert den Laut weich ansetzt und wieder ausklingen läßt, bekommt er eine fast perfekte Glockenkurve.

Der Rechner gibt bei jeder Lektion bestimmte Laute vor und zeigt hinterher an, wie gut Hubert sie gesprochen hat. Die Rückmeldung motiviert Hubert: »Am Computer zu üben, ist praktisch wie ein Spiel.« Der Rechner fungiert als eine Art Verstärkungsmaschine – eine moderne Variante der alten Lernprogramme. Erst wenn eine Lektion erfolgreich bearbeitet ist, gibt der Rechner gewissermaßen zur Belohnung die nächste frei. Der Therapeut kann die Fortschritte genau verfolgen, da er regelmäßig eine Diskette bekommt, auf der der Computer die Lernerfolge unbestechlich festgehalten hat.

Wolff von Gudenberg lernte das Dr. Fluency genannte Programm 1994 auf einem Kongreß kennen, kündigte seinen Arbeitsplatz in einer Klinik, besuchte die Autoren des Programms in Israel und übersetzte es ins Deutsche. Denn mit Dr. Fluency war das Lernprogramm auf den Rechner übertragen worden, mit dem Wolff von Gudenberg einige Jahre zuvor in den USA sein Stottern erstmals einigermaßen in den Griff bekommen hatte – das Precision Fluency Shaping Program (PFSP).

PFSP und die darauf aufbauenden Programme vereinen mit dem langsamen Sprechen und dem weichen Stimmeinsatz therapeutische Techniken, die bereits 1980 bei einem Vergleich am günstigsten abschnitten.

Die Kasseler Stottertherapie verwendet aber auch Ideen aus den Nicht-Vermeidungs-Ansätzen und Elemente des Trainings sozialer Kompetenzen. Damit die aus dem Trainingscamp entlassenen Teilnehmer auch vor anderen nicht ins Stottern geraten, schickt Wolff von Gudenberg sie zu Übungen mit Fremden in den nächsten Ort. Mal machen sie eine Straßenumfrage und wollen von den Passanten beispielsweise wissen, ob sie sich einen stotternden Bundeskanzler vorstellen können. Der Phantasie sind dabei kaum Grenzen gesetzt. Wer will, kann sich auch in einer Bank erkundigen, wie er ein Konto in Luxemburg eröffnen könnte. »Oder geht in eine Polizeistation und meldet irgendwas gestohlen«, schlägt Wolff von Gudenberg vor.

Auch Telefonanrufe stehen auf dem Programm. Stotterer rufen meist nur ungern jemanden an, weil der womöglich auflegt, wenn sein Gesprächspartner einige Zeit keinen Ton herausbekommt. Renate, die als Gartendesignerin arbeitet, will Architekten ihre Dienste anbieten, nimmt das Branchenfernsprechbuch und greift zum Hörer. Die Architektin am anderen Ende wird bald ungeduldig, weil Renates Sprechtempo für ihren Geschmack zu langsam ist. Doch Renate läßt sich nicht aus dem Konzept bringen, und die Architektin erklärt sich bereit, sich eine Mappe mit Bildern ihrer Arbeiten anzusehen. »Ob die genervt war oder nicht, Du hast Dein Ziel erreicht«, lobt Wolff von Gudenberg, und Renate wählt die nächste Nummer.

Interviews mit Passanten und Telefongespräche werden auch eingesetzt, um den Erfolg der Therapie zu messen. Außerdem lesen die Teilnehmer des Programms einen Text und unterhalten sich mit dem Therapeuten. In allen vier Situationen läuft ein Band mit, anhand dessen eine Auswerterin später die Sprechunflüssigkeiten zählt. Vor der Therapie stolperten alle 23 Teilnehmer über mindestens drei Prozent der Silben. Die meisten scheiterten an etwa zehn Prozent, einer blieb sogar an mehr als dreißig Prozent der Silben hängen. Ein Jahr später lag die Hälfte unter drei Prozent, fünf weitere hatten sich ein Stück weit verbessert, nur zwei sprachen noch ungefähr so schlecht wie vorher.

Für viele macht sich der Erfolg auch im alltäglichen Leben bemerkbar. Der Teilnehmer, der vor der Therapie am schlechtesten sprach, konnte hinterher zum ersten Mal ein Bewerbungsgespräch durchstehen und fand eine Stelle. Ein anderer war kurz davor, seinen Beruf als Vertreter für Möbel aufzugeben, jetzt ist er den Verkaufsgesprächen gewachsen. Drei Viertel der Behandelten sind mit ihrem Sprechen inzwischen mehr oder weniger zufrieden, wie sie in einem Fragebogen ankreuzten.

Die Ergebnisse sind vergleichbar mit denen eines Modellversuchs des Deutschen Instituts für Internationale pädagogische Forschung in Frankfurt. Peter Jehle erprobte dort ein ähnlich intensives Programm mit verwandten Methoden – allerdings ohne Computereinsatz. Von 25 Teilnehmern schafften zehn die

Grenze von drei Prozent Sprechunflüssigkeit, zwölf verbesserten sich mäßig und drei profitierten nicht.[90]

Das Hamburger Universitätskrankenhaus überprüfte ein hauseigenes Programm, das sich an dem Nicht-Vermeidungs-Ansatz orientiert. Gut die Hälfte von 66 Patienten berichtete etwa ein Jahr später in Fragebögen von Verbesserungen. Wie gut sie tatsächlich sprachen, überprüften die Forscher allerdings nicht.[91]

Alle drei untersuchten Therapien dauern lange – hundert Stunden und mehr. Mit weniger ist zumindest bei Erwachsenen kaum etwas auszurichten. Je früher das Stottern behandelt wird, desto besser sind die Chancen. Darüber sind sich die Experten inzwischen einig, selbst wenn sogar Kinderärzte und Erzieherinnen etwas anderes behaupten. Sie wiederholen immer noch die alte Parole »Hände weg vom stotternden Kind«, klagt Ruth Heap, die Geschäftsführerin der Bundesvereinigung Stotterer-Selbsthilfe in Köln. Das gilt aber nur, solange das Kind bloß Worte wiederholt, was zum normalen Entwicklungsstottern gehört.

Sobald der Sohn oder die Tochter anfängt, mit Worten zu kämpfen und sich verkrampft, nutzt Wegsehen nichts mehr. Das Kind weiß, daß es Probleme hat, und schlecht kaschierte Elternängste verunsichern es nur zusätzlich. Natürlich sollte das Kind nicht als Stotterer tituliert werden, doch ein Besuch beim Experten ist unausweichlich. Bei der Stotterer-Selbsthilfe ist ein Verzeichnis erfahrener Therapeuten zu bekommen. Mit seiner Hilfe – und oft auch so – verlieren sich bei Kindern die Sprachprobleme in der Regel wieder.

Vielen erwachsenen Stotterern kann jedoch keine derzeit existierende Therapie dazu verhelfen, völlig normal und entspannt zu sprechen. Wolff von Gudenberg hält wie die meisten Experten Heilung derzeit für »ein unrealistisches Therapieziel«. Aber wer die notwendige Zeit investiert, kann lernen sich gut zu verständigen, auch wenn es vielleicht nie ganz einfach sein wird.

Ob der kleine Nils Hertzberg nach seiner aufregenden Reise zu dem dubiosen deutschen Doktor Bansmann weiter stotterte, ist unklar. In seiner umfangreichen Autobiographie, die er als alter Mann schrieb, erwähnt er das Problem nie wieder. Es hat ihn nicht gehindert, ein bekannter Politiker und Pädagoge zu werden.

Fokus

Ruiniert Psychotherapie die Krankenkassen?

Psychotherapie ist nicht billig. Gut eine Milliarde Mark überweisen die deutschen Krankenkassen im Jahr an niedergelassene Psychotherapeuten. Dazu kommen die Honorare, die Psychologen Privatpatienten in Rechnung stellen. Auch die auf diesen Bereich spezialisierten Kliniken schlagen kräftig zu Buche. Sie kalkulieren für die Behandlung eines einzigen Alkoholikers etwa 20 000 Mark. Schon 1991 mußten die Rentenversicherungen 450 Millionen Mark für solche Maßnahmen aufwenden.

Eine Menge Geld. Doch es könnte gut angelegt sein – nicht nur, weil es die Leiden der Betroffenen lindert. Die Ausgaben würden sich bezahlt machen, wenn sich so die enormen Kosten psychischer Krankheiten senken ließen. Denn die entstehen nur zum geringen Teil durch die Behandlung. Die Patienten können oft vorübergehend nicht mehr arbeiten und zahlen in dieser Zeit weder Steuern noch Versicherungsbeiträge. Nicht selten beziehen sie sogar Rente für den Rest ihres Lebens. So gehen der Volkswirtschaft enorme Summen verloren.

Die Deutsche Migräne- und Kopfschmerzgesellschaft schätzt allein die Kosten durch Migräne auf rund zehn Milliarden Mark pro Jahr. Australische Forscher kamen zu dem Ergebnis, daß die eher seltenen Schizophrenien bereits halb so teuer kommen wie die sechsmal häufigeren Herzinfarkte.

In den achtziger Jahren versuchten Wissenschaftler für die US-Regierung den finanziellen Gesamtschaden zu berechnen, den Alkohol, Drogen und Geisteskrankheiten jährlich verursachen. Sie bezifferten ihn auf 273 Milliarden Dollar. Allein die Folgekosten von Ängsten lassen sich nach anderen amerikanischen Arbeiten mit 46,5 Milliarden Dollar veranschlagen. Depressionen stehen mit 44 Milliarden Dollar in der traurigen Bilanz. Weil Depressive besonders häufig zu Alkohol und Drogen greifen, taucht ein Teil dieses Geldes in der Statistik der Folgen von Suchtmitteln wieder auf. Insgesamt lassen sich die Kosten durch Alkohol und Drogen auf 67 Milliarden Dollar addieren.

Psychologische Therapien können sparen helfen. Wie amerikanische Wissenschaftler am Beispiel von drei verschiedenen Behandlungsmethoden bei Drogenabhängigen errechneten: Die Betroffenen verursachen anschließend 43 Prozent geringere Kosten für die Gesellschaft.

Verhaltenstherapeuten haben inzwischen auch in Deutschland solche Kalkulationen vorgelegt. Manfred Zielke, der als leitender Psychologe in der Klinik von Bad Dürkheim tätig war, wertete mit Hilfe von Krankenkassen die Daten von 148 Patienten aus, die von 1986 bis 1990 in seiner und zwei anderen Kliniken behandelt wurden. Als erstes stellte sich heraus, daß diese Klientel Krankenversicherungen und Arbeitgeber vor der Therapie ziemlich teuer gekommen war. Allein ihre Besuche bei niedergelassenen Ärzten in den zwei Jahren vorher hatten im Schnitt 3500 Mark gekostet, dazu kamen 5500 Mark für durchschnittlich 17 Tage Krankenhausaufenthalt. Bei den Berufstätigen waren nicht weniger als 45 000 Mark pro Kopf für Arbeitsausfall und Lohnfortzahlung zu addieren.

Die Behandlung in den Verhaltenstherapie-Kliniken brachte die Wende: Die Zahl der Krankenhauseinweisungen ging in den folgenden beiden Jahren um zwei Drittel zurück. Der Verbrauch von Schmerzmitteln sank um 74 Prozent. Insgesamt mußten Kassen und Arbeitgeber nun nur noch 40 Prozent der ursprünglichen krankheitsbedingten Kosten verschmerzen. Pro Kopf sparten sie 25 000 Mark. Andererseits schlug die durchschnittlich zweimonatige Behandlung mit lediglich 10 000 Mark zu Buche. Jede investierte Mark spielte also schon innerhalb von zwei Jahren 2,50 Mark ein.[92] Von solchen Renditen können Börsianer meist nur träumen.

Als noch dramatischer erwies sich der pekuniäre Nutzen einer ambulanten Therapie, die Jürgen Margraf von der Universität Dresden untersuchte. Der Professor analysierte die Daten von 66 Patienten, die wegen schwerer Angststörungen verhaltenstherapeutisch behandelt wurden. Sie litten im Durchschnitt schon sieben Jahre an ihren Problemen. Alle waren bereits anderswo therapiert worden, die meisten mehrfach. In den zwei Jahren vor der Verhaltenstherapie beliefen sich die monetären Folgeschäden ihrer Krankheit auf durchschnittlich 10 000 Mark. Dagegen fielen die paar Mark für die kurze Verhaltenstherapie kaum ins Gewicht: 15 Sitzungen à 97,20 Mark machten gerade einmal 1 458 Mark. Doch sie sparten schon in den folgenden zwei Jahren über 8 000 Mark pro Patient, denn nun wurden pro Kopf nur noch knapp 2 000 Mark Krankheitskosten fällig. Unter dem Strich brachte jede Mark an die Verhaltenstherapeuten diesmal 5,60 Mark allein in den ersten zwei Jahren.[93]

Erste Abschätzungen zeigen, daß Versicherungen ihren Etat entlasten können, wenn sie Schmerzpatienten in eine mit verhaltensmedizinischen Verfahren arbeitende Spezialklinik schikken. So halbierten sich in einer Untersuchung die jährlichen Behandlungskosten von vorher 23 000 Dollar im Jahr auf 12 000 Dollar. Noch rentabler ist die Therapie, wenn sie Patient und Versicherung vor der Arbeitsunfähigkeit und fälligen Rentenzahlungen bewahrt. Einem Bericht zufolge kostet die Behandlung nur zwei Prozent der sonst anstehenden Rente.[94]

Bei aus der Psychiatrie entlassenen Schizophrenen kann Verhaltenstherapie Rückfälle vermeiden helfen. Sie sind nicht nur für den Betroffenen ein schwerer Schlag, sondern kommen auch seine Versicherung teuer zu stehen. Wenn ein Patient wieder in die Psychiatrie muß, bleibt er dort im Schnitt 70 Tage, und seine Versicherung erhält in dieser Zeit Rechnungen über 24 500 Mark. Die Gefahr solcher Rückfälle läßt sich einer deutschen Untersuchung zufolge von 52 auf 24 Prozent halbieren.[95] Das dazu nötige Training des Patienten und seiner Familienmitglieder in Kommunikations- und Problemlösefähigkeiten (siehe Kapitel »Kommunikationstraining für psychisch schwer Erkrankte«) kostet nur 2 500 Mark.

Wenn die Verantwortlichen bei den Krankenkassen klug wären, würden sie solche Behandlungen also nicht nur auf Antrag freudig bezahlen, sondern sie sogar selbst vorschlagen.

Pillen können teurer kommen

Die Krankenkassen geben für Psychopharmaka in einem Jahr 1,6 Milliarden Mark aus – mehr als für psychologische Behandlungen bei niedergelassenen Therapeuten. Da Medikamente die billigste Kur zu sein scheinen, liegt es nahe, in Zeiten knapper Kassen noch mehr Menschen mit psychischen Problemen Pillen zu verabreichen. Doch diese schlichte Logik stimmt nicht. Denn Medikamente wirken meist nur, solange die Patienten sie schlucken. Dadurch können sie auf Dauer teurer kommen als Psychotherapie, die dauerhaft zur Besserung führt.

Die kanadischen Forscher Charles Morin und Virgil Wooten belegen dies am Beispiel von Schlafstörungen. Während eine Pille nur für eine Nacht Schlaf bringt, erzielte Verhaltenstherapie in verschiedenen Untersuchungen bei etwa 70 Prozent der Patienten dauerhafte Erfolge.

Doch daß Psychotherapie hilft und sich häufig rechnet, heißt noch nicht, daß die Krankenkassen sie auch immer bezahlen werden. Von 1985 bis 1995 versechsfachten sich die Ausgaben in diesem Bereich. Das wird nicht so weitergehen. Denn das Budget für Psychotherapie ist gesetzlich auf etwa anderthalb Milliarden begrenzt. Wollten die Kassen den fünf Prozent der Bevölkerung, die nach Expertenschätzungen eine Therapie brauchen, je 50 Stunden finanzieren, müßten sie dafür 20 Milliarden Mark aufwenden – etwa ein Zehntel ihres Gesamtbudgets.

Die Zuständigen kommen also nicht um die Frage herum, wie sich mit dem knappen Geld am meisten helfen läßt. Die nötigen Entscheidungshilfen können nur Psychotherapieforscher in Form von Kosten-Nutzen-Rechnungen liefern. Die bisherige Ausgabepolitik läuft deren Erkenntnissen allerdings zuwider. Rund die Hälfte des Geldes stecken die Kassen in

Langzeittherapien, obwohl deren Wirkung zumindest für die psychoanalytische Variante nicht nachgewiesen ist. Es wäre wahrscheinlich sinnvoller, für den gleichen Preis mehreren Patienten eine kurze Therapie zukommen zu lassen als einem eine lange.

Möglicherweise verhelfen jahrelange Behandlungen Patienten tatsächlich eher zu neuen Einsichten in ihr Leben als kurze, wie die Psychoanalytiker behaupten. Aber warum sollten für eine solche Selbstfindung die Krankenkassen bezahlen? Die Beiträge ihrer Mitglieder sind dazu da, ernsthafte psychische Schwierigkeiten möglichst wirksam zu lösen. Der Heidelberger Professor Peter Fiedler hat seine eigene Methode, mit dem Bedürfnis nach allzuviel Nabelschau umzugehen. Wenn ein Patient ihm sagt, »Ich möchte drei Jahre über mein Problem und mein Leben reden«, schickt der Verhaltenstherapeut ihn zu einer anderen Therapieschule. Denn bei ihm genügt oft ein halbes Jahr, um einen Durchbruch zu erzielen.

Natürlich plädiert niemand dafür, Entscheidungen über Psychotherapie nur nach finanziellen Gesichtspunkten zu fällen. »Wenn geliebte Menschen depressiv werden, wollen wir sie wahrscheinlich mit den wirksamsten Methoden behandelt sehen, solange die Kosten nicht deutlich höher sind als bei anderen Möglichkeiten«, schreibt ein Team der Universität Nevada um David Antonuccio am Ende einer Kosten-Nutzen-Analyse am Beispiel von Depressionen. Da sich aber in diesem Fall Verhaltenstherapie nicht nur als billigste, sondern auch als beste Hilfe erwies, falle »die Wahl leicht«. Glücklicherweise deutet die Forschung darauf hin, daß auch bei anderen Problemen die vergleichsweise preiswerte Verhaltenstherapie mindestens so gut hilft wie andere Ansätze.

9.

Wege zur Therapie

Therapie ist keine Schande

In der Ambulanz einer deutschen Universität gab es zwei Türen. Über der einen stand »Diensthabender Arzt«, über der anderen »Diensthabender Psychologe«. Beide führten in denselben Raum, wo ein Fachmann wartete, der mit etwas Glück sowohl Arzt als auch Psychologe war. Dank der trickreichen Türen wußte er schon, wenn ein Patient ins Zimmer kam, wo der Besucher seine Schwierigkeiten sah und was er erwartete. Die Abstimmung mit den Füßen führte immer wieder zum selben Ergebnis: Die allermeisten Patienten sahen ihre Probleme als rein medizinische und wollten einen Arzt sehen. Zum Psychologen mochte kaum einer. Dabei hatten viele von ihnen psychosomatische Probleme wie Migräne und hätten die Hilfe eines Psychotherapeuten durchaus brauchen können.

Doch viele entscheiden sich anders – nicht nur vor den zwei Türen jenes Instituts. Gerade Kopfschmerzpatienten »lehnen oftmals jede Form von Psychotherapie ab«, notiert Professor Claus Bischoff von der Psychosomatischen Fachklinik Bad Dürkheim. Sie werden darin von der Ärzteschaft unterstützt, die bei Kopfschmerzen meist ebenso lange wie erfolglos nach einer organischen Ursache sucht. »Wird selbst nach ausführlichen Untersuchungen keine organische Grunderkrankung dingfest gemacht«, so Bischoff, »sieht sich der Patient leicht dem Verdacht ausgesetzt, sich das Kopfschmerzproblem nur

›einzubilden‹ oder gar zu simulieren.«[96] Als Folge dieser Haltung werden psychologische Behandlungsverfahren, wie der Schmerzspezialist Gerber beklagt, »häufig zu spät als Ultima ratio eingesetzt, nachdem alle medikamentösen Versuche versagt haben«.[97]

Auch Krebspatienten lehnen die Dienste von Psychologen oft ab, obwohl die ihnen helfen könnten, mit ihren Schmerzen und anderen Belastungen durch den Tumor besser fertig zu werden (siehe S. 170 f.). Wie Peter Herschbach und Monika Keller vom Institut für Psychosomatische Medizin der Technischen Universität München beobachteten, denken sie »Wenn die mir jetzt schon einen Psychologen schicken, muß es ja schlimm um mich stehen« oder »Ich bin doch nicht verrückt«.

Doch um von psychologischer Hilfe profitieren zu können, muß man nicht erst den ganzen Tag dumpf und verzweifelt in einer Ecke sitzen oder glauben, die CIA sei mit Strahlenkanonen hinter einem her. Es gibt eine Vielzahl leichterer und mittelschwerer Probleme, die sich mit psychotherapeutischer Hilfe besser bewältigen lassen – vom übertriebenen Trotzverhalten der Kinder bis zur Angst vor dem Fliegen. Dazu kommen noch die gar nicht so seltenen schweren psychischen Probleme. Große amerikanische Studien ergaben, daß in jedem Jahr etwa 30 Prozent der US-Bürger an einer psychischen Störung leiden. Würde gezählt, wieviele irgendwann in ihrem Leben ein solches Problem haben, wäre die Zahl noch höher. Die meisten Betroffenen wissen jedoch nicht, wieviele Leidensgenossen sie haben. Angstzustände haben viele, »aber jeder glaubt, er sei der einzige«, bemerkte eine Therapeutin einmal.

Völlig unterschätzt werden auch die dramatischen Folgen von traumatischen Erfahrungen. Das bekannteste Beispiel einer posttraumatischen Belastungstörung findet sich bei Kriegsveteranen, die noch lange nach ihrer Heimkehr von Erinnerungen verfolgt werden und unter Alpträumen leiden. Doch das Phänomen tritt auch oft im Zivilleben auf – etwa nach Autounfällen. In Deutschland verunglücken knapp eine halbe Million Menschen jährlich mit dem Wagen, in den USA drei Millionen.

Dort gelten Unfälle bei Männern als die Hauptursache von traumatischen Störungen.

Bis zu 45 Prozent der Insassen entwickeln nach dem Zusammenstoß eine posttraumatische Belastungstörung, wie die US-Psychologen Edward Blanchard und Edward Hickling herausfanden. Sie stehen große Ängste aus und erleben den Zusammenstoß immer wieder. In der Untersuchung von Blanchard und Hickling vermieden 93 Prozent den Unfallort und das Fahren bei ähnlichen Wetter- und Straßenbedingungen wie am Unfalltag. Die beiden Psychologen bewiesen auch: Verhaltenstherapie kann helfen, solche Ängste wieder loszuwerden.

Bei Frauen sind Vergewaltigungen der wichtigste Grund für traumatische Reaktionen. Sie können zu Angstzuständen führen, die ohne Behandlung mit den Jahren immer schlimmer werden. Professionelle Hilfe unmittelbar nach dem Schock dagegen kann »fast mit Sicherheit verhindern, daß es zu einer solchen Entwicklung kommt«, so der Therapieforscher Klaus Grawe.

Das gilt auch bei anderen Belastungen. Psychologische Hilfestellung würde beispielsweise Menschen nützen, die sich einer schweren Operation unterziehen müssen, etwa einer Brustamputation. Grawe plädiert dafür, in Kliniken routinemäßig solche Angebote zu machen: »Das sind keine langen Therapien. Das dauert vielleicht zehn Therapiesitzungen höchstens in solchen Fällen.« Der dazu nötige Klinikpsychologe würde sich sogar bezahlt machen: Es kostet allemal mehr als einige Therapiestunden, wenn Patienten lange im Krankenhaus liegen und hinterher monatelang nicht wieder arbeiten können, weil sie die Operation psychisch nur schlecht verkraftet haben.

Auch bei Alkoholproblemen könnten Psychologen sich nützlich machen. In Deutschland richten sich die meisten Behandlungsangebote an Menschen, die bereits schwer abhängig sind. Es wäre jedoch viel sinnvoller einzugreifen, bevor die Opfer dem Alkohol völlig verfallen sind. Frühe Maßnahmen können nachweislich das Abgleiten in die Sucht verhindern und so neben viel Leid auch die später höheren Behandlungskosten vermeiden.

Doch bevor die Abneigung vieler Zeitgenossen schwindet, muß sich wohl erst noch herumsprechen, daß Therapie nur im Klischee eine jahrelange Aufarbeitung des ganzen Lebens auf der Couch bedeutet. »Es ist keine Schande, einen Psychotherapeuten aufzusuchen«, redet ihnen Grawe gut zu, »man muß nicht wirklich gestört und verrückt sein.« Man begibt sich ja auch nicht erst dann zum Arzt, wenn sich eine Krankheit anders beim besten Willen nicht mehr aushalten läßt.

Glücklicherweise müssen Patienten von Psychologen mit immer weniger schiefen Blicken rechnen – je mehr Talkshow-Gäste jeden Nachmittag von ihren intimsten Problemen erzählen, desto alltäglicher werden sie. Auch Psychotherapien werden viel besser akzeptiert als viele glauben: Schon 1992 hielten 93 Prozent der von Emnid Befragten solche Behandlungen für angemessen.

Wie finde ich den passenden Therapeuten?

Wer mit seinem Leben allein nicht recht klarkommt und einen Therapeuten oder eine Therapeutin sucht, kann in die Gelben Seiten schauen, Stichwort Psychotherapie. Zwischen Ackermann, Jürgen, Dipl.-Psych. und Zoubek-Windaus, A. Dr. finden sich da beispielsweise in Frankfurt am Main fast zwei Seiten Adressen. Doch meist wird noch nicht einmal verraten, ob sich ein Mann oder eine Frau dahinter verbirgt. Offenbar sollen sich die zukünftigen Klienten nach dem Klang des Namens entscheiden oder in der Telefonnummer ihre Glückszahl erkennen. Im dunkeln bleibt: Welche therapeutischen Methoden benutzen die Fachleute? Mit welchen Problemen kennen sie sich aus? Was für eine Ausbildung haben sie?

Der Bundesbürger kann sich in Testberichten informieren, welchem Toaster er seine Brotscheiben getrost überantworten darf, doch wem er seine Seele anvertrauen will, muß er auf gut Glück entscheiden. Den Hausarzt zu fragen, hilft meist wenig, denn der überblickt das Angebot auch nicht und schickt Ratsuchende einfach zu einem Therapeuten, den er zufällig kennt, und manchmal gar direkt zur in diesem Bereich tätigen Ehefrau.

Im Branchenbuch ist noch nicht einmal zu erkennen, welchem Beruf der Therapeut eigentlich nachgeht und welchen Status er hat. Um die psychotherapeutische Versorgung kümmern sich nämlich ganz unterschiedliche Berufsgruppen, deren Vertreter allerdings ständig miteinander verwechselt werden.

Psychiater haben Medizin studiert und dann eine Facharztausbildung absolviert, in der auch die Psyche des Menschen auf dem Lehrplan stand. Wie bei diesem Werdegang nicht anders zu erwarten, behandeln Psychiater auch psychische Störungen vor allem mit Medikamenten, etwa Antidepressiva.

Psychologen dagegen dürfen keine Arzneimittel verschreiben, denn sie sind keine Ärzte. Während ihres Studiums erfahren sie, wie Menschen wahrnehmen, fühlen und handeln. Viele spezialisieren sich bereits auf klinische Psychologie, die sich mit psychischen Problemen und ihrer Behandlung beschäftigt.

Eine praktische Ausbildung in Psychotherapie erwerben Psychologen ebenso wie Ärzte dagegen erst nach dem Studium. Nichtstaatliche Institute trainieren ihre Adepten in einem Verfahren, etwa Psychoanalyse oder Verhaltenstherapie. Wer einen anerkannten Abschluß geschafft hat, darf sich Psychotherapeut nennen.

Welcher Berufsgruppe ein Psychotherapeut angehört, läßt sich oft Listen entnehmen, die es bei der Krankenkasse gibt. Doch welche Therapiemethoden praktiziert ein ins Auge gefaßter Therapeut? Hat er Erfahrungen mit der Störung, die es zu behandeln gilt, oder liegen seine Schwerpunkte ganz woanders? Solche Informationen sind meist schwer zu bekommen. In einigen Großstädten gibt es Therapieführer – Bücher, in denen die Experten mit ihren Kenntnissen kurz vorgestellt werden.

Eine andere Möglichkeit sind Vermittlungsstellen für Psychotherapie. Das Bundesgesundheitsministerium finanzierte eine solche Stelle in Koblenz drei Jahre als Modellversuch. Inzwischen wird die Zentrale Informationsbörse Psychotherapie dort von der Kassenärztlichen Vereinigung bezahlt. Während die Kassenärztlichen Vereinigungen sich gewöhnlich vor allem als Medizinerlobby verstehen, geht es in Koblenz liberal zu. Die beiden Beraterinnen halten in ihrer Datenbank auch die Adressen von Psychologen und Selbsthilfegruppen bereit.

Wer schon weiß, was er sucht, erhält am Telefon einfach die gewünschten Angaben. Andere bekommen einen Termin bei einem Arzt vermittelt, der zunächst eine Diagnose stellt, anhand derer die Suche nach einem Therapeuten dann fortgesetzt wird. »Wir werden nicht jemand zum Analytiker schicken, der eine Phobie hat«, sagt eine Beraterin.

Psychologen werden in der Regel nur vermittelt, wenn sie nicht nur ihr Diplom vorweisen können, sondern auch von der Kasse oder dem Berufsverband Deutscher Psychologen anerkannt sind. Anhänger von Modetherapien empfehlen die beiden Pädagoginnen nur in Ausnahmefällen. Inzwischen gibt es verstreut in ganz Deutschland bei einem guten Dutzend Kassenärztlicher Vereinigungen solche Vermittlungsstellen, die sich jeweils in ihrem Sprengel auskennen.

Dagegen hält der Psychotherapie-Informations-Dienst Adressen von Therapeuten aus dem ganzen Bundesgebiet bereit. Er wird getragen von der Wirtschaftsdienst GmbH des Berufsverbands Deutscher Psychologen und ist stramm standespolitisch ausgerichtet. Ärzte, seine traditionellen Konkurrenten, hat der Verband nicht im Angebot, dafür aber über tausend Psychologen. Ihre Spezialgebiete sind elektronisch gespeichert. Anhand dieser Daten suchen Diplompsychologinnen für Anrufer passende Behandler heraus.

Dabei können sie nachsehen, welche Praxis für Rollstuhlfahrer zugänglich ist oder welche Psychologin türkisch spricht. Auch die Behandlungsmethoden sind im Computer registriert – so läßt sich ein auf Depressionen spezialisierter Verhaltenstherapeut heraussuchen. Im Zweifelsfall reichen die Beraterinnen vom Psychotherapie-Informations-Dienst auch Adressen von Therapeuten verschiedener Ausrichtungen weiter, »da ist der Kunde König«. Wenn die Anfrage aus einem unterversorgten ländlichen Gebiet kommt, sind sie ohnehin schon froh, wenn sie eine einzige brauchbare Adresse finden: »Die schwäbische Ostalb ist immer mein Alptraum.«

Der kostenlose Service ist in Bonn telefonisch erreichbar unter der Nummer 0228/74 66 99. Schriftliche Anfragen können geschickt werden an die Adresse Psychotherapie-Informations-Dienst (PID), Heilsbachstr. 22 – 24, 53123 Bonn. Das Fax hat die Nummer 0228/64 10 23.

Wenn ein Patient einen Therapeuten in Erfahrung gebracht hat, der der Richtige sein könnte, kann er diesen um sogenannte probatorische Sitzungen bitten. In ihnen steht noch keine Therapie auf der Tagesordnung. Sie sind dazu da, herauszufinden, ob Therapeut und Patient miteinander arbeiten können und wollen.

Zu Beginn sollten die formalen Bedingungen geklärt werden. Wird der Therapeut von der Kasse des Patienten anerkannt oder muß privat bezahlt werden? Kosten schon die probatorischen Sitzungen Geld und wieviel? Um welche Probleme soll es in der Therapie gehen, und was hat der Therapeut dafür anzubieten? Wie lange wird die Behandlung voraussichtlich dauern?

Natürlich läßt sich nicht sicher sagen, wie die Therapie verlaufen wird – schließlich können immer neue Gesichtspunkte auftauchen. Aber einige Anhaltspunkte sollte der Therapeut aufgrund seiner Erfahrungen schon geben können. Es macht einen Unterschied, ob ein Psychologe vorschlägt, in voraussichtlich etwa 20 Sitzungen gezielt am Problem des Patienten zu arbeiten, oder ob er für eine umfassende, vielleicht jahrelange Therapie plädiert.

Letztlich ist der Patient Kunde, er zahlt direkt oder über seine Krankenkasse für eine Dienstleistung. Deshalb hat er selbstverständlich das Recht, sich nach der Qualität des Angebots zu erkundigen. Hat der Therapeut Erfahrungen mit dem Problem? Arbeitet er mit einer Methode, deren Erfolge sich nachweisen lassen?

Leider benutzen selbst Verhaltenstherapeuten nicht immer die nachweislich besten Behandlungsstrategien. Das stellte Professor Hans-Ulrich Wittchen vom Münchner Max Planck-Institut für Psychiatrie fest, als er in der psychologisch bestens versorgten Großstadt einen Therapeuten für einen Angstpatienten suchte. Er rief elf niedergelassene Kollegen an, alle besaßen eine Zulassung für Verhaltenstherapie. Keiner sah sich in der Lage zu helfen. Drei hatten keine Zeit, vier kannten die einschlägigen Verfahren nicht, zwei behandelten Angstprobleme lieber mit wenig erforschten gestalttherapeutischen und bioenergetischen Verfahren, und der Rest machte überhaupt keine Verhaltenstherapie mehr.

Es ist in der Branche ein offenes Geheimnis, daß viele Psychologen zwar Verhaltenstherapie abrechnen, weil die Kassen außer Analyse nichts anderes bezahlen, tatsächlich aber ihre höchstpersönliche Mischung aus verschiedenen Therapieschulen praktizieren. Wer das als Patient nicht will, sollte zu einem anderen gehen.

Auch die Frage nach der Qualifikation des Therapeuten stellt sich. Wenn er eine Kassenzulassung besitzt, erfüllt er wenigstens die Mindeststandards, ansonsten empfiehlt sich Nachfragen dringend. Eine mehrjährige Ausbildung nach dem Medizin- oder Psychologiestudium müßte er schon nachweisen können – und sie sollte nicht nur in Wochenendkursen erworben worden sein.

Wer zu einem Therapeuten will, hat meist drängende Sorgen, sonst ginge er nicht hin. Trotzdem – wenn es irgend geht, sollten erst die Bedingungen einer Therapie möglichst nüchtern geklärt werden, bevor der Hilfesuchende seiner Verzweiflung freien Lauf läßt.

Bei einer der wichtigsten Voraussetzungen helfen allerdings noch so viele Zertifikate im Wartezimmer nichts: Der Patient sollte zumindest keine Abneigung gegen den Therapeuten verspüren. Die Forschung zeigt, daß eine gute Beziehung zwischen beiden wichtig für die Therapie ist. »Achten Sie auf Ihre innere Stimme«, rät etwas pathetisch der *Wegweiser zur Psychotherapie* des Berufsverbands Deutscher Psychologen. Wenn man sich während der probatorischen Sitzungen nicht gut bei einem Therapeuten aufgehoben fühlt, sollte man lieber zu einem anderen gehen.

Gute Therapeuten wissen, daß sie nicht jedem Patienten optimal helfen können – Überweisung ist oft die beste Behandlung, lautet ein Merkspruch der Branche. Als der bekannte Therapeut Arnold Lazarus Schwierigkeiten mit einer neuen Klientin hatte, weil sie ihn an einen Kollegen erinnerte, den er aus gutem Grund nicht leiden konnte, überwies er sie – zu dem überraschten Kollegen. Die beiden kamen gut miteinander klar. Lazarus kommentiert: »Ich bezweifle, daß ich gleichermaßen erfolgreich gewesen wäre, wenn ich versucht hätte, sie selbst zu therapieren«.[33]

Was bezahlt die Krankenkasse?

Für Kassenpatienten war der Weg zu einem Psychotherapeuten bislang nicht ganz unkompliziert. Mehr als zwei Drittel der Behandlungen fanden bei einem Psychologen statt. Doch diese Fachleute waren kassenrechtlich nur als Hilfspersonen eines Arztes vorgesehen. Strenggenommen mußte der Patient erst zu einem Mediziner, meist einem Nervenarzt. Der sollte die Therapie dann entweder selbst übernehmen oder sie an einen Psychologen delegieren. Letzterer wirkte bei diesem sogenannten Delegationsverfahren offiziell nur unter der Verantwortung des Arztes.

Weil es die Ärzte und die im Delegationsverfahren anerkannten Psychologen jedoch nicht schafften, alle Patienten zu versorgen, gab es auch noch die Kostenerstattler, wie sie im Branchenjargon hießen. Sie behandelten Schätzungen zufolge jeden zweiten Therapiesuchenden, waren rechtlich jedoch überhaupt nicht vorgesehen. Die Krankenkassen konnten sie nur unter Berufung auf einen Notfallparagraphen bezahlen.

Ab dem 1. Januar 1999 ist das alles einfacher – denn es gibt endlich das 20 Jahre lang immer wieder verschobene Psychotherapeutengesetz. Die Psychologen werden zu gleichberechtigten Heilern, die Patienten dürften direkt zu ihnen gehen. Die probatorischen Sitzungen können endlich auch beim Psychologen ohne weitere Formalitäten beginnen. Ein Arzt wird erst danach kurz zugezogen, um organische Ursachen der psychischen Probleme auszuschließen.

Wenn Patient und Therapeut eine Behandlung beginnen wollen, muß zunächst festgelegt werden, wie lange sie voraussichtlich dauern soll. Denn der Therapeut muß bei der Kasse eine bestimmte Anzahl von Stunden beantragen. Im Falle einer Verhaltenstherapie ist eine Kurzzeitbehandlung möglich, sie umfaßt 25 Stunden. Für eine Langzeittherapie sehen die Krankenkassen zunächst 45 Stunden vor. Später können zusätzliche Stunden bis zu einem Maximum von insgesamt 80 genehmigt werden. Es ist auch möglich, mit einer Kurzzeittherapie zu beginnen und später zu beantragen, sie zu einer Langzeittherapie auszudehnen.

Über den Antrag auf Kurzzeitbehandlung entscheidet die Krankenkasse selbst, vor längeren Behandlungen muß erst ein Gutachter die Planung des Therapeuten genehmigen. Schwierigkeiten sind in beiden Fällen nicht zu erwarten, wenn der Therapeut seinen Antrag plausibel begründen kann und der Patient nicht in den letzten zwei Jahren schon eine Therapie finanziert bekommen hat.

Der Patient muß für jede Therapiestunde zehn Mark selbst bezahlen – nur die probatorischen Sitzungen gehen voll zu Lasten der Kasse. Kinder und Jugendliche sind davon jedoch befreit, ebenso »Geringverdiener«, wie es das Bundesgesundheitsministerium formuliert.

Wer keine Verhaltenstherapie möchte, kann zu einem Psychoanalytiker gehen. Auch dort gibt es verschieden lange Behandlungen, die Höchstgrenze liegt bei 300 Stunden – mancher Analytiker hätte gerne noch mehr. Andere Verfahren bezahlt die Kasse zur Zeit offiziell nicht. Ein wissenschaftlicher Beirat, der sich aus Vertretern von Psychologenverbänden und Ärzteschaft zusammensetzt, könnte jedoch in Zukunft weitere zur Zulassung vorschlagen.

Mitunter machen die Kassen Schwierigkeiten, mehrere Therapiestunden in einer Woche zu bezahlen. Dies ist aber beispielsweise bei intensiven Angstbehandlungen sinnvoll. Da hilft nur verhandeln und vielleicht der Hinweis, daß andere Versicherungen keine solchen Probleme machen.

Die Kosten für stationäre Psychotherapie werden oft von

den Rentenversicherungen übernommen, etwa bei schweren Schmerzen oder Alkoholproblemen. Der Patient muß einen Antrag stellen und ihn wahlweise beim Hausarzt oder einem Gutachter vorlegen. Auf dieser Basis entscheidet die Versicherung, ob sie die Kosten für die sogenannte Rehabilitationsmaßnahme übernimmt. 25 Mark am Tag muß der Patient in den alten Bundesländern selbst bezahlen, in den neuen nur 20 Mark. Je nach Einkommen kann die Zuzahlung auch kleiner ausfallen oder ganz erlassen werden.

Der Patient kann nicht entscheiden, in welche Klinik die Versicherung ihn schickt. Wer Pech hat, landet also in einer analytisch ausgerichteten Klinik, obwohl er Verhaltenstherapie bevorzugt oder umgekehrt. Wünsche zu äußern, ist aber erlaubt. Ein Verzeichnis der in Frage kommenden Kliniken, das dabei helfen könnte, veröffentlicht die Bundesversicherungsanstalt für Angestellte jedoch nicht.

Fokus

Die Zukunft der Psychotherapie

Als er schon 73 war, beklagte sich Joseph Wolpe bitterlich über den Zustand der Verhaltenstherapie, die er 30 Jahre zuvor mitgegründet hatte. Eine »Unterwanderung durch Fremdlinge« habe die Verhaltenstherapie »entgleisen« lassen. Viele ihrer Anhänger hätten sie den »Prinzipien der Konditionierung, mit denen sie großgezogen worden waren« entfremdet. Den Teilnehmern des Weltkongresses der Verhaltenstherapie rief Wolpe zu: »Werfen wir die Kuckucke aus dem Nest, bevor sie noch mehr von unseren Eiern zerstören.«[98]

Der Zornesausbruch des alten Mannes war vergeblich. Die Verhaltenstherapeuten mochten nicht zu seiner reinen Lehre zurückkehren. Das Gedankengut von Aaron Beck und andere kognitive Theorien, gegen die Wolpe so polemisierte, prägen die Verhaltenstherapie stärker denn je (siehe Kapitel »Falsche Gedanken verlernen«). Wolpes treulose Schüler wollen nicht von den fremden Lehren lassen, weil sie herausgefunden haben, daß sie ihren Patienten damit besser helfen können.

Erst recht hat sich der Traum des Gründervaters nicht erfüllt, die damals neue Idee »würde bald die Psychoanalyse verdrängen und für die Ausbildung von Psychotherapeuten zentral werden«. Die Analyse hat zwar an Einfluß verloren, doch viele Therapeuten schwören immer noch auf sie – oder auf eine andere der vielen von Wolpe verachteten Therapieformen. Denn auch sie nützen offenbar vielen Patienten. Zwar haben die meisten ihre Erfolge nie wirklich nachgewiesen, und andere wie die Psychoanalyse schnitten bei Vergleichen mit der Verhaltenstherapie eher mäßig ab. Doch einige Behandlungen erwiesen sich bei manchen Problemen als genauso wirksam wie die Verhaltenstherapie, obwohl ihre Vertreter ganz anders vorgehen – wenigstens auf den ersten Blick.

Wenn sich Verhaltenstherapeuten beispielsweise mit Eßstörungen beschäftigen, steht das Essen im Mittelpunkt der

Therapie. Bei der sogenannten Interpersonalen Therapie dagegen wird kaum über das Essen geredet, es geht um ganz andere Themen. Doch beide Vorgehensweisen erwiesen sich in zwei Studien als gleich wirksam. Wie kann das sein?

Vor mehr als 30 Jahren gab der Psychiatrieprofessor Jerome Frank in seinem berühmt gewordenen Buch *Die Heiler* auf solche Fragen eine Antwort, die seinen Kollegen gar nicht gefiel: »Auf all das, woran sie am meisten hängen – komplizierte Gedankengebäude, einzigartige Techniken – kommt es gar nicht an.«[99] Entscheidend sind laut Frank Fähigkeiten, die alle haben: Alle Therapeuten verstehen es, ihren Patienten davon zu überzeugen, daß es Hoffnung auf Heilung gibt. Sie sorgen dafür, daß er Erfolgserlebnisse hat. Sie aktivieren seine Gefühle, lassen ihn hochemotionale Zustände durchleben. Und sie erklären ihm, woher seine Probleme kommen.

Nicht nur Psychotherapeuten arbeiten so. Lange vor ihnen bedienten sich Schamanen und andere magische Heiler der gleichen mächtigen Techniken. Dabei spielt es keine Rolle, daß sie ganz verschiedene Systeme zur Erklärung der Welt und der menschlichen Probleme benutzen. Es ist nicht wichtig, ob die Erklärung zutrifft. »Daß die Mythologie des Schamanen keiner objektiven Realität entspricht, spielt keine Rolle«, zitiert Frank den Ethnologen Claude Lévi-Strauss. »Der Kranke glaubt daran und sie ist Mitglied einer Gesellschaft, die auch daran glaubt.« Die Schutzgeister, die bösen Geister und die magischen Monster, sie alle bilden ein in sich logisches System, das für den Stamm die Wirklichkeit ist. Heute gehören Psychologen zu Therapiegesellschaften, an deren Grundsätze sie und bald auch ihre Patienten glauben.

Der Berner Professor Klaus Grawe hat die Überlegungen von Frank ausgebaut. Aus Tausenden von Befunden der Psychotherapieforschung destillierte er vier Wirkprinzipien, die sich in glücklich verlaufenen Behandlungen immer wieder nachweisen ließen. »Jeder dieser Wirkfaktoren ist durch Hunderte von Forschungsergebnissen abgestützt«, resümiert Grawe. In Bern setzen Grawe und Therapeutenkollegen die Wirkprinzipien bereits gezielt ein.

Das erste dieser Erfolgsrezepte nennt er Ressourcen-Aktivierung. Der Therapeut sucht nach Stärken des Patienten und nutzt sie – er diagnostiziert nicht nur sorgsam die Probleme, wie oft üblich. Geht der Patient etwa Schwierigkeiten gern rational an, hilft ihm ein guter Therapeut, diese Fähigkeit sinnvoll einzusetzen, statt sie wie mancher Kollege als angebliche »Verkopfung« mies zu machen. Er hilft dem Klienten auch, sich in der Therapie als Mensch zu erleben, der zu einer guten Beziehung fähig ist. Darin besteht laut Grawe das Geheimnis der oft beschworenen therapeutischen Beziehung. Ein kompetenter Therapeut sieht sich schließlich im Verwandten- und Bekanntenkreis des Klienten nach Mitmenschen um, die hilfreich sein könnten, und verschwendet seine Zeit nicht damit, dort nach vorgeblich schizophrenieerzeugenden Müttern und ähnlichen Verdächtigen zu fahnden.

Deshalb arbeitete das Therapeutenteam auch im Fall eines 32jährigen Fotographen mit der Familie zusammen. Hans Klein leidet nicht nur unter starken Schlafstörungen, sondern hat auch große Angst vor Kontakt mit anderen Menschen. Er fühlt sich unsicher und steigert sich in fast wahnhafte Befürchtungen darüber hinein, was andere von ihm halten könnten. Er kann sich nicht recht von zu Hause lösen, was damit zusammenhängt, daß seine Eltern großen Wert auf Familienzusammenhalt legen. So ist die Familie zwar Teil des Problems, sie stellt jedoch auch eine Ressource dar, denn Eltern und Geschwister wollen Hans Klein wirklich helfen.

Dank ihrer Anwesenheit kann Hans Klein in der Therapie ganz real das Beherrschen schwieriger Situationen üben. Die Familienmitglieder können heikle Themen ansprechen und lernen, die dabei auftretenden Spannungen auszuhalten und unterschiedliche Bedürfnisse zu respektieren. Sich so mit den eigenen Schwachpunkten zu konfrontieren ist nicht leicht, aber hilfreich. Grawe nennt dieses zweite Grundprinzip wirksamer Therapie Problemaktualisierung: Schwierigkeiten müssen samt den dazugehörigen Gefühle durchlebt werden. Eine reine »Labertherapie«, bei der nur abgehoben über sie geredet wird, bringt nichts. Deshalb empfehlen die Therapeuten Hans Klein, trotz (oder vielmehr gerade wegen) seiner Angst, die beiden Heime wieder zu besuchen, in denen er vor Jahren eine Ausbildung als Sonderschullehrer begann. Er war da so vereinsamt, daß seine Mutter ihren apathischen Sohn schließlich herausholte. In den Heimen könnte er in Gesprächen mit seinen früheren Kollegen die Situation verarbeiten.

Grawe hat festgestellt: »Daß der Patient tatsächlich erlebt, worum es geht, stellt ein zentrales Element fast aller therapeutischen Konzeptionen dar.« Nicht alle Schulen arbeiten allerdings im wirklichen Leben. Psychoanalytiker warten darauf, daß der Patient in der Beziehung zu ihnen ein ähnliches Muster entwickelt wie früher etwa zu seinem Vater. Sie nennen dies Übertragung und therapieren diese spezielle Beziehung. Gestalttherapeuten haben zahlreiche Übungen entwickelt, um Emotionen im Sprechzimmer hervorzukitzeln. Sie bitten ihre Klienten etwa, sich ihre eigenen Tränen auf einem leeren Stuhl neben sich vorzustellen und zu ihnen zu sprechen.

In den Augen von Grawe sind all das Varianten des Grundprinzips der Problemaktualisierung. Wenn alle helfen, warum sollte sich ein Therapeut dann nur auf eine Schule beschränken?

Gute Therapie erschöpft sich freilich nicht darin, Gefühle aufzuwühlen. Ihr drittes Wirkprinzip ist die aktive Hilfe zur Problembewältigung. Konkrete Probleme lassen sich oft mit konkreten Maßnahmen lösen. Woher die Schlafstörungen von Hans Klein auch immer kommen mögen – es gibt bewährte Techniken, ihm seine Nachtruhe wiederzugeben. Man kann beispielsweise lernen, sich systematisch zu entspannen, einen Muskel nach dem anderen. Eine andere Methode geht die quälenden Überlegungen an, die vielen Schlaflosen nicht aus dem Kopf gehen: Die Technik des Gedankenstopps unterbricht das fruchtlose Grübeln. Vor allem Verhaltenstherapeuten haben viele solche Verfahren entwickelt, die direkt bei den Schwierigkeiten ansetzen.

Allerdings wollen Klienten oft nicht einfach Probleme loswerden. Sie wollen wissen, woher sie kommen und ob sie womöglich einen Sinn haben. Klärung ist nach Grawes Ergebnissen das vierte Wirkprinzip. So wird es Hans Klein weiterhelfen, wenn ihm klar wird: Er schätzt völlig falsch ein, was andere über ihn denken, zieht sich deshalb zurück und wiederum darum kümmert sich seine Mutter überfürsorglich um ihn.

Die Klärung der Probleme ist den Studien zufolge ebenso wichtig wie ihre aktive Bekämpfung. Doch Psychoanalytiker neigen dazu, endlos nach den Ursachen eines Problems zu suchen ohne es anzugehen, während Verhaltenstherapeuten sich umgekehrt wenig um dessen tieferen Sinn scheren und gleich loslegen. Eine Kombination von beidem liegt für Grawe nahe.

Der Forscher will die althergebrachten Therapieschulen schlicht abschaffen. Er plädiert dafür, in Zukunft ohne historischen Ballast nur nach wissenschaftlich gesicherten Wirkprinzipien vorzugehen und nachweisbar erfolgreiche Therapietechniken einzusetzen – egal woher sie stammen. Die Betonung liegt dabei auf »wissenschaftlich« und »nachweisbar«. Dies soll keine Lizenz für Therapeuten sein, willkürlich Methoden zu benutzen, wie sie ihnen gerade passend erscheinen.

Professor Wolfgang Fiegenbaum sieht das ähnlich. Er arbeitet bei der Dornier-Stiftung in Münster, die als Trutzburg der Verhaltenstherapie gilt. Doch Fiegenbaum will »weg von den Schulen – wir stützen uns auf die Ergebnisse empirischer Forschung.«

Andere wollen deswegen nicht gleich die Verhaltenstherapie aufgeben. Nach Ansicht des Heidelberger Professors Peter Fiedler ähnelt der von Grawe propagierte Ansatz sowieso schon »eher dem einer modernen Verhaltenstherapie als irgendeinem anderen Psychotherapieverfahren«.[100]

Kaum jemand bezweifelt, daß die Verhaltenstherapie sich weiter entwickeln wird. So wie sie die ursprünglich unabhängig von ihr entstandenen kognitiven Verfahren integriert hat, wird sie aller Voraussicht nach weitere Vorgehensweisen einbauen. Hypnotische Techniken könnten zu den nächsten zählen. Sie wirken nachweislich, etwa bei Schmerzen.

Anders als viele Menschen glauben, können Hypnotiseure keineswegs den Willen ihrer Patienten ausschalten. Sie helfen ihnen vielmehr, eigene Fähigkeiten besser einzusetzen. Die Patienten lernen beispielsweise, mit Hilfe der Vorstellung die Wahrnehmung des Schmerzes zu verändern. Solche Strategien lassen sich ohne Probleme in ein verhaltenstherapeutisches Schmerzprogramm einbauen. Auch verhaltenstherapeutische Programme zum Abnehmen lassen sich mit Hypnose verbessern. Experimente zeigten: Mit Verhaltenstherapie alleine wogen Patienten bei der Nachkontrolle im Durchschnitt 2,7 Kilo weniger, mit zusätzlicher Hypnose hatten sie jedoch 6,8 Kilo Gewicht verloren.[101]

Wahrscheinlich werden die Verhaltenstherapeuten in Zukunft stärker die Familie in die Therapie einbeziehen und dabei Anleihen bei den systemisch orientierten Kollegen machen (siehe Kapitel »Soll man nicht immer gleich die ganze Familie behandeln?«). Wenn sich Verhaltenstherapeuten bisher bereits um die Familie kümmerten, war ihr Vorgehen ohnehin mitunter schwer von systemischen Ansätzen zu unterscheiden. Zwischen den Schulen gibt es eine Reihe von Gemeinsamkeiten. Beide richten den Blick auf die Beziehung des Patienten zu seiner Umgebung und prüfen, wie sie sich gegenseitig beeinflussen. Bei beiden stehen nicht nur die Schwierigkeiten im Vordergrund, sondern auch die Stärken und Fähigkeiten des Patienten und seiner Familie. Beide halten sich nicht lange mit der Vergangenheit auf, sondern wollen schnell Lösungen finden.[102] Verhaltenstherapeuten und systemische Familientherapeuten versuchen bereits, einander auf Tagungen näher zu kommen. Das ist ganz im Sinn von Grawe. Er hält die Familienperspektive für »viel zu wichtig, als daß sie auf Dauer einer bestimmten Therapieschule überlassen werden könnte«.

Die schwierigste Lektion für Verhaltenstherapeuten könnte darin liegen, dem Bedürfnis ihrer Patienten nach Erklärungen gerecht zu werden. Für viele Hilfesuchende ist die Lösung ihrer Probleme nicht alles. Sie wollen sie verstehen und möglichst einen Sinn darin sehen. Die verhaltenstherapeutische Antwort, daß verhängnisvolle Verhaltensweisen einfach gelernt werden, und das oft mehr oder weniger zufällig, befriedigt sie nicht. Nicht zuletzt deshalb hält der Analytiker und Verhaltenstherapeut Sven Olaf Hoffmann auch weiter die Psychoanalyse für wichtig, die solche Antworten anbietet: »Ich denke, die Frage nach dem Sinn des eigenen Seins, warum man so ist, ist eine so menschliche Frage, daß jeder Therapieform, die ausschließlich die Veränderung angeht, immer ein Stück fehlt«, sagt der Mainzer Professor.

Selbst Verhaltenstherapeuten gehen oft lieber zu Psychoanalytikern als zu einem anderen Verhaltenstherapeuten, wenn sie selbst Probleme haben. Dort erhoffen sie sich offenbar Aufschlüsse über sich selbst, die ihnen die eigene Lehre nicht bieten kann. Kein Wunder, daß auch viele Patienten ihr Leben erst gedeutet haben wollen, bevor sie bereit sind, es zu ändern. »Ein Großteil der Therapien scheitert vermutlich nicht daran, daß die eingesetzten Methoden nicht effektiv sind«, glaubt Professor Dietmar Schulte von der Ruhr-Universität Bochum. »Der Grund liegt vielmehr darin, daß der Patient ›nicht bereit‹ ist.« Psychoanalytische und andere Therapieverfahren setzen Schultes Meinung nach an diesem Punkt an.

Verhaltenstherapeuten können da nur schwer mithalten. Mitunter unterhalten sie sich länger mit ihren Patienten über mögliche Ursachen und Hintergründe der Probleme, als es für deren Lösung eigentlich notwendig wäre. Der stets flexible Arnold Lazarus fragt notfalls lieber selbst eine Zeitlang nach der frühkindlichen Entwicklung seiner Patienten, anstatt sie an »Freudianer, Jungianer oder andere doktrinäre Therapeuten zu überweisen, die sie dann mit Pseudoerkenntnissen behandeln«.[33] Eine besonders elegante Lösung ist das freilich nicht. Es wäre besser, wenn die Verhaltenstherapeuten nicht nur die Pseudoerkenntnisse der anderen vom Tisch wischen könnten, sondern eigene, für die Patienten akzeptable Einsichten anbieten könnten. Möglicherweise wird sich ihr Verfahren in diese Richtung entwickeln.

Die Verhaltenstherapie ist erst vor etwa 40 Jahren entstanden, und schon erkennen ihre Gründer wie Wolpe sie kaum wieder. Was in weiteren 40 Jahren aus ihr geworden sein wird, ist völlig offen. Vielleicht werden sich neue Therapieverfahren als besser erweisen und unter dem Namen Verhaltenstherapie praktiziert werden – oder unter einem anderen. Vielleicht wird es nur noch eine einheitliche, wissenschaftlich fundierte Psychotherapie geben, wie Grawe hofft.

Doch bis dahin gilt: Wer psychische Probleme nicht vermeintlich besser verstehen, sondern überwinden will, der hat bei einem Verhaltenstherapeuten oder einer Verhaltenstherapeutin die besten Chancen.

Anmerkungen und Literatur

1 Rosenthal, Robert (1995), How are we doing in Soft Psychology?, in: *American Psychologist* (45) June, S. 775.

2 Smith, Mary und Gene Glass (1977), Meta-Analysis of Psychotherapy Outcome Studies, in: *American Psychologist* (32) June, S. 752-760.

3 Schneider, Ralf (1982), *Stationäre Behandlung von Alkoholabhängigen*, München.

4 Lazarus, Arnold und Allen Fay (1995), *Ich kann, wenn ich will* (I Can If I want to, 1975), München.

5 Grawe, Klaus u. a. (1994), *Psychotherapie im Wandel. Von der Konfession zur Profession*, Göttingen, Bern, Toronto, Seattle.

6 Tschuschke, Volker u. a. (1994), Gibt es unterschiedlich effektive Formen von Psychotherapie?, in: *Psychotherapeut* 39, S. 281-297.

7 Grawe, Klaus (1995), Welchen Sinn hat Psychotherapieforschung? Eine Erwiderung auf V. Tschuschke et al., in: *Psychotherapeut* 40, S. 96-106.

8 Kanfer, Frederick (1996), Lernen, sich selbst zu helfen. Interview mit Frederick Kanfer, in: *Psychologie heute*, September, S. 64-66.

9 Rölver, Klaus-Martin (1995), Integration psychologischer Arbeit in die stationäre Diabetesbehandlung, in: Franz Petermann (Hg.), *Diabetes Mellitus*, Göttingen.

10 Herschbach, Peter und Monika Keller (1997), Onkologische Erkrankungen, in: Franz Petermann (Hg.), *Rehabilitation*, Göttingen.

11 Kröner-Herwig, Birgit (1996), Schmerzbehandlungszentren in den USA: Organisation, Therapieprogramme, Effizienz, in: Heinz-Dieter Basler (Hg.), *Psychologische Schmerztherapie: Grundlagen, Diagnostik, Krankheitsbilder, Behandlung*, Berlin, Heidelberg.

12 Zielke, Manfred u. a. (1994), Motorische Störungen – Behandlungskonzepte unter besonderer Berücksichtigung des Torticollis spasmadicus und des Blepharospasmus, in: Manfred Zielke (Hg.), *Handbuch stationärer Verhaltenstherapie*, Weinheim.

13 Schorr, Angela (1984), *Die Verhaltenstherapie: Ihre Geschichte von den Anfängen bis zur Gegenwart*, Weinheim, Basel.

14 Andreski, Stanislav (1977), *Die Hexenmeister der Sozialwissenschaften*, München.

15 Schneider, Ralf (1994), Selbstsicherheitstraining, in: Manfred Zielke (Hg.), *Handbuch stationärer Verhaltenstherapie*, Weinheim.

16 Hautzinger, Martin (1994), *Kognitive Verhaltenstherapie bei Depressionen*, Weinheim.

17 Beck, Aaron (1991), Kognitive Therapie, in: Jeffrey Zeig (Hg.), *Psychotherapie: Entwicklungslinien und Geschichte*, Tübingen.

18 Hautzinger, Martin (1996), Die Rolle kognitiver Verhaltenstherapie bei der Behandlung von Depressionen, Manuskript für *Zeitschrift für klinische Psychologie* 25.

19 Grawe, Klaus (1996), Neuer Stoff für Dodo? Ein Kommentar zur Depressionsstudie von Hautzinger und de Jong-Meyer, Manuskript für *Zeitschrift für klinische Psychologie*.

20 Jacobson, Neil S. und Steven D. Hollon (1996), Cognitive-Behavior Therapy Versus Pharmacotherapy: Now That the Jury's Returned Its Verdict, It's Time to present the Rest of The Evidence, in: *Journal of Consulting and Clinical Psychology* 64 (1), S. 74-80.

21 Lorenzen, Dirk (1992), Bedeutung der Verhaltenstherapie für die klinische und psychiatrische Versorgung II, in: Hans Lieb (Hg.), *Verhaltenstherapie ihre Entwicklung – ihr Menschenbild*, Stuttgart.

22 Kanfer, Frederick u. a. (1990), *Selbstmanagement-Therapie als Veränderungsprozeß: ein Lehrbuch für die klinische Praxis*, Berlin, Heidelberg, New York.

23 Schmidt-Traub, Sigrun (1997), *Panikstörung und Agoraphobie: Kurzzeitbehandlung in kombinierter Gruppen- und Einzeltherapie*, Göttingen, Bern, Toronto, Seattle.

24 Sturm, Jochen (1996), Verhaltenstherapeutische Kliniken – Ihre Rolle für die Entwicklung der Verhaltenstherapie in Deutschland, in: Hans Reinecker (Hg.), *Verhaltenstherapie, Selbstregulation, Selbstmanagement*, Göttingen, Bern, Toronto, Seattle.

25 Margraf, Jürgen und Silvia Schneider (1990), *Panik – Angstanfälle und ihre Behandlung*, Berlin, Heidelberg, New York.

26 Comer, Ronald J. (1995), *Klinische Psychologie*, Heidelberg, Berlin, Oxford.

27 Linden, Michael (1996), Systematische Desensibilisierung, in: Michael Linden (Hg.), *Verhaltenstherapie. Techniken, Einzelverfahren und Behandlungsanleitungen*, Berlin, Heidelberg, New York.

28 Margraf, Jürgen und Silvia Schneider (1996), Paniksyndrom und Agoraphobie, in: Jürgen Margraf (Hg.), *Lehrbuch der Verhaltenstherapie*, Berlin, Heidelberg, New York.

29 Woolfolk, Anita u. a. (1977), A Rose by Any Other Name ...: Labeling Bias and Attitudes Toward Behavior Modification, in: *Journal of Consulting and Clinical Psychology* 45 (2), S. 184 -191.

30 Orlinsky, David u. a. (1994), Process and outcome in Psychotherapy in: Allen Bergin (Hg.), *Handbook of Psychotherapy and behavior change*, New York.

31 Zimmer, Dirk und Friederike Zimmer (1992), Die therapeutische Beziehung in der Verhaltenstherapie. Konzepte und Gestaltungsmöglichkeiten, in: Jürgen Margraf (Hg.), *Die Therapeut-Patient-Beziehung in der Verhaltenstherapie*, München.

32 Schindler, Ludwig (1991), *Die empirische Analyse der therapeutischen Beziehung*, Berlin, Heidelberg, New York, London.

33 Lazarus, Arnold (1995), *Praxis der Multimodalen Therapie*, Tübingen.

34 Hoffmann, Nicolas (1994), Kognitive Therapie bei Zwangsstörungen, in: Martin Hautzinger (Hg.), *Kognitive Verhaltenstherapie bei psychischen Erkrankungen*, Berlin, München.

35 Dawes, Robyn (1994), *House of cards: Psychology and psychotherapy built on myth*, New York.

36 Levy, Sandra M. (1989), Kognitiv-Behaviorale Risikofaktoren bei Karzinomerkrankungen, in: Iver Hand (Hg.) *Verhaltenstherapie in der Medizin*, Berlin, Heidelberg, New York.

37 Seligman, Martin (1995), The Effectiveness of Psychotherapy. The Consumer Reports Study, in: *American Psychologist* 50 (12), S. 965-974.

38 Brock, Timothy u. a. (1996), The Consumer Reports Study of Psychotherapy: Invalid is Invalid, in: *American Psychologist* 51 (10), S. 1083.

39 Jacobson, Neil und Andrew Christensen (1996), Studying the Effectiveness of Psychotherapy, in: *American Psychologist* 51 (10), S. 1031-1039.

40 Grissom, Robert (1996), *The Magical Number .7 plusminus .2: Meta-Meta-Analysis* of the Probability of Superior Outcome in Comparisons Involving Therapy, Placebo, and Control, in: *Journal of Consulting and Clinical Psychology* 44 (5), S. 973 -982.

41 Waadt, Sabine u. a. (1992), *Bulimie: Ursachen und Therapie*, Berlin, Heidelberg.

42 Jacobi, Corinna u. a. (1996), *Kognitive Verhaltenstherapie bei Anorexia und Bulimia nervosa*, Weinheim.

43 Fairburn, Christopher (1997), Risk Factors for Bulimia Nervosa: A Community-Based Case-Control Study, in: *Archives of General Psychiatry* (54), S. 509-517.

44 Petry, Jörg (1996), *Alkoholismustherapie – Gruppentherapeutische Motivierungsstrategien*, Weinheim.

45 Süß, Heinz-Martin (1995), Zur Wirksamkeit der Therapie bei Alkoholabhängigen: Ergebnisse einer Meta-Analyse, in: *Psychologische Rundschau* 46, S. 248-266.

46 Jung, Uwe und Gerhard Bühringer (1989), Ergebnisse stationärer Verhaltenstherapie Alkoholabhängiger 4 Jahre nach Entlassung, in: Iver Hand (Hg.), *Verhaltenstherapie in der Medizin*, Berlin, Heidelberg, New York.

47 Bents, Hinrich und Eva Bents (1991), Psychosomatische Aspekte der Nicotinabhängigkeit und Raucherentwöhnung, in: Rolf Meermann (Hg.), *Verhaltenstherapeutische Psychosomatik in Klinik und Praxis*, Stuttgart.

48 Töppich, Jürgen und Günther Welsch (1991), Evaluation des Raucherentwöhnungsprogramms der BzGA, in: *Prävention* 14 (3), S. 97-100.

49 Unland, Heribert (1996), Raucherentwöhnung, in: Jürgen Margraf (Hg.), *Lehrbuch der Verhaltenstherapie*, Berlin, Heidelberg, New York.

50 Schulte, Dietmar u. a. (1991), Maßgeschneiderte Psychotherapie versus Standardtherapie bei der Behandlung von Phobikern, in: Dietmar Schulte (Hg.), *Therapeutische Entscheidungen*, Göttingen.

51 Wittchen, Hans-Ulrich (1996), Klinische Psychologie und Verhaltenstherapie – zwischen Aufstieg und Erosion, in: *Verhaltenstherapie* 6, S. 162-169.

52 Hahlweg, Kurt u. a. (1995), *Familienbetreuung schizophrener Patienten: Ein verhaltenstherapeutischer Ansatz zur Rückfallprophylaxe*, Weinheim.

53 Shadish, William (1997), Effektivität und Effizienz von Paar- und Familientherapie: Eine metaanalytische Perspektive, in: *Familiendynamik* 22 (1), S. 5-33.

54 Wilson, Terence (1996), Manual based treatments, in: *Behavior Research and Therapy* 34 (4), S. 295-314.

55 Strupp, Hans (1997), Research, Practice, and Managed Care, in: *Psychotherapy* 34 (1), S. 91-94.

56 Hahlweg, Kurt und Brigitte Schröder (1996), Partnerschafts- und Eheprobleme, in: Jürgen Margraf (Hg.), *Lehrbuch der Verhaltenstherapie*, Berlin, Heidelberg, New York.

57 Petermann, Ulrike (1997), Soziale Phobien und Unsicherheit in: Franz Petermann (Hg.), *Fallbuch der klinischen Kinderpsychologie*, Göttingen, Bern, Toronto, Seattle.

58 Petermann, Ulrike und Michael Borg-Laufs (1997), Enuresis und Enkopresis, in: Franz Petermann (Hg.), *Fallbuch der klinischen Kinderpsychologie*, Göttingen, Bern, Toronto, Seattle.

59 Weisz, John u. a. (1995), Effects of psychotherapy with children and adolescents revisited: A meta-analysis of treatment outcome studies, in: *Psychological Bulletin* 117 (3), S. 450-468.

60 Döpfner, Manfred u. a. (1997), *Therapieprogramm für Kinder mit hyperkinetischem und oppositionellem Problemverhalten THOP*, Weinheim.

61 Steinhausen, Hans-Christoph (1995), Hyperkinetische Störungen – eine klinische Einführung, in: Hans-Christoph Steinhausen (Hg.), *Hyperkinetische Störungen im Kindes- und Jugendalter*, Stuttgart, Berlin, Köln.

62 Eisert, Hans (1995), Kognitiv-verhaltenstherapeutische Behandlung hyperaktiver Kinder, in: Hans-Christoph Steinhausen (Hg.), *Hyperkinetische Störungen im Kindes- und Jugendalter*, Stuttgart, Berlin, Köln.

63 Wittchen, Hans-Ulrich (1994), Wie häufig sind depressive Erkrankungen? in: Martin Hautzinger (Hg.), *Verhaltenstherapie bei Depressionen. Themen der 29. Verhaltenstherapiewoche 1993*, (o.O.).

64 Edwards, Martha und Peter Steinglass (1995), Family therapy treatment outcomes for alcoholism. Special Issue: The effectiveness of marital and family therapy, in: *Journal of Marital and Family Therapy* 21 (4), S. 475-509.

65 Thurmaier, Franz (1997), *Ehevorbereitung – Ein Partnerschaftliches Lernprogramm*, München.

66 Engl, Joachim und Franz Thurmaier (1995), *Wie redest du mit mir?*, Freiburg, Basel, Wien.

67 Hahlweg, Kurt (1996), Schizophrenie, in: Jürgen Margraf (Hg.), *Lehrbuch der Verhaltenstherapie*, Berlin, Heidelberg, New York.

68 Mahler, Eugen (1995), Die Liebe zur radikalen Vernunft. Anmerkungen zur Krise und Chance der DPV, in: *Psyche* XLIX (4), S. 373-391).

69 Hoffmann, Nicolas (1995), *Verhaltenstherapie und kognitive Verfahren: Was sie kann, wie sie wirkt und wem sie hilft*, Mannheim.

70 Ayllon, Teodoro u. a. (1978), Interpretation von Symptomen: Faktum oder Fiktion, in: Meinrad Perrez (Hg.), *Symptomverschiebung*, Salzburg.

71 Bähr, Maria u. a. (1989), Verhaltenstherapeutische Gruppentherapie bei Hypertoniepatienten, in: Iver Hand (Hg.), *Verhaltenstherapie in der Medizin*, Berlin, Heidelberg, New York.

72 Scharfenstein, Annelie (1994), Verhaltenstherapeutisches Gruppenprogramm bei chronischen Insomnien, in: Manfred Zielke (Hg.), *Handbuch stationärer Verhaltenstherapie*, Weinheim.

73 Fawzy, Fawzy u. a. (1995), Critical Review of Psychosocial Interventions in Cancer Care, in: *Archiv. Gen. Psychiatry* (52), S. 100-113.

74 Stangier, Ulrich u. a. (1996), *Neurodermitis bewältigen. Verhaltenstherapie, dermatologische Schulung, autogenes Training*, Berlin, Heidelberg.

75 Scheewe, Sibylle u. a. (1997), *Neurodermitis Verhaltenstrainings für Kinder, Jugendliche und ihre Eltern*, München.

76 Petermann, Ulrike und Cecilia Ahmoi Essau (1995), Selbstmanagement junger Menschen mit Typ-I-Diabetes, in: Franz Petermann (Hg.), *Diabetes Mellitus*, Göttingen.

77 Hermanns, Norbert und Bernhard Kulzer (1995), Verhaltensmedizinische Ansätze zur Gewichtsreduktion bei Typ-II-Diabetes, in: Franz Petermann (Hg.), *Diabetes Mellitus*, Göttingen.

78 Petermann, Franz und Almuth Wendt (1995), Verhaltensmedizinische Ansätze bei Diabetes mellitus – eine Übersicht, in: Franz Petermann (Hg.), *Diabetes Mellitus*, Göttingen.

79 Geissner, Edgar u. a. (1996), Stationäre verhaltensmedizinische Therapie bei Patienten mit chronischen Schmerzen: Behandlungsansatz und Evaluation, in: *Zeitschrift für Gesundheitspsychologie* IV (2), S. 152-176.

80 Pfingsten, Michael u. a. (1996), Rückenschmerzen, in: Heinz-Dieter Basler (Hg.), *Psychologische Schmerztherapie: Grundlagen, Diagnostik, Krankheitsbilder, Behandlung*, Berlin, Heidelberg.

81 Basler, Heinz-Dieter (1995), Einführung in das Behandlungsprogramm, in: Heinz-Dieter Basler (Hg.), *Psychologische Therapie bei Kopf- und Rückenschmerzen*, München.

82 Frettlöh, Jutta u. a. (1995), Das Therapieprogramm, in: Heinz-Dieter Basler (Hg.), *Psychologische Therapie bei Kopf- und Rückenschmerzen*, München.

83 Flor, Herta und Dennis Turk (1996), Der kognitiv-verhaltenstherapeutische Ansatz und seine Anwendung, in: Heinz-Dieter Basler (Hg.), *Psychologische Schmerztherapie: Grundlagen, Diagnostik, Krankheitsbilder, Behandlung*, Berlin, Heidelberg.

84 Preus, Alf (1994), Stuttering Therapy in 1837 and a Young Boy's Dramatic Experience, in: *Folia Phoniatrica et Logopaedica* (46), S. 254-259.

85 Fiedler, Peter und Renate Standop (1994), *Stottern: Äthiologie – Diagnose – Behandlung*, Weinheim.

86 Kern, Horst (1993), *Verhaltenstherapeutische Stotterbehandlung*, Stuttgart, Berlin, Köln.

87 Weber, Axel (1995), *Gesichter des Stotterns*, Konstanz.

88 Wendlandt, Wolfgang (1984), *Zum Beispiel Stottern. Stolperdrähte, Sackgassen und Lichtblicke im Therapeutenalltag*, München.

89 Kuhr, Armin (1994), The Rise and Fall of Operant Programs for the Treatment of Stammering, in: *Folia Phoniatrica et Logopaedia* (46), S. 232-240.

90 Jehle, Peter (1995), Zur Behandlung des Stotterns mit dem Therapieprogramm von Boberg und Kully – Teil 2: langfristige Ergebnisse, Beurteilungen und Schlußfolgerungen, in: *Die Sprachheilarbeit* 40 (6), S. 453-465.

91 Kellner, Hans-Jürgen (1993), Evaluation der Stottertherapie nach Van Riper mit Erwachsenen, in: *Die Sprachheilarbeit* 38 (2), S. 63-73.

92 Zielke, Manfred (1993), *Wirksamkeit stationärer Verhaltenstherapie*, (o.O.).

93 Neumer, Simon und Jürgen Margraf (1996), Kosten-Effektiviäts-
und Kosten-Nutzen-Analyse, in: Jürgen Margraf (Hg.), *Lehrbuch
der Verhaltenstherapie*, Berlin, Heidelberg, New York.

94 Kröner-Herwig, Birgit (1996), Schmerzbehandlungszentren in den
USA: Organisation, Therapieprogramme, Effizienz, in: Heinz-Dieter
Basler (Hg.), *Psychologische Schmerztherapie: Grundlagen, Diagno-
stik*, Krankheitsbilder, Behandlung, Berlin, Heidelberg.

95 Held, Tilo (1995), *Schizophreniebehandlung in der Familie*, Frankfurt.

96 Bischoff, Clauss u. a. (1996), Kopfschmerz vom Spannungstyp, in:
Heinz-Dieter Basler (Hg.), *Psychologische Schmerztherapie: Grundlagen, Diagnostik, Krankheitsbilder, Behandlung*, Berlin, Heidelberg.

97 Gerber, Wolf-Dieter (1996), Migräne, in: Heinz-Dieter Basler (Hg.),
*Psychologische Schmerztherapie: Grundlagen, Diagnostik, Krank-
heitsbilder, Behandlung*, Berlin, Heidelberg.

98 Wolpe, Joseph (1989), The Derailment of Behavior Therapy: A Tale
of Conceptual Misdirection, in: *Journal of Behavior Therapy and
Experimental Psychiatry* 20, S. 3-15.

99 Frank, Jerome (1992), *Die Heiler* (Persuasion and Healin 1961),
Stuttgart.

100 Fiedler, Peter (1997), Die Zukunft der Verhaltenstherapie lag schon
immer ziemlich genau in der Mitte... ... zwischen Phänomen- und
Störungsorientierung, in: *Verhaltenstherapie und Verhaltensmedizin*
18 (2), S. 229-251.

101 Kirsch, Irving (1997), Hypnotic Enhancement of Cognitive-Behavi-
oral Weight Loss Treatments – Another Meta-Reanalysis, in: *Journal
of Consulting and Clinical Psychology* 64 (3), S. 517 – 519.

102 Schiepek, Günter (1994), Verhaltenstherapie, Systemische Therapie
und darüber hinaus ...., in: *Verhaltenstherapie und psychosoziale
Praxis* 4, S. 529-544.